危機管理の行政学

浅野一弘 [著]
Asano Kazuhiro

同文舘出版

はしがき

　周知のように，1995年1月17日午前5時46分に発生した「阪神・淡路大震災」によって，多数のとうとい命が，奪われた。そして，これを契機として，日本では，「危機管理」に対する関心がたかまることとなった。

　神戸市役所の関係者によると，「関西では地震がおこらないとの思いこみがあった」とのことであった。そのため，「危機時の役割は，地域防災計画でわかっているが，シミュレーションをしていなかった」のだ。これらのことばからもわかるように，「皮肉なことであるが，危機管理は，経験しないとわからない」。とはいえ，危機は，「経験しないにこしたことはない」ものでもある。だが，不幸にも，万一，危機に直面した場合，その被害を最小限にくいとめるためにも，われわれは，「体験者の話を聞くと同時に，シミュレーションや訓練をしておくことが大切」であるのだ（関係者への電話によるインタビュー〔2007年1月17日〕）。

　しかしながら，阪神・淡路大震災以降も，なんらかの危機的な状況が生じたときに，危機管理の問題点を指摘する声は，あとをたたない。このように，われわれは，きわめて悲惨な状況を目のあたりにしたにもかかわらず，危機管理策の充実をはかる姿勢に欠けているように思われる。

　そこで，本書では，こうした問題意識をもとにして，論述をすすめていく。最初の序論では，危機概念が多様化してきたことを明示すると同時に，それに十分対応できていない行政機関の問題点を指摘する。そして，第1章では，危機時における自衛隊の役割について論じる。つづく第2章においては，地域防災計画の重要性に関して言及する。さらに，第3章では，風評被害によって生じた「観光危機」を，つづく第4章では，積雪寒冷地域における大雪による危機をとりあげる。第5章では，ヒアリング調査をもとに，米国の危機管理の実態を紹介する。また，第6章は，在外公館がどのようなかたちの危機管理体制を構築しているのかに着目する。くわえて，第7章においては，

i

高齢化の進展する離島において，どのような危機管理策がとられているのか
を検証する。つぎの第8章では，市町村合併の論議において，危機管理の側
面が軽視されてきた実態を浮き彫りにする。そして，最後の補論では，国際
関係の分野における危機管理についてふれる。

　以上の記述からもわかるように，本書では，さまざまな領域の「危機」を
とりあげている。というのは，それほど，危機の領域が多元化してきている
からであり，いつどのような危機にさらされるかわからないわたしたちは，
つねに，これらすべての事柄に留意しておく必要があるからである。

2010年9月

浅野　一弘

◆❖◆ 目次 ◆❖◆

はしがき ……………………………………………………………… i

初出一覧 ……………………………………………………………… iii

序 論 危機管理の行政学

1. はじめに ……………………………………………………… 2

2. 「危機管理」への関心のたかまり
─阪神・淡路大震災を契機として─ ………………………… 5

3. 「危機管理」の意味 ………………………………………… 11
(1) 「危機」概念の多様化 ………………………………………… 11
(2) 「危機管理」の意味 …………………………………………… 13

4. 行政機関の危機管理 ……………………………………… 18

5. 結び ………………………………………………………… 21

第1章 自衛隊と危機管理

1. はじめに ……………………………………………………… 28

2. 阪神・淡路大震災での行政機関の対応
─自衛隊との関係を中心に─ ………………………………… 29
(1) 兵庫県の対応 ………………………………………………… 29
(2) 村山内閣の対応 ……………………………………………… 32

iii

3．災害時の自衛隊の役割をめぐる議論 ………………………… *34*

(1) 国会での論戦　………………………………………………… *34*
(2) 「防災問題懇談会」の提言　………………………………… *36*
(3) 災害対策基本法，自衛隊法施行令の改正　………………… *37*
(4) 米国の事例　…………………………………………………… *40*

4．地域防災計画と自衛隊 ……………………………………… *42*

(1) 地域防災計画について　……………………………………… *42*
(2) 地域防災計画の見直し　……………………………………… *44*
(3) 地域防災計画の内容分析　…………………………………… *46*

5．結び ……………………………………………………………… *49*

第2章 地域防災計画と危機管理

1．はじめに ………………………………………………………… *56*

2．防災計画 ………………………………………………………… *56*

(1) 災害対策基本法成立までの経緯　…………………………… *56*
(2) 防災計画　……………………………………………………… *58*
(3) 防災基本計画の修正　………………………………………… *62*

3．地域防災計画の実態と問題点 ……………………………… *63*

(1) 地域防災計画の見直し　……………………………………… *63*
(2) 地域防災計画の問題点　……………………………………… *73*

4．結び ……………………………………………………………… *79*

第3章 観光と危機管理

1. はじめに ··· 86

2. 沖縄観光の実状 ··· 87
  (1) テロ事件以前の沖縄観光 ························· 87
  (2) テロ事件以後の沖縄観光 ······················· 90

3. 沖縄県の対応 ·· 91
  (1) 2通の県知事名文書 ······························· 92
  (2) 組織面での対応 ···································· 96

4. 結び―沖縄県の対応の問題点― ···················· 99

第4章 積雪寒冷地域における危機管理

1. はじめに ·· 108

2. 大雪による交通機能のマヒ ····························· 110

3. 札幌市の対応の問題点 ·································· 112

4. 危機管理体制の構築 ····································· 116

5. 結び ··· 121

第5章 米国における危機管理

1. はじめに ·· 130

2. 国土安全保障重視への移行 ··························· 132

3. 危機管理におけるリーダーシップ ···················· 136

4. 結び ··· 141

第6章 在外公館における危機管理

1. はじめに ……………………………………………………… 146

2. 在外公館の危機管理体制
—「在外邦人の安全対策等に関する行政評価・監視」を中心に— …… 149

(1)「在外邦人の安全対策等に関する行政評価・監視」 ……………… 151

(2)「在外公館の災害時における安全確保等在留邦人保護に対する
体制に関する（再）質問主意書」 ………………………………… 157

(3) 外務省政策評価にみる危機管理体制 …………………………… 163

3. ボストン総領事館の危機管理体制 ………………………… 174

4. 結び ……………………………………………………………… 180

第7章 離島における危機管理

1. はじめに—問題の所在— ……………………………………… 196

2.「災害時要援護者の避難支援ガイドライン」の概要 …… 197

3.「危機」に対する認識 ………………………………………… 208

(1) 5つの離島の概要 …………………………………………… 208
(2)「危機」に対する認識 ……………………………………… 212

4. 地域防災計画にみる高齢者 ………………………………… 214

5. 高齢者への対応 ……………………………………………… 230

6. 結び ……………………………………………………………… 234

第8章 市町村合併と危機管理

1. はじめに ………………………………………………………… 242

2. 市町村合併の動向 …………………………………………… 244
  （1）市町村合併の歴史 ………………………………………… 244
  （2）北海道における市町村合併の動向 ……………………… 250

3. 市町村合併と危機管理 …………………………………… 253
  （1）北見市の事例 ……………………………………………… 253
  （2）名寄市の事例 ……………………………………………… 264

4. 結び ……………………………………………………………… 271

補論 国際関係における危機管理

1. はじめに ………………………………………………………… 278

2. 3つの分析モデル …………………………………………… 279
  （1）第1モデル―合理的行為者― …………………………… 279
  （2）第2モデル―組織過程― ………………………………… 280
  （3）第3モデル―政府内政治― ……………………………… 282

3. 第3モデルの問題点 ………………………………………… 283

4. 結び ……………………………………………………………… 285

あとがき ……………………………………………………………… 287

索　引 ………………………………………………………………… 289

【初出一覧】

序　論：書き下ろし。

第1章：「災害時における自衛隊の役割」『政経論叢』第68巻第5・6号（2000年3月30日）。

第2章：「地域防災計画の実態と問題点」財団法人　行政管理研究センター監修・中邨章編『行政の危機管理システム』（中央法規）（2000年8月1日）。

第3章：「危機管理研究序説―『観光危機』と沖縄県の対応―」『札幌法学』第13巻第1・2合併号（2002年3月31日）。

第4章：「積雪寒冷地域における危機管理―1996年1月の大雪と札幌市の対応―」『札幌法学』第14巻第1号（2002年12月25日）。

第5章：「米国における危機管理の現状と課題―ヒアリング調査を中心に―」『季刊　行政管理研究』No. 114（2006年6月25日）。

第6章：「在外公館における危機管理―ボストン総領事館の事例―」『札幌法学』第21巻第1号（2009年10月30日）。

第7章：「離島における危機管理―高齢者のための方策―」『札幌法学』第21巻第2号（2010年3月31日）。

第8章：「市町村合併と危機管理―北海道の事例―」『札幌法学』第22巻第1号（2010年6月10日）。

補　論：「アリソン『決定の本質』」花井等編『名著に学ぶ国際関係論』（有斐閣）（1999年12月15日）。

序 論

危機管理の行政学

1. はじめに

　周知のように，2009年8月30日におこなわれた第45回衆議院議員総選挙において，民主党は，308議席を獲得し，念願の政権交代を実現した。そして，鳩山由紀夫内閣が発足する9月16日までのあいだに，政権をになう準備が着々とすすめられていった。

　そのような折り，『朝日新聞』に，「（政権交代　鳩山内閣発足へ）政治空白回避へ手探り」と題する記事が掲載された[*1]。

　民主党は政権発足に備え，霞が関との事前協議を手探りで始めた。政権交代に伴う政治空白を避ける試みだが，そのルールは日本にはない。

　「与野党で連絡協議会を設けて危機管理に対処をする」。鳩山氏は7月10日の講演で，与党に政権移行期の協力を呼びかけると表明していた。政権引き継ぎに不備があれば，国民生活への影響が生じかねない——との考えからだった。だが，総選挙で大敗した自民党は「放心状態」。呼びかける時機を逸した。

　○細川内閣発足時は政策対応問われず

　93年の政権交代時は，総選挙がまだ中選挙区制だったこともあり，政権選択は争点にならなかった。しかも総選挙で自民党は比較第1党だったため，自民と非自民の激しい数合わせゲームが展開され，政権移行期間の政策対応はまったく焦点にならなかった。

　7月18日の投開票で自民党は過半数を下回るが，第2党の旧社会党の3倍以上の議席を獲得し第1党を維持。少数政党と連立すれば，政権を維持できると皮算用していた。

　一方，新生党や旧社会党，公明党など非自民5党は，連立政権樹立に向けて動く。キャスチングボートを握ったのはさきがけと日本新党だった。自民，非自民双方が中間政党への働きかけを強め，攻防が続く。日

本新党を引き込むために新生党の代表幹事だった小沢一郎氏が日本新党の細川護熙氏を首相に担ぎ出す。7党1会派による連立政権樹立に合意したのは1週間以上たった29日だった。

連立に参加する党派が多いため，議長や閣僚の人事にも手間取った。特別国会召集は総選挙から18日後の8月5日。しかし議長選出などをめぐり自民党が反発。結局，細川首相が指名されたのは，19日後の翌6日夜だった。

この間，危機管理が問われることもなく，政権移行のルールも議論されなかった。

もちろん，55年体制がながくつづいたわが国では，政権交代はひんぱんにおこっておらず，これに対応すること自体，危機管理的な発想が必要となるのはいうまでもない。だが，上記の『朝日新聞』の記事を読むと，細川護熙政権のスタート時点（1993年8月9日）では，「危機管理が問われることもなく」，事態は推移したようだ。ところが，今回の民主党への政権交代においては，当時の鳩山代表が，総選挙をまえにして，「与野党で連絡協議会を設けて危機管理に対処をする」と断言していた。

こうしたちがいが生まれてくる背景には，7党1会派からなる細川連立政権誕生当時には，危機管理に対する関心があまりたかくなかったという事実を指摘することができよう。その証左として，『朝日新聞』の記事件数に注目してみたい。というのは，ある事柄に対する興味がつきなければ，それをとりあげる記事数も増加するからである。

ちなみに，朝日新聞社は，「聞蔵Ⅱビジュアル・フォーライブラリー」という全文検索型の記事データベースを提供しているが，そこで，「危機管理」ということばをふくむ記事数を検索してみると，表序-1のような結果が得られた。

表序-1 『朝日新聞』にみる「危機管理」

1976年	1件	1988年	23件	2000年	573件
1977年	―	1989年	43件	2001年	829件
1978年	―	1990年	84件	2002年	595件
1979年	2件	1991年	103件	2003年	751件
1980年	21件	1992年	63件	2004年	930件
1981年	4件	1993年	47件	2005年	959件
1982年	1件	1994年	87件	2006年	922件
1983年	3件	1995年	484件	2007年	841件
1984年	36件	1996年	241件	2008年	785件
1985年	38件	1997年	424件	2009年	1,281件
1986年	22件	1998年	486件	合計	11,501件
1987年	29件	1999年	793件		

　表序-1からも明らかなように，1995年になって，記事件数が大幅に増加（前年比5.56倍）している。これは，いうまでもなく，1995年1月17日におこった阪神・淡路大震災の影響によるものである。これによって，わが国では，「危機管理」ということばが，一般的にもちいられるようになったのだ。その後，1999年にも，記事の件数がふえているが，これは，同年9月30日のJCO臨界事故の影響とみてよい。さらに，2001年の記事数の増加は，米国における同時多発テロ事件の発生（9月11日）によるものである。これ以降も，2004年には，新潟・福島豪雨（7月13日），新潟県中越地震（10月23日）の発生を受け，記事件数がふえているのだ。こうしたなかで，「危機管理」ということば自体が，一般化していき，自然災害のみならず，新型インフルエンザ対策などにおいてももちいられるようになってきた。その結果，「危機管理」ということばをふくむ記事数が全般的に増加していく傾向があらわれたのだ。

　なお，『朝日新聞』において，「危機管理」という語をふくんだ，はじめての記事は，つぎのような内容であった[2]。

序論　危機管理の行政学

朝鮮半島・板門店で米軍将校の傷害事件が起こってから，Ｂ52戦略爆撃機や横須賀の米空母「ミッドウェー」が出動したり，米軍の「力の示威」がつづいている。「大げさな……」と思わないでもないが，その背景には「危機管理」の思想があるように思う。

　さて，以下においては，こうした認識をもとに，論述をすすめていく。その順序としては，まずはじめに，書籍や雑誌記事の刊行年などに注目することで，日本における「危機管理」への関心のたかまりを検証する。つぎに，多様化する「危機」の内容と「危機管理」の意味について考察をくわえる。つづいて，行政機関の危機管理に的をしぼって分析をおこない，そして最後に，簡単な私見を述べようと思う。

2.「危機管理」への関心のたかまり
―阪神・淡路大震災を契機として―

　前節でみたように，『朝日新聞』の記事をみるかぎり，阪神・淡路大震災を契機として，日本では，「危機管理」ということばが，一般化してきたという事実が明らかとなった。
　それでは，これまでに刊行された書籍に注目して，「危機管理」ということばが，定着していった経緯をみてみたい。その手がかりとして，「国立国会図書館　蔵書検索・申込システム」〔NDL－OPAC〕をもちいて，「危機管理」という語をふくむ書籍数を調べてみたところ，980件のヒット数を得た（2010年9月2日現在）。ここでも，1994年までに刊行された「危機管理」の書籍が，わずか109件しかなかったにもかかわらず，1995年以降の刊行数は，871件にもおよんでいるのがわかる。このことからも，危機管理分野において，阪神・淡路大震災が，いかに大きな影響をおよぼしたかをうかがいしれよう。
　ところで，980件の「危機管理」に関する書籍のうち，もっともふるいも

5

のは，高坂正堯・桃井真編『多極化時代の戦略』（日本国際問題研究所）である。1973年3月刊行の同書のタイトルには，「危機管理」という文言は入っていないが，そのなかに収録されている論文名に，「危機管理」の文字が入っているため，検索結果にふくまれたようだ。こうした国立国会図書館の分類によれば，わが国において，はじめて，「危機管理」という文言をふくんだ書籍は，『多極化時代の戦略』〔上巻〕のなかの「危機管理論」，および同下巻に収録された「日本の戦略—日本にとっての軍備コントロールと危機管理—」ということになる。両論文ともに，筆者は，編者の一人である，防衛研修所研究部・第5研究室長の桃井真氏である。前者の「危機管理論」では，「危機管理（あるいは危機対処，危機処理）は，英語のcrisis management の直訳である。Schwarz-Hadik共編の三ヵ国語Strategic Terminology（前出）の英語の部における定義によれば，『国際危機を制御し，できるだけ少ない損害をもって解決するように，危機を処理する制度的取決めや措置で，危機に際し迅速に同盟国と協議するため，あるいは相対立する勢力との間に速やかに交渉するための手段となるもの』という一般的な解釈が与えられている」とあり，国際関係における危機管理を対象としていることがわかる[*3]。また，後者の「日本の戦略—日本にとっての軍備コントロールと危機管理—」においては，「紛争をいかに回避し，いかに局限するかという二大命題を満足させるためには，(1) 危機以前，(2) 危機対処，(3) 危機収拾と三つのプロセスに分けて分析をすすめる必要があろう。このプロセスを一貫した政策論とするため，平和時の国家的努力に始まり，危機の拒否的努力，抵抗，第三国の介入あるいは仲介を経て，戦略的収拾によって，復興，外交復活，平和への復帰に至る一連のシナリオとして検討してみる」と記されており，本論文でも，危機管理の分析対象が，国際政治であることがわかる[*4]。

それでは，書籍自体のタイトルに，「危機管理」という文言が登場したのは，いつごろであろうか。それは，1978年9月のことであり，片方善治『危機管理の技術—不安の時代を確実に生き抜く法—』（ごま書房）が，それにあたる。本書は，「従来，行きあたりばったりに，あるいは無意識に行なってきた危

機に対する対策を意識化し，どのような事態に出会っても，冷静・的確に行動できる知恵を盛り込んだ」ものである[*5]。なお，著者の片方氏は，コロンビア大学大学院で学んだ工学博士であり，当時，システム研究センター理事長をつとめていた人物である。

　ちなみに，各年代ごとの主要書籍のリストが，図序-1である。ここからもわかるように，1970年代には，エネルギー問題との関連において，危機管理の書籍があらわされている。これは，1973年の第一次石油ショックおよび1979年の第二次石油ショックによるものであろう。ところが，1980年代になると，経済問題にくわえて，地震，海外生活，コンピュータなどとの関連で，危機管理の書籍が刊行されるようになる。このことは，じょじょにではあるが，「危機管理」ということばが，世間に認知されはじめてきたことを示している。それが，1990年代（1994年まで）になると，日本企業の海外進出の増大にあわせて，当該分野に関して，危機管理の視点から論じる書籍が増加していく。さらに，湾岸戦争，学校，病院など，危機管理が対象とする領域はさらに拡大していっているのがわかる。しかも，メンタルな問題や夫婦間の問題を危機管理という観点からとりあげる書籍も登場している。こうした傾向に拍車をかけたのが，1995年の阪神・淡路大震災である。図序-1からも明らかなように，文書，家庭，ディベート，法律，文化ホール，健康，住宅購入などというワードとともに，危機管理の書籍があらわされるようになったのだ。同時に，1996年6月に刊行された，648頁にもおよぶ，危機管理事典編集委員会編『危機管理事典』（近代セールス社）の登場は，危機管理分野における学問的な成熟をも物語っている。

　つぎに，雑誌のなかの「危機管理」について，注目してみよう。国立国会図書館が提供する「雑誌記事索引検索」によれば，雑誌タイトルのなかに，「危機管理」ということばをふくむ記事数は，5,720件におよぶ（2010年9月2日現在）。このうち，もっともふるいものは，1966年に刊行された，専修大学社会科学研究所編『社会科学年報』第1号のなかにおさめられた，長幸男「『ドル危機』管理通貨の二元論的規定」である。だが，この論文は，「危

図序-1 「危機管理」をタイトルにふくむおもな書籍

＊1970年代のタイトル

○野村総合研究所編『エネルギー危機管理の体系的分析―「油断」への対応を中心として―』（総合研究開発機構，1979年３月）

○総合研究開発機構編『石油供給の中断―エネルギー危機管理の体系的分析―』（総合研究開発機構，1979年３月）

＊1980年代のタイトル

○野村克也『敵は我に在り―危機管理としての野球論―』（サンケイ出版，1980年８月）

○松井謙『多重苦の世界経済―危機管理の処方箋―』（新評論，1980年９月）

○二宮厚美『日本経済と危機管理論』（新日本出版社，1982年10月）

○田岡信夫『ランチェスター営業危機管理戦略―販売目標100％完遂チェック法―』（ビジネス社，1984年10月）

○パトリシア・オトゥール著，前田俊一訳『危機管理のプロフェッショナル』（ダイヤモンド社，1984年11月）

○地震・防災を考える首都圏連絡センター編『大地震がやってくる!?―防災キャンペーンと危機管理体制―』（新地平社，1985年８月）

○秋元隆司『ビジネスマン35歳からの危機管理』（日本能率協会，1986年４月）

○井原隆一『危機管理の社長学―企業繁栄のための56のキー・ポイント―』（大和出版，1987年１月）

○Ｇ・Ｃ・メイヤーズ著，竹内宏訳『企業の危機管理―会社を襲う「９大危機」をどう克服するか―』（ティビーエス・ブリタニカ，1987年12月）

○樋口健夫・樋口容視子『狙われる日本人海外生活の危機管理』（実業之日本社，1988年７月）

○永藪克美『コンピューターシステムの落とし穴―企業がとるべき安全対策と危機管理―』（日本工業新聞社，1989年２月）

○大泉光一『海外ビジネスマンの危機管理術』（新潮社，1989年５月）

＊1990年代のタイトル（1994年まで）

○大泉光一『多国籍企業の危機管理―テロの脅威とその対応策―』（白桃書房，1990年10月）

○ロバート・Ｂ・アーバイン著，小林薫訳『企業防衛の時代―危機管理としての企業広報の役割―』（ジャパンタイムズ，1990年12月）

○大泉光一『テロリズムと企業危機管理―ビジネスマンの海外安全対策―』（日刊工業新聞社，1990年12月）

○朝日新聞「湾岸危機」取材班『湾岸戦争と日本―問われる危機管理―』（朝日新聞社，1991年２月）

序論　危機管理の行政学

○永岡順編『学校の危機管理―予防計画と事後処理―』（東洋館出版社，1991年12月）

○牧昌見編『学校の危機管理』（ぎょうせい，1991年12月）

○西山信之『病医院経営危機管理チェックマニュアル50』（日本医療企画，1991年6月）

○岡本常男『ビジネスマンのための「心の危機管理術」―ある大手企業経営者が語る体験的“生き方論”』（現代書林，1993年1月）

○福永法源『こんな夫婦は今すぐ別れなさい―夫婦の危機管理法―』（アースエイド，1993年2月）

○佐々淳行，ブライアン・M・ジェンキンズ『グローバル経営時代の企業の危機管理』（日本経済新聞社，1994年6月）

○松永勝也『雲仙・普賢岳火山活動にたいする関係住民の意識と組織の危機管理に関する調査研究』〔文部省科学研究費補助金研究成果報告書〕（1994―1995）

＊1990年代のタイトル（1995年以降）

○野口靖夫『文書の危機管理と災害対策―紙・マイクロフィルム・光ディスクをどのように守り，救済するか―』（日本実業出版社，1995年5月）

○牛場靖彦『あなたの家庭の危機管理―災害・事故を生き抜く知恵と方法―』（ジャパンタイムズ，1995年6月）

○北野宏明『ディベート術入門―問題発見，論理構築から危機管理まで―』（ごま書房，1995年10月）

○危機管理事典編集委員会編『危機管理事典』（近代セールス社，1996年6月）

○稲葉裕監修『O157台所心得　家庭内食中毒を防ぐために― 米国NASAの宇宙食に学ぶ―』〔保存版〕（法研，1997年4月）

○桑野偕紀，前田荘六，塚原利夫『機長の危機管理』（講談社，1997年5月）

○菱村幸彦監修・編『危機管理の法律常識』（教育開発研究所，1997年6月）

○吉川武彦『こころの危機管理―“いざ”というときのために―』（関西看護出版，1997年6月）

○稲田智治『文化ホールの危機管理』（九州大谷文化センター，1997年9月）

○梅田悦生『インフルエンザと戦う―健康の危機管理―』（裳華房，1998年4月）

○米浜弘明『家族と自分を守るサバイバル術―現代社会における危機管理の要点―』（エムティ出版，1998年5月）

○大泉光一，河村明宏，山崎健『海外旅行の危機管理』（時潮社，1998年7月）

○住宅問題研究会編『住宅購入の危機管理―住宅雑誌には絶対載らない，安全な住宅取得マニュアル―』（毎日新聞社，1999年1月）

○野辺名豊，Y2K危機管理委員会『2000年問題のすべて―国・企業・個人レベルの「危機管理計画」を完全解説！』（PHP研究所，1999年7月）

9

機』管理」となっているものをひろったものであるため，本論の対象とはならない。したがって，わが国の雑誌記事のなかで，タイトルに，「危機管理」をふくむ最古のものは，桃井真「拒否戦略と戦略的収拾―危機管理の一考察―」『防衛論集』第 7 巻 1 号となる。同論文は，1968年 8 月に発表されている。著者の桃井氏は，危機管理に関するもっともふるい書籍をあらわした人物でもあり，当初，同氏が，日本における危機管理研究をリードしていたことがわかる。

　ちなみに，これ以降，「危機管理」をタイトルにふくむ雑誌数は，1994年までの26年間で181件しかなかったものの，1995年だけで，98件もの雑誌記事が刊行された。ここからも，「危機管理」分野における阪神・淡路大震災の影響がみてとれよう。

　では，こうした傾向は，「国権の最高機関であつて，国の唯一の立法機関である」（日本国憲法第41条），国会での論議についても，あてはまるのであろうか。というのは，阪神・淡路大震災を受けて，国会の場で，危機管理に関するさまざまな方策が話しあわれてきたからである。そこで，国立国会図書館が提供する「国会会議録検索システム」を使用して，検索したところ，計3,151件のヒットが得られた（第175回臨時国会の会期最終日〔2010年 8 月 6 日〕まで）。このうち，阪神・淡路大震災が発生した1995年 1 月17日までのヒット件数は，わずか293件しかない。それが，1995年だけにかぎっても，じつに，206件ものヒットが得られる。つまり，国会の場の議論においても，阪神・淡路大震災を契機として，「危機管理」に対する注目が大いにたかまったということがいえよう[6]。

　以上，『朝日新聞』の記事件数，書籍および雑誌記事の件数，ならびに，国会での発言件数を参考に，わが国において，「危機管理」という語が，いつごろからひろまってきたのかを検証したところ，やはり，1995年の阪神・淡路大震災が嚆矢となっていることがわかった。このことに関しては，「阪神・淡路大震災で，この言葉は大変ポピュラーになりました」[7]「それまでは，どちらかといえばある専門部署の特殊業務のように見られていた『危機管理』

が，生命，財産の喪失，ライフラインの欠落などにより一挙に"生活用語"として浸透した」[*8]といった識者のことばからも明らかであり，阪神・淡路大震災のあたえたインパクトの大きさをうかがいしれる。

3.「危機管理」の意味

(1)「危機」概念の多様化

それでは，つぎに，危機管理が対象とする，「危機」の意味について考えてみたい。日本を代表する国語辞典の1つである，新村出編『広辞苑』（岩波書店）は，これまで6版をかさねているが，このなかで，「危機」の意味がどのように解説されているのか，その変化をみてみよう[*9]。

○ ［晋書］あやうい時。危い場合。危険な状態。②（crisis）〔哲〕それまで支配的であった秩序が否定され，まさに崩壊・死滅しようとする決定的な段階。現代の不安・喪失・絶望・孤立・分断などの生意識も，現代資本主義の全般的危機という歴史的・社会的構造にふかく根ざすものとして認識される（第1版〔1955年〕）

○ 大変なことになるかも知れないあやうい時や場合。危険な状態（第2版〔1969年〕，第2版補訂版〔1976年〕，第3版〔1983年〕）

○ 大変なことになるかも知れないあやうい時や場合。危険な状態。「経済―」「―を脱する」（第4版〔1991年〕，第5版〔1998年〕，第6版〔2008年〕）

つづいて，危機管理研究に従事する者たちの定義を紹介しよう。たとえば，吉井博明・東京経済大学教授によれば，「危機とは『特定の主体（個人・家族・企業など）や社会（地域・国など）にとって，その存在を大きく脅かす事態（イベント）が突然発生・継続している，もしくは切迫している状態』を意

味する」そうだ[*10]。また，中林一樹・首都大学東京教授は，「戦後の日本で『危機』という用語が大きく使われたのは，高度経済成長に終わりを告げた一九七三年に始まる『石油危機』である」「自治体およびその地域社会を取り巻く危機は多様である。被災者にとって危機が発生する速度に着目すると，前触れもなく突然的に発生する突発的危機と，徐々に進行して発生する慢性的危機がある。前者としては，『自然災害』『事故』『事件』『テロリズム』『戦乱』があり，後者としては『環境問題』『社会問題』『経済問題』などがある」と論じている[*11]。

では，実際に，実務の世界において，危機管理を担当した者たちは，「危機」をどのようにとらえているのであろうか。鍵屋一・板橋区総務部防災課長によると，「地域社会や行政が直面する危機には，災害のほかに，エネルギー不足，環境汚染，犯罪，衛生面では感染症や食中毒，経済面では企業倒産，雇用悪化，財政面では資金不足，借金増加，財産面では重要情報の喪失，資産の減却，社会保障面では健康保険財政の悪化，年金不安などさまざまなものがあります」とのことだ[*12]。

また，青山佾・元東京都副知事は，「自治体行政における危機管理の『危機』とされる事象」を以下のように整理している[*13]。

(1) 自然災害（地震，火山噴火，台風，大雨，崖崩れ）

(2) 大事故（火災，飛行機，船舶，電車，自動車，工場）

(3) 都市施設の事故・故障（電気，ガス・水道・電話などライフラインや遊園地等施設）

(4) 食品衛生（食中毒，O157，鳥インフルエンザ，BSE，違法薬品販売）

(5) 犯罪（凶悪事件，頻発事件，少年犯罪，DV）

(6) テロ（NBC，暗殺，爆弾）

(7) 戦争（着上陸侵攻，ミサイル着弾）

(8) 不祥事（汚職，職員の犯罪，情報流出，コンプライアンス違反）

序論　危機管理の行政学

この分類のうち，たとえば，(6) は，テロそのものが「危機」であることはいうまでもないが，それにともなう風評被害といった側面にも留意する必要があろう。というのは，2001年9月11日の米国同時多発テロ事件を受けて，沖縄県への旅行客が一時，激減したからである。観光客や修学旅行生は，数多くの米軍基地をかかえる沖縄県への旅行が危険であると考え，同県への観光旅行を手びかえる，一種の「観光危機」が生じたのだ[14]。また，おなじ地方自治体でも，高齢化率のたかい離島においては，高齢者に対する振り込め詐欺，急患の輸送，一人暮らしの高齢者をねらった訪問販売などを「危機」としてとらえる傾向がある[15]。このように，時代とともに，そして，場所によって，「危機」の範囲は多岐にわたる[16]。

(2)「危機管理」の意味

これら多種多様な「危機」に対処するのが，「危機管理」ということになる。だが，このことばは，本来，「20世紀の『キューバ危機』(1962年) の反省・教訓から生まれた学問領域又は行政，経営の分析手法のこと」であり，「国家・国民を核戦争から如何に守るかという軍事的必要性から始まった研究分野」である。それが，「現在では，研究分野も実務も，軍事的必要性から非軍事的必要性へと重点を移してきて」おり，「現実問題として，核戦争よりも大規模災害，重大事件・事故の発生により甚大な被害が生じていることから，そうした危機の発生を如何に防止し，或いは発生した時に如何に対処するかという観点からの研究と実践対策が必要」となりつつある[17]。

このように，「危機管理とは，主に国際関係論の分野で『ベルリン危機』や『キューバ危機』などを主題に，国家的危機に際しての国家的指導者の政策決定のあり方について行われてきたまだ未完成の研究で，近年アメリカで盛んになったものである」。とりわけ，「アメリカでそれが始まったのは，戦後アメリカが世界的安全保障機構における最大で最強の責任国家となり，戦後実際にいくたびか世界の危機管理を体験したから」にほかならない[18]。その好例としては，1962年10月16日から28日にかけておこった，キューバ危

13

機を指摘することができよう。このときの政策決定過程を詳細に分析した危機管理研究の集大成が，グレアム・T・アリソン＝ハーバード大学教授があらわした，『決定の本質―キューバ・ミサイル危機の分析―』である[19]。したがって，ながきにわたり，米ソ冷戦という「危機」を経験してきた米国において，危機管理研究が進展したことは当然といえよう。他方，「冷戦時代には，仮に安全保障上の危機が生じたとしても，アメリカの核の傘が日本を保護してくれるとの安心感が，政府のみならず，日本全体を覆っていた」ため，日本における危機管理研究は，「ソ連との核戦争の可能性を如何に少なくするかを，政策過程のメカニズムの改良に焦点を当てて議論する必要があったアメリカとは状況を大きく異にしていた」というわけである[20]。

つまり，「ストレスやパニック，紛争が発生した際，事態がそれ以上悪化しないように制御，管理し，あるいはそもそも紛争などの発生を未然に防止する措置」である[21]，「危機管理」ということばは，「本来は，短期間の間に戦争か平和かの決断を迫られる状況の対処方法をさす」ものであり，「主として核戦争を起こしかねない国際危機への対応」に力点をおいていたのに対して，とりわけ，「日本では，地震・自然災害などの不測の事態への対応をもさすことばとして使用されて」きた事実に注目する必要がある[22]。

それでは，日本において，「危機管理」がどのように定義されてきたのかを検証してみよう。前出の『広辞苑』をみると，第1版から第3版までには，「危機管理」ということばはもられていない。この語が，はじめて『広辞苑』に登場したのは，1991年刊行の第4版以降である。

○　事態が破局と収拾との分岐点にあるとき，安定・収拾の方へ対応策を操作すること。経済危機や平和の危機などに際して行われる（第4版〔1991年〕）

○　不測の出来事がひき起す危機や破局に対処する政策・体制。経済危機や平和の危機，テロやハイジャック，大規模地震などの自然災害に際して行われる（第5版〔1998年〕）

○　大規模で不測の災害・事故・事件等の突発的な事態に対処する政策・
体制。人命救助や被害の拡大防止など迅速で有効な措置がとられる（第
6版〔2008年〕）

　ここで，法律上の定義をみておこう。内閣法第15条第2項には，「危機管
理（国民の生命，身体又は財産に重大な被害が生じ，又は生じるおそれがあ
る緊急の事態への対処及び当該事態の発生の防止をいう。）」と記されている。
ここからもわかるように，「国土並びに国民の生命，身体及び財産をこのよ
うな災害から保護していく」ことを第一義的な目的として，「国，地方公共
団体をはじめとする防災関係諸機関が，常に新しい情勢と地域の実情に即し
て，適切な対策を講じて」いくことが危機管理の要諦といえる[*23]。もっとも，
「危機管理の主体は①国家である場合，②自治体である場合，③企業・グルー
プ・機関である場合，④個人である場合とがある」ことはいうまでもない[*24]。
　ちなみに，危機管理研究の第一人者である佐々淳行氏は，「①危機の予測
及び予知（情報活動），②危機の防止又は回避，③危機対処と拡大防止（crisis
control），④危機の再発防止といった各段階に分けて，それぞれの段階で，
危機管理の掌にあたるものがなにをなすべきか」について検討することが，
危機管理のポイントであると述べている[*25]。その文脈において，「危機管理は，
危機発生以前には，①被害軽減〜予防（建物の耐震化や堤防強化など）によ
り危機の発生そのものを抑制し，あるいはその規模を極小化するとともに，
②準備（応急対策計画・マニュアルの立案や必要な資機材・設備の整備，要
員の訓練などを含む事前準備）により，被害の拡大・波及を防止する対策を
とることになる。また，危機が発生した場合には，③応急対策（消火，救出，
けが人の応急治療，避難者対応など）を実施に移し，④復旧・復興に向けて
計画の立案，関係者の意見調整などを行うことになる」のだ。換言すれば，
「危機管理とは『危機（被害）の発生を未然に防止ないし軽減するとともに，
発生した場合に備えた準備に万全を期し，一旦危機が発生した場合には，被
害を極小化するためにできる限りの応急対策を実施し，その拡大・波及を防

ぎ，さらに復旧・復興を迅速に行うための対策を総合的に行うこと』」とな
ろう*26。

　このほか，大塚康男・市川市議会事務局長は，「人間社会では危機管理を
どんなに十全に実施したとしても緊急事態の発生を完全に抑止することは不
可能です」としたうえで，「危機管理とは，第一に時間と場所を問わず発生
する緊急事態を予知・予防し，第二は緊急事態が発生した場合は，速やかに
対応し，被害を最小限にとどめることをいいます」と述べている*27。また，
近畿公安調査局長をつとめた古市達郎・金沢工業大学教授は，「危機管理とは，
時，場所等を選ばず，思わぬ形で発生する緊急事態（エマージェンシー：
emergency）に対し，予知，予防，対策を講ずることであり，また，万一発
生した場合には，素早く的確な対応で被害を最小限に抑え，速やかに平常の
状態に復旧させるための方策を講ずること」と定義している*28。

　だが，内閣安全保障・危機管理室の山口祥義氏によると，「『危機管理』を
明確に定義づけることは難しく，個々の状況に応じて実践的に研究されるべ
き性格のもの」とされており，「定型的に定義して研究対象とするよりもむ
しろ，それぞれの関心に応じて研究するべきものであると考えられる」よう
だ*29。

　さて，ここで，「危機管理」（crisis management）と「リスク・マネジメ
ント」（risk management）のちがいについてふれておこう。たとえば，ア
イアン・ミトロフ＝南カリフォルニア大学教授によれば，「リスク・マネジ
メントが主として自然災害に対処するものであるのに対して，クライシス・
マネジメントは人間によってもたらされるもの，例えばコンピュータ・シス
テムへの不法侵入，環境汚染，経営幹部の誘拐，詐欺行為，製品変造，セク
シュアル・ハラスメント，職場暴力といったものを取り扱う点だ。自然災害
と違って，人間によってもたらされる危機は，避けることができるはずであ
る。それはある意味で，起こらなくてもよいものだからだ。この理由により，
世間は危機を起こした企業，あるいは組織に対しては非常に厳しい評価を下
す」とのことだ*30。

序論　危機管理の行政学

　だが，この定義をみて，われわれは，かなりの違和感を感じるにちがいない。なぜなら，通例，日本においては，「危機管理でいうクライシスとは，生命，財産や組織の名誉あるいは存続にかかわる重大事件・事故であり，リスクとは異なる」からだ。要するに，「危機管理でいうところの危機は予測が全く不可能で，いつくるかわからない地震のような自然現象や，ハイジャックのように人間の邪な意図によって引き起こされるものを想定している。これらは，予測のしようがないし，いくらコンピュータにインプットしておいても『いつ起きる』という返事は期待できない。また，どんな事件や災害が起こるかは予測がつかない，ということだ」。したがって，「ひと言でいえば，リスクは損得に関することであり，クライシスは生死にかかわる問題である。リスクはある程度予測可能で，未来推計学や確率，コンピュータになじめる。また一定の割合で損害をヘッジすることもできる」というわけである[31]。

　この点に関しては，東京都危機管理担当参与をつとめた金重凱之氏も，つぎのように述べている[32]。

　　歴史的に，『リスク・マネジメント』は，17世紀末に海上保険（保険の始まりは海上保険です）から生まれた学問領域又は経営の分析手法のことです。エドワード・ロイドという人物が，1688年にロンドンにコーヒーハウス（『ロイズ・コーヒーハウス』）を開き，ここに船長，船主，貿易業者，金融業者，投資家などが集まり航海関連情報，気象情報，積荷情報等の情報交換をし，保険を引き受ける者（後に『ロイズ・メンバー』といわれる個人保険引受業者。それぞれが『シンジケート』といわれるグループを作っている）が出てきました。これが『ロイズ市場』の始まりです。そこでは，『リスク』がどの程度の確率で発生するかという確率を計算して保険料を決めたのです。これが『リスク・マネジメント』の始まりです。ロイドは，1696年に『ロイズ・ニュース』という海運情報を掲載した新聞も初めて発行しています。

したがって，「『リスク・マネジメント』は，どちらかと言うと，保険会社
や企業経営問題を分析している専門家が研究する分野」といえよう[33]。

　このように，「リスクマネジメントと危機管理はどう違うのかということ
が往々にして問題となる」。だが，「どちらも危険克服の科学や政策で，その
ルーツを異にするに過ぎない」のであって，「強いて区別するならば，リス
クマネジメントはリスク一般を対象とするのに対し，危機管理はリスク中の
異常性の強い巨大災害，持続性の強い偶発事故，政治的・経済的あるいは社
会的な難局などを対象とする」との見解を述べる識者もいる[34]。

　いずれにせよ，「公共部門に関わる『クライシス・マネジメント』も，民
間セクターの『リスク・マネジメント』も，日本語では同じ危機管理という
呼称になる」ため，「表現の不正確さが，行政がおこなう危機管理に少なか
らず影響を及ぼしている」ことには，留意する必要があろう[35]。

4. 行政機関の危機管理

　それでは，つぎに，行政機関の危機管理に的をしぼって，検討してみよう。
「行政を念頭にすると，不測事態の発生に備えて，あらかじめ組織を整備し，
人事の配置を考え，それらにあわせて権限の配分などを決めておくのが，危
機管理の基本」といえる[36]。したがって，ふだんから，「目の前の現象や出
来事のなかに危機の兆しを感じるセンスを身につけることから始まり」，「担
当者の情報感度を高めるとともに，組織として日頃から幅広い分野の情報を
収集しておくことが必要になり，特に過去に発生した事例，類似事件，研究
発表事例などのストックが役立ちます」というわけだ[37]。この文脈において，
行政機関が，自分たちが経験した危機やほかの地域でおこった危機をふまえ
て，防災計画を整備し，つねにバージョン・アップしていくことは，緊要で
ある。

　先述したように，「自治体の危機管理といえば，まず，まっ先に対象とな
るのが噴火や大地震，洪水，がけ崩れなどの天災，そして最近ではテロ行為

などによる破壊や社会的パニック対策である」が,「行政の危機管理とは,なにも自然災害やテロ対策だけではない」のであって,「社会,住民からの不信感を買うような,いわゆる『不祥事の防止』も重要な危機管理である。しかも,いったん発生した場合,社会や住民から"受容"してもらうことはほとんど不可能である。その上に,天災と違い,発生する頻度が高い」ことを忘れてはならない[38]。

しかしながら,「行政は元来,危機に対して脆弱である」という事実に留意しておく必要がある。すなわち,「行政では,法律が重視され,手続きに力点がおかれる。文書による決裁や先例が尊重され,画一性や形式が優先される」のだ。このように,「一定の方針やルールからの逸脱を嫌うのが行政である。そうした法律主義や文書主義,それに手続き主義や形式主義など,行政の特色と考えられるものは,不測事態の発生とはアンチテーゼの関係に立つ」わけだ。だが,「危機が発生した場合,先例や画一性は役に立たない。また,手続きや文書の重視は,危機への対応を遅らせる」こととなる。「手続きを一時的にしろ離れ,既定のルールからやや脱線した政策判断と行動をとることが,危機ではもっとも重要である」。とはいえ,「十分にそのことはわかっていても,それがなかなかできないのが行政である」のだ[39]。このように,危機管理は,「行政職員には不慣れで困難な仕事」といえる[40]。

したがって,「既存の組織分掌は新規の状況に対処するのに,多かれ少なかれ,不適切」というわけだ。「そこで,情報が収集され,事態の新規性が認識されるにつれ,新たな任務が設定されたり,任務の変更が行われる。しかし,それは既存の組織などの枠の中で行われる傾向を持つ。それは単に新たな組織編成が瞬時に行えないからだけではなく,組織成員に新しい任務を緊急に受容させるには,強い正当性が必要だからであろう」[41]。

くわえて,「日常の効率を求める『小さな政府』化は,災害などの危機発生時を想定すれば,対応活動における行政力に限界をもたらしていることと認識すべきである」との指摘もみられる。それゆえ,「危機管理にあたっては,行政内部の連携とともに,行政と市民・企業との連携による対応を不可欠に

している」わけだ[42]。

　このように，行政機関の危機管理を考える場合，「行政内部の連携」が強調されることが多い。これは，“縦割り行政”の弊害をなくすということを意味する。行政機関内部において，情報の共有がうまくいかないようでは，危機に対して，効果的に対処することは，きわめて困難となる。たとえば，民主党が，政権交代をめざした第45回衆議院議員総選挙の折りのマニフェスト（政権公約）のなかで，「大規模災害時等の被災者の迅速救済・被害拡大防止・都市機能維持のために，危機管理庁（仮称）を設置するなど危機管理体制を強化する」と記したのは，こうした縦割り行政を排した危機管理体制の強化を主目的としていたからであったはずだ[43]。

　さらに，さきに紹介した，「危機管理にあたっては，行政内部の連携とともに，行政と市民・企業との連携による対応を不可欠にしている」という文言は，縦割り行政を排して，行政機関内部の情報を共有していくだけではなく，行政機関と住民とのあいだの垣根もとりはらい，情報の共有化をはかっていくことの重要性をもさし示している。とりわけ，危機時には，的確な情報が迅速に届けられることが不可欠である。行政機関に属する者は，この点を肝に銘じておくべきであろう。

　にもかかわらず，「誰もが，危機管理担当者であれば，自分が担当している間は危機が来ないでほしいと思う。そのことが，危機が来ることはありえないと思い込むことにつながる」との指摘があることに，留意すべきであろう[44]。行政機関ではたらく職員のこうした意識を変革していくことも，危機管理の必須条件の1つである。

　もっとも，ながいあいだしみついた職員の意識を変革することは，容易ではない。だが，職員の意識を変えるには，所属機関のトップのリーダーシップいかんという側面があることを忘れてはならない。たとえば，一時期，米国の危機管理をになうFEMA（連邦緊急事態管理庁）の不要論が連邦議会を中心にわきおこっていたものの，ジェームズ・リー・ウイット氏が長官に就任するや，職員の意識改革に成功したという事例もみられるのだ[45]。日

本の行政機関においても，職員とのあいだで，堅固な信頼関係を構築し，指導力をも発揮できるリーダーの出現が期待される。

くわえて，危機時において，住民は，つよい指導者を求めるといわれる。その意味で，万一，危機に直面した場合，行政機関のトップが，直接，住民に顔をみせ，みずからのことばで語り，適切かつ迅速に，情報を提供していくことは，危機管理にとって，きわめて重要な視点といえよう[46]。

したがって，「危機管理対策は経営者の任期中に危機が発生しなければ，経営者の評価に結びつかない。どうしても，目前に見える形で成果の現れる政策を選択することになる。住宅や学校の耐震化が進まない理由もここにある」といわれるが，こうした発想ではなく，住民の人命を最優先に考えるリーダーこそが，求められるのだ[47]。そのためには，指導者自身の判断力（決断力）が，危機時における行政機関のあり方を大きく左右するといういい方もできよう。トップが，迅速かつ的確に判断することによって，初動態勢の遅れといった問題も可能なかぎり回避できるにちがいない。

このほか，危機に適切に対処していくためには，ふだんの訓練が重要であることも付言しておきたい。かつて，米国において，ヒアリング調査をおこなった際も，異口同音に，訓練の必要性が強調された。訓練をつうじて，危機時に，自分がどのように行動すべきかを行政機関の職員のみならず，住民の側でも認識できるからである。そして，また，こうしたかたちで，職員と住民との連携ができていれば，いざというときに，その関係が大いに効果を発揮することとなるのだ。

5. 結び

以上，日本において，いつごろから，「危機管理」ということばが登場し，ポピュラーとなっていったのかを検証したうえで，「危機」概念が多様化してきたことを考察した。そうしたなか，行政機関がとるべき危機管理策も，変化してきている。たとえば，近年においては，いわゆる「災害弱者」に対

する配慮が，これまで以上に重視されるようになってきている*48。また，危機後のこころのケアにも気がくばられるようになった。

　今後も，危機の種類は多様化していくにちがいない。それに対処していくためにも，行政機関のみならず，われわれ住民の側においても，ふだんからの準備が求められているのだ。「そなえあれば憂いなし」ということばがあるが，まさに，危機管理の真髄を示す格言といえよう。くわえて，「のどもとすぎれば熱さを忘れる」ではなく，つねに「初心忘るべからず」で，危機管理にあたっていく姿勢が重要であろう。

注

*1　『朝日新聞』2009年9月2日，1面および2面。

*2　同上，1976年8月30日，4面。

*3　桃井真「危機管理論」高坂正堯・桃井真編『多極化時代の戦略』〔上巻〕（日本国際問題研究所，1973年），541頁。

*4　桃井真「日本の戦略―日本にとっての軍備コントロールと危機管理―高坂正堯・桃井真編『多極化時代の戦略』〔下巻〕（日本国際問題研究所，1973年），440-441頁。

*5　片方善治『危機管理の技術―不安の時代を確実に生き抜く法―』（ごま書房，1978年），5頁。

*6　ちなみに，国会の場で，はじめて「危機管理」ということばがもちいられたのは，1978年4月21日のことであり，社会党の岩垂寿喜男・衆議院議員が，「ここに『日本の戦略』という本のいわばリコピーがございまして，これは防衛庁の防衛研修所の第五研究室長をやっていらっしゃる桃井真さんという人が解説をした『日本にとっての軍備コントロールと危機管理』という本の写しがございます」と言及したときである（『第八十四回国会　衆議院　災害対策特別委員会議録　第十二号』1978年4月21日，4頁）。

*7　河田惠昭『これからの防災・減災がわかる本』（岩波書店，2008年），136頁。

*8　田中正博『実践　自治体の危機管理』（時事通信社，2003年），i頁。

*9　ちなみに，「危機」にあたる英語の「クライシス（Crisis）の語源は，ラテン語の"Crisis（クリシス）"（危機，危篤）という原語から生まれた。それが英語のCrisisとなり，ラテン語から派生したロマンス語のスペイン語のCrisis，フランス語のCrise，イタリア語のCrisi，ポルトガル語のCrise，カタルーニャ語のCrisiという言葉が生まれた」ようだ（大泉光一『危機管理学総論―理論から実践的対応へ―』〔ミネルヴァ書房，2006年〕，3頁）。

序論　危機管理の行政学

＊10　吉井博明「災害危機管理論とは」吉井博明・田中淳編『災害危機管理論入門―防災危機管理担当者のための基礎講座―』(弘文堂, 2008年), 18頁。

＊11　中林一樹「危機管理の基本論点」松下圭一・西尾勝・新藤宗幸編『岩波講座　自治体の構想3―政策―』(岩波書店, 2002年), 241-242頁。

＊12　鍵屋一『図解　よくわかる自治体の防災・危機管理のしくみ』(学陽書房, 2003年), 11頁。

＊13　青山佾「危機管理の基本」自治体危機管理研究会編『実践から学ぶ危機管理』(都政新報社, 2006年), 2頁。

＊14　拙稿「危機管理研究序説―『観光危機』と沖縄県の対応―」『札幌法学』第13巻第1・2合併号を参照されたい。

＊15　拙稿「離島における高齢者のための危機管理体制の構築」『高齢者問題研究』No. 23, 89-90頁。

＊16　とはいえ,「過去30年間にわたって多くの研究者によって『危機の概念 (the concept of crisis)』に関する学際的な研究が行われてきた。しかしながら, 未だにその明確な定義付けがされていないのである」との指摘があることを付言しておく (大泉, 前掲書『危機管理学総論』, 3頁)。

＊17　金重凱之「危機管理総論」青山佾編『自治体職員のための危機管理読本』(都政新報社, 2002年), 15-16頁。

＊18　佐々淳行『危機管理』(ぎょうせい, 1997年), 1-2頁。

＊19　グレアム・T・アリソン著, 宮里政玄訳『決定の本質―キューバ・ミサイル危機の分析―』(中央公論社, 1977年)。
　　　なお, 同書における分析手法の問題点に関しては, たとえば, 拙稿「アリソン『決定の本質』」花井等編『名著に学ぶ国際関係論』(有斐閣, 1999年) を参照されたい。

＊20　草野厚『政策過程分析入門』(東京大学出版会, 1997年), 10頁。

＊21　丸山直起「危機管理」川田侃・大畠英樹編『国際政治経済辞典』(東京書籍, 1993年), 112頁。

＊22　高橋進「危機管理」阿部齊・内田満・高柳先男編『現代政治学小辞典』〔新版〕(有斐閣, 1999年), 72頁。

＊23　災害対策制度研究会編『新　日本の災害対策』(ぎょうせい, 2002年), 3頁。

＊24　石井一郎『災害の危機管理―防災の意識と備えを考える―』(セメントジャーナル社, 1999年), 29頁。

＊25　佐々, 前掲書『危機管理』, 1頁。

＊26　吉井, 前掲論文「災害危機管理論とは」吉井・田中編, 前掲書『災害危機管理論入門』, 27頁。

＊27　大塚康男『自治体職員が知っておきたい危機管理術』(ぎょうせい, 2004年), 1頁。

＊28　古市達郎『究極の危機管理論―公的立場の認識と責任の自覚―』(ソフトサイエンス社, 2004年), 1頁。

＊29　山口祥義「国の危機管理と地方公共団体」『自治研究』第74巻第8号, 77頁。

また，山口氏によると，「日本では，関係行政機関や民間企業の実務者を中心に危機管理が研究されているが，その定義には次のような差異がみられる」として，以下の3つの例をあげている（同上，76頁）。

○　危機管理とは事態が破局と収拾との分岐点にあるとき，安定・収拾の方へ対応策を操作すること。経済危機や平和の危機などに際して行われる
○　軍事的危機のほか，公害，環境破壊，石油，食料，水産などの資源危機，大規模な地震や風水害，あるいはテロや暴動といった国民生活の安定と国民の生存を直接ないし間接的に脅かす社会的経済的脅威が広く危機管理の対象となる
○　危機（何らかの望ましい状態が失われる危険性が高まった事態）の発生がある程度避けられないことを前提として危機発生後その被害を極小化し，可能な限り早く正常状態への回復を図ろうとする考え方をいう

さらに，「海外で事業に従事する社員の安全確保，総会屋等による被害の防止等に関する民間企業の対応に関して用いられることもある」と論じている（同上，76頁）。こうした指摘からも明らかなように，危機管理を明確に定義しづらいということは，「危機」概念が多様化してきていることの裏返しといえよう。

＊30　アイアン・ミトロフ著，上野正安，大貫功雄訳『危機を避けられない時代のクライシス・マネジメント』（徳間書店，2001年），21頁。
＊31　佐々，前掲書『危機管理』，2頁。
＊32　金重，前掲論文「危機管理総論」青山編，前掲書『自治体職員のための危機管理読本』，14頁。
＊33　同上，15頁。
＊34　亀井利明『危機管理とリスクマネジメント』〔改訂増補版〕（同文舘出版，2001年），7頁。
＊35　中邨章「行政と危機管理」中邨章編『危機管理と行政—グローバル化社会への対応—』（ぎょうせい，2005年），6頁。
＊36　中邨章「危機管理とはなにか—不測事態の発生と行政—」財団法人　行政管理研究センター監修・中邨章編『行政の危機管理システム』（中央法規，2000年），3頁。
＊37　大塚，前掲書『自治体職員が知っておきたい危機管理術』，1頁。
＊38　田中，前掲書『実践　自治体の危機管理』，i‐ⅱ頁。
＊39　中邨，前掲論文「危機管理とはなにか」行管センター監修・中邨編，前掲書『行政の危機管理システム』，5-6頁。
＊40　鍵屋，前掲書『図解　よくわかる自治体の防災・危機管理のしくみ』，11頁。
＊41　橋本信之『サイモン理論と日本の行政—行政組織と意思決定—』（関西学院大学出版会，2005年），170頁。
＊42　中林，前掲論文「危機管理の基本論点」松下・西尾・新藤編，前掲書『岩波講座

自治体の構想3』，246頁。

*43　「民主党　政権政策　Manifesto」（2009年7月），22頁（http://www.dpj.or.jp/special/manifesto2009/pdf/manifesto_2009.pdf〔2010年9月2日〕）。

*44　上村章文『自治体の危機管理マニュアル』（学陽書房，2008年），17頁。

*45　拙稿「米国における危機管理の現状と課題—ヒアリング調査を中心に—」『季刊行政管理研究』No. 114，35-37頁。

*46　拙稿，前掲論文「危機管理研究序説」『札幌法学』，60-61頁を参照されたい。

*47　上村，前掲書『自治体の危機管理マニュアル』，17頁。同書のなかで，「確率的にははるかに小さい危機の発生に備えて，当面の人的，金銭的な負担，これらに伴う犠牲を払うことを回避する行動をとるのは，任期が限られた組織の長や担当者個人にとって，ある意味では合理的なことでもある。長期的な観点からは，組織全体の合理的な選択である，優先順位の高い危機に備えた事前の対策が，首長や担当者にとって必ずしも合理的な判断とならないところに危機管理の難しさがある」と指摘されているのは，きわめて興味深い（同上，17頁）。

*48　くわしくは，拙稿「離島における危機管理—高齢者のための方策—」『札幌法学』第21巻第2号を参照のこと。

第1章

自衛隊と危機管理

1. はじめに

　1995年1月17日午前5時46分，兵庫県の淡路島北部（北緯34.6度，東経135.0度）を震源とする地震—「阪神・淡路大震災」—が発生した。この地震は，マグニチュード7.2という大規模なもので，兵庫県全域を中心に，甚大な被害が報告された。

　最終的に，阪神・淡路大震災による被害は，2府15県にもおよび，1996年11月18日の段階で，死者6,310名，行方不明者2名，負傷者43,188名という数字が報告されている[*1]。これは，3,769名の死者をだした福井地震（1948年6月28日：マグニチュード7.1）をはるかにうわまわる戦後最大の被害実数となった。

　それゆえ，国，兵庫県などの初動態勢の不適切さが批判の的となった。

　こうしたなかで，ときの村山富市内閣は，災害対策基本法の改正ならびに防災基本計画の全面修正といった施策をうちだした。

　その過程において，もっとも関心をあつめたのが，災害時における自衛隊の役割であった。なぜなら，阪神・淡路大震災の折りにも，自衛隊がもっと迅速に出動していれば，被害の拡大は防止できたのではなかったか，と指摘する声が聞かれたからである。

　そこで，本章においては，災害時の自衛隊の役割を中心に検討する。論述の順序としては，まずはじめに，阪神・淡路大震災のときの自衛隊と行政機関との関係を概観する。つぎに，震災を契機とする災害対策基本法改正の過程を紹介する。そして，阪神・淡路大震災をさかいとして，地方自治体が，災害時における自衛隊の役割をどのように位置づけなおしたかに関して，地域防災計画に着目して検証する。最後に，災害時の自衛隊の役割について，若干の私見を述べてみたい。

第1章　自衛隊と危機管理

2. 阪神・淡路大震災での行政機関の対応
―自衛隊との関係を中心に―

(1) 兵庫県の対応
(a) 災害対策本部の設置まで

　兵庫県の貝原俊民・知事は，県庁舎から3〜4キロメートルはなれた神戸市中央区の知事公舎で被災した。震災後，知事は，県庁および関係諸機関に電話をかけ，状況の把握につとめた。しかしながら，大震災直後の混乱した状況のなかで，貝原知事は，1時間あまりにわたって，関係者との連絡をとることができなかったという[2]。

　一方，知事につぐ責任者である芦尾長司・兵庫県副知事は，午前6時45分過ぎには，県庁舎にたどりついていた。芦尾副知事のほうでも，知事との電話連絡をいくどとなくこころみたが，なかなか連絡がつかなかった。午前7時過ぎ，ようやく貝原知事と芦尾副知事との電話がつながった。芦尾副知事は，「私の家がある東灘区の状況などからすると，かなりの被害が出ているようです。災害対策本部を設置することにします」と，知事に進言した。災害対策本部設置の許可を得た芦尾副知事は，兵庫県庁2号館5階に災害対策本部を設置した[3]。

　それから約40分後，貝原知事は県庁舎に到着し，午前8時30分には，第1回目の災害対策本部会議を開催した。このとき，会議に参加したのは，21名のメンバー中，わずか5名であったという[4]。

　ところで，貝原知事が，地震発生後，即座に県庁舎に向かわなかった点を非難する声が，一部にみられた。この点に関して，貝原知事は，「単独で登庁をすることも考えたが，歩いて登庁するとなれば優に四〇分〜五〇分はかかるだろう。その間，音信不通のまま，私が所在不明となるわけにはいかないし，公舎が県庁の次に連絡がとれやすい場所なので，状況がある程度把握できるまで連絡を待った」と述懐している[5]。

29

こうした貝原知事の判断について，たとえば，神戸大学の五百旗頭眞氏は，「知事の選択は『不測の事態』といった起こり得る忌まわしい可能性に比べて，無難で懸命な選択であった」と評価しながらも，同時に，「非常事態にあって，トップが危険を冒して単騎震災の中を行き，そこから生還した時にまとうであろう威信とカリスマ性，それを伴った自信に満ちた力強い言葉」も必要であったとの注文をつけていた[*6]。

（b）自衛隊への派遣要請

災害が発生した際に，都道府県には自衛隊の派遣を要請する権限が認められている。その根拠となるのは，自衛隊法第83条の規定である。そこには，以下のように記されている。

第1項　都道府県知事その他政令で定める者は，天災地変その他の災害に際して，人命又は財産の保護のため必要があると認める場合には，部隊等の派遣を長官又はその指定する者に要請することができる。

第2項　長官又はその指定する者は，前項の要請があり，事態やむを得ないと認める場合には，部隊等を救援のため派遣することができる。ただし，天災地変その他の災害に際し，その事態に照らし特に緊急を要し，前項の要請を待ついとまがないと認められるときは，同項の要請を待たないで，部隊等を派遣することができる。

第3項　庁舎，営舎その他の防衛庁の施設又はこれらの近傍に火災その他の災害が発生した場合においては，部隊等の長は，部隊等を派遣することができる。

第4項　第1項の要請の手続は，政令で定める。

なお，第1項のなかにある，「政令で定める者」としては，海上保安庁長官，管区海上保安本部長，空港事務所長の三者があげられている（自衛隊法施行

令第105条）。

　この自衛隊法第83条の規定にもとづいて，阪神・淡路大震災の折りに，兵庫県は自衛隊への出動要請をおこなった。

　先述したように，兵庫県は，午前8時30分，第1回災害対策会議を召集した。この場において，野口一行・消防交通安全課防災係長は，「午前八時十分に姫路駐屯地の陸上自衛隊第三特科連隊から電話がありました。被害は大きくなりそうだから，いずれ知事による出動要請をすることになる，と答えておきました」と述べた[7]。

　その後，午前10時頃，野口係長は，自衛隊とのあいだで，2度目の電話連絡をとることができた。「状況はどうですか」という，中村博・警備幹部三尉の問いかけに対して，野口係長は，「神戸，淡路北淡地区への派遣をお願いします」と述べ，自衛隊に対する災害派遣要請をおこなった。要請時間は，午前10時であった。野口係長は，自衛隊への出動要請を終えたのち，貝原知事の事後承諾を得た[8]。

　貝原知事は，このときの状況について，「当方では十分な状況把握ができていないところに，自衛隊からの連絡がついて，いわば超法規的な派遣要請となった」「当方の情報収集の現状から判断して，マニュアルどおりでは自衛隊の出動が遅れることから，出動準備が整ったら自衛隊の判断で出動するよう，いわば白紙委任した」（傍点，引用者）と記している[9]。

　ここで，貝原知事が「超法規的」あるいは「白紙委任」と述べている背景には，自衛隊法施行令第106条の存在がある。同条項は，災害派遣の要請手続に関して記したものであり，都道府県知事などが自衛隊の派遣を要請する場合に，明らかにすべき事項が列挙されている。それは，①災害の情況および派遣を要請する事由，②派遣を必要とする期間，③派遣を希望する人員，船舶，航空機などの概数，④派遣を希望する区域および活動内容，⑤そのほか参考となるべき事項，の5項目である。この点については，次節でくわしく述べる。

（2）村山内閣の対応

　では，つぎに阪神・淡路大震災後の村山内閣の対応を紹介する。

　村山首相が震災発生の事実を知ったのは，午前6時のNHKテレビのニュースであったといわれる。この段階では，首相のもとには関係機関からの連絡はいっさい入っていなかった[10]。

　その後，午前8時30分ごろには，国土庁防災局から，五十嵐広三・官房長官に対して，被害の甚大さを予告する連絡が入った[11]。しかしながら，現地からの十分な情報を得られなかったという事情も手伝って，午前9時20分，村山首相は，予定どおり，月例経済報告会議にのぞんだ。

　月例経済報告会議終了後の午前10時4分，村山首相は，定例閣議を召集し，非常災害対策本部（本部長：小沢潔・国土庁長官）の設置を決定した。午前11時になって，非常災害対策本部は，第1回目の会合を開催した。この時点においても，首相官邸は，依然として，阪神・淡路地域の被害に関する詳細な情報を得ていなかった[12]。

　こうした村山政権の対応策をめぐって，大きく2つの批判がわきおこった。1つは，村山内閣が災害対策基本法にもとづく緊急災害対策本部を設置しなかったこと，そして，もう1点は，日本社会党出身の村山首相が自衛隊の派遣に消極的であったとする主張である[13]。

　まず，第1の点についてである。村山内閣は，震災発生後2日目の18日には，首相を本部長とする緊急対策本部の設置を閣議決定した[14]。

　当時，官房副長官をつとめていた石原信雄氏によれば，緊急対策本部は閣僚によって構成されるものであり，各省庁の局長クラスをメンバーとする緊急災害対策本部よりもその効力ははるかに大きいとされる。また，緊急災害対策本部のもとでは，物価高騰の抑制や債務履行の一時停止といった施策はうちだせるものの，しかし，震災後の阪神・淡路地域の実状をみるかぎり，こうした措置の必要性は認められなかった，と石原氏は指摘している。さらに，同氏は，緊急災害対策本部の設置を「戦前でいう戒厳令」とまでよび，「かえって民心を動揺させ，マイナス効果，逆効果になる恐れがある」と断

第1章　自衛隊と危機管理

じている[*15]。

　第2番目の自衛隊派遣をめぐる問題について，村山首相はつぎのように語っている。すなわち，「受け入れるほうも，これは情報が正確につかめんと，どういう隊をどこに派遣すればいいのかがわからんじゃろう。一体何をすればいいのかというのがね。連絡を取り合うて，そして，緊急にサーッと行ければよかったがね。自衛隊はいつでも動けるような態勢はつくっておったわけじゃ，地震発生から。それで，十時ごろかな，知事のほうから正式に自衛隊に要請があったのはね。だけどもうそれ以前にヘリコプターを飛ばしたりだな，いろいろしておるわけよ，自衛隊は。だから，全然してなかったわけじゃない」と[*16]。

　ところで，防衛庁内部においても，自衛隊の派遣について，村山首相とおなじような認識をもつ者がいた。それは，つぎのような会話をみれば明らかであろう[*17]。

　　○　守屋武昌・防衛政策課長…「テレビで見ると被害は大きい。すぐに
　　　（自衛隊が）出動すべきだ。自治体の要請を待っていては遅い。緊急
　　　事態だ」
　　○　山崎信之郎・運用課長…「出動を要請したが，返事がない。部隊を
　　　出しても混乱するだけではないか」
　　○　守屋政策課長…「お前，何を言っている」
　　○　村田直昭・防衛局長…「要請もなく情報もない。我々が先走って張
　　　り切るのはどうか。地元部隊の出動準備を急がせよう」

　防衛庁内でくりひろげられた議論をみても明らかなように，自衛隊の出動をめぐっては，だれもが的確な判断をくだしかねていた。したがって，村山首相が社会党出身であるために，自衛隊の出動が遅れたとの批判は，的をいていないといえよう[*18]。

3. 災害時の自衛隊の役割をめぐる議論

（1）国会での論戦

　阪神・淡路大震災直後の1月20日，第132回通常国会が開会した。そこで
の村山首相の施政方針演説に対して，野党・新進党は阪神・淡路大震災での
政府の初動態勢の遅れをつよく非難した。ここでは，自衛隊派遣に関する論
戦の一部を紹介しておこう。

　海部俊樹・新進党党首は，1月23日の衆議院本会議の代表質問において，
「自衛隊の災害派遣については都道府県知事の要請を原則としており，災害
の救助と復旧に中心的な役割を果たす自衛隊が有効かつ機動的に活動できな
いという法的な不備も指摘しておかなければなりません」と語り，阪神・淡
路大震災での自衛隊への出動要請の遅れを問題視した。そして，災害時の自
衛隊による救助活動の位置づけを明確化すること，および自衛隊と地方自治
体が共同訓練を継続して実施していくことをつよく求めた[19]。海部党首の
主張に対して，村山首相は，「私は，今回とってまいりました措置は，現状
の情勢に照らして最善の策であったと確信を持って申し上げたいと存じます」
と断言した[20]。

　また，1月24日の参議院本会議の場において，黒柳明・新進党参議院代表
は，自衛隊の派遣要請の遅れ，自衛隊と地方自治体との関係ならびに自衛隊
法の改正について質した。自衛隊と地方自治体との関係について，黒柳代表
は，地域防災計画策定時の自衛隊のかかわりに注目した。そして，「ふだん
から自衛隊との協力関係や状況把握の仕方などについて計画を地方自治体に
準備させておくよう早急に政府が指導すべきだと思いますが，いかがでしょ
うか。また，政府が自治体に対してモデルケースのようなものを作成して示
した方がよいと思いますが，あわせてお伺いいたします」と述べた[21]。こ
の問題に関して，村山首相は，「今後，地域防災計画について具体的かつ実
践的な見直しを図る中で，各自治体に対し自衛隊との連携を強化するよう一

層指導を徹底してまいる所存でございます」と答弁し，黒柳代表の提案に一定の理解を示した[22]。そして，自衛隊法の改正を求める黒柳代表の質問に関連して，村山首相は，「現時点では自衛隊の災害派遣について法制面での問題は特にないものと考えております」との見解を披露した[23]。

さらに，黒柳代表は，つぎのような質問もなげかけている。すなわち，「もし，もしもですよ，社会党としてのこれまでの自衛隊に対する認識がもし地方自治体に対して協力関係，連絡関係について悪影響を及ぼしているということがあれば，これは重大な責任があります。総理，お答えください」と[24]。この質問に対して，村山首相は，「社会党は自衛隊の災害出動やその際の地方自治体との連携について，これを否定するような方針をとっていないことは周知のとおりでございます。したがって，両者の連絡協力態勢に社会党のこれまでの自衛隊に対する認識が影響したとの御指摘は当たらないと考えています」と答え，黒柳代表の疑念を一刀両断にした[25]。

以上みたように，野党・新進党は，政府に対して自衛隊法の改正を執拗に求めた。

他方，与党3党（自民党，社会党，新党さきがけ）は，1月23日の与党防衛調整会議の場において，自衛隊法の改正を見送ることで，合意にいたった。

こえて，6月9日には，参議院本会議において，「災害対策基本法の一部を改正する法律」が成立した。これにより，自衛官は，災害時に，「緊急通行車両の通行」のための措置をとることが認められた（6月16日公布，9月1日施行）。具体的には，「警察官がその場にいない場合に限り，災害派遣を命ぜられた部隊等の自衛官の職務の執行について準用」（第76条の3第2項）され，当該措置をとった自衛官は，「措置をとつた場所を管轄する警察署長に通知しなければならない」（第6項）と規定された[26]。

しかしながら，今回の災害対策基本法の改正は，あくまでも一時的な対応でしかなかった。というのも，こうした動きと並行して，村山首相は，みずからの私的諮問機関を設置し，防災問題全般に関する諮問を依頼していたからであった。

(2) 「防災問題懇談会」の提言

　1995年3月28日，村山首相のつよい意向により，首相の私的諮問機関「防災問題懇談会」が設置された。同懇談会の座長には，諸井虔・秩父小野田（株）会長，座長代理には，岡部慶三・帝京大学教授が選任された。そして，委員には秋山喜久・関西電力(株)社長，石川嘉延・静岡県知事，市川一朗・国土庁顧問，大塚敏文・日本医科大学理事長，片山恒雄・東京大学教授，田渕榮次・神戸市助役，月尾嘉男・東京大学教授，西廣整輝・(株)第一勧業銀行顧問，濱中昭一郎・日本通運(株)社長，町田有三・日本労働組合総連合会副事務局長，的場順三・(株)大和総研顧問，三木克彦・(財)首都高速道路協会顧問，矢野浩一郎・(財)全国市町村振興協会市町村職員中央研修所学長，山田英雄・(財)公共政策調査会理事長，吉村秀實・日本放送協会解説委員，それに，評論家の五代利矢子氏，弁護士の堀田力氏の17名が就任した[*27]。

　4月10日，防災問題懇談会の第1回会合が開催された。その席において，村山首相は，①災害情報の収集と伝達，②消防，救急，警察，自衛隊などの緊急即応態勢，③広域連携，④ボランティアや外国からの援助受け入れ，などについて諮問した。

　その後，5回におよぶ会合（第2回：4月27日，第3回：5月31日，第4回：6月15日，第5回：7月12日，第6回：9月8日）をへて，9月11日には，「防災問題懇談会提言」が，村山首相に提出された。同提言は3部からなっており，「Ⅰ　はじめに」「Ⅱ　運用・実務面の改善を行うべき施策」「Ⅲ　法改正など制度面の改善を行うべき施策」という構成になっている。このうち，自衛隊に関する記述は，Ⅱの「緊急即応体制」のなかの「(1) 国・地方公共団体による支援体制の整備」の「④自衛隊の派遣体制」およびⅢの「国の災害対応体制の在りかた」中の「(3) 自衛隊の災害派遣」で具体的にふれられている。

　前者では，「自衛隊の災害派遣は，都道府県知事等の要請を受けて実施することを原則とするものであるが，例外的に，要請を待つことなく自主的に派遣を行う場合の基準を明確にすべきである。また，都道府県と自衛隊との

第1章　自衛隊と危機管理

緊密な連携を確保するための連絡調整マニュアルの確立や共同の防災訓練の実施，ヘリポート等の救助・輸送の活動拠点の確保等につとめる必要がある」とされている[28]。

他方，後者については，「大規模災害時に行われる国の初期支援のうち，最も期待されるのが自衛隊の災害派遣であるが，自衛隊の派遣に係る要請が円滑に行われるよう，災害派遣の要請手続の簡略化のための措置を講ずる必要がある。また，現場において自衛官が人命救助，障害物の除去等のために必要な措置をとりうるよう，災害応急対策のために必要な自衛官の権限を法律上明確にすべきである」と明記されている[29]。

防災問題懇談会の提言を受けて，災害対策基本法は再度，改正されることとなった。

（3）災害対策基本法，自衛隊法施行令の改正

防災問題懇談会の答申を受けて，10月13日，村山内閣は，「災害対策基本法及び大規模地震対策特別措置法の一部を改正する法律案」を閣議決定し，同日国会に提出した。

与党側のこうした動きに対して，野党・新進党は，3日後の10月16日に，「災害対策基本法の一部を改正する法律案」を国会に提出した。

衆議院災害対策特別委員会の場では，両法案に関する一括質疑がおこなわれた。その結果，村山内閣提出の法律案は，一部，新進党案をとりいれ，修正された。そして，修正された法律案は，11月7日，同委員会において，全会一致で可決された。

また，参議院においても，衆議院で可決された与党案に関する審議が実施され，12月1日の本会議の席上，同法案は全会一致で可決された。そして，12月8日，「災害対策基本法及び大規模地震対策特別措置法の一部を改正する法律」が公布された。

では，つぎに，再度改正された災害対策基本法の内容を紹介しよう。

「災害応急対策のために必要な自衛官の権限を法律上明確にすべきである」

37

との防災問題懇談会の提言を受けて，災害対策基本法第63条，第64条，第65条，第82条および第84条に，災害派遣を命ぜられた部隊等の自衛官の権限が記された。「災害対策基本法及び大規模地震対策特別措置法の一部を改正する法律について」（12月8日付：各都道府県知事あて消防庁長官通達）によれば，災害時に，自衛官は，「市町村長等，警察官及び海上保安官がその場にいない場合に限り」，以下のような措置がとれることとなった[*30]。

①警戒区域の設定並びにそれに基づく立入り制限・禁止及び退去命令
②他人の土地等の一時使用等
③現場の被災工作物等の除去等
④住民等を応急措置の業務に従事させること

つづいて，「例外的に，要請を待つことなく自主的に派遣を行う場合の基準を明確にすべきである」（防災問題懇談会の提言）とされた，自衛隊の災害派遣についてである。「災害対策基本法及び大規模地震対策特別措置法の一部を改正する法律について」によれば，改正のポイントは3つである[*31]。

①市町村長は，当該市町村の地域に係る災害が発生し，又はまさに発生しようとしている場合において，応急措置を実施するため必要があると認めるときは，都道府県知事に対し，自衛隊法第八三条第一項の規定による要請をするよう求めることができることとしたこと。
②市町村長は，①の要求ができない場合には，その旨及び災害の状況を防衛庁長官又はその指定する者に通知することができることとしたこと。この場合において，当該通知を受けた防衛庁長官又はその指定する者は，その事態に照らし特に緊急を要し，都道府県知事の要請を待ついとまがないと認められるときは，人命又は財産の保護のため，都道府県知事の要請を待たないで自衛隊法第八条に規定する部隊等を派遣することができることとしたこと。

第1章　自衛隊と危機管理

③市町村長は，②の通知をしたときは，速やかに都道府県知事にその旨
を通知しなければならないこととしたこと。

　なお，自衛隊の災害派遣についての要請は，災害対策基本法第68条の2と
して追加された。
　また，災害対策基本法のなかの自衛隊の災害派遣に関する部分が追加され
たのを受けて，10月25日，政令により，自衛隊法施行令の一部が改正された。
今回改正されたのは，第106条の災害派遣の要請手続に関する部分である。
もともと，「（自衛隊）法第八十三条第一項の規定により都道府県知事及び前
条各号に掲げる者が部隊等の派遣を要請しようとする場合には，次の事項を
明らかにするものとする。第百四条第二項及び第三項の規定は，この場合に
ついて準用する」（カッコ内，引用者補足）として，「一　災害の情況及び派
遣を要請する事由」「二　派遣を必要とする期間」「三　派遣を希望する人員，
船舶，航空機等の概数」「四　派遣を希望する区域及び活動内容」「五　その
他参考となるべき事項」となっていた部分のうち，2番目の「派遣を必要と
する期間」が，「派遣を希望する期間」にあらためられた。また，3つ目の「派
遣を希望する人員，船舶，航空機等の概数」という項目が削除された。
　改正の趣旨について，「災害対策における自衛隊との連携等について」（10
月25日付：各都道府県消防防災主管部長あて消防庁防災課長通達）は，つぎ
のような内容をもりこんでいる。まず，「派遣を必要とする期間」と「派遣
を希望する期間」という文言のちがいに関してである。消防庁防災課長通達
によると，両者のあいだには，おおきな差異はないということである。ただ，
「派遣を必要とする期間」とした場合，あたかも客観的に「必要とする」期
間を明確化しなければならないかのような誤解をうみ，迅速な派遣要請に支
障をきたす可能性がある。したがって，災害時の混乱した状況下で，都道府
県知事などが派遣要請する折りには，それまでに知り得た情報から判断でき
る程度のものを示すだけで十分，ということになる[*32]。
　つぎの「派遣を希望する人員，船舶，航空機等の概数」についてであるが，

39

同通達によれば，一般的にいって，都道府県知事などは，災害派遣における
自衛隊の救援活動に関する専門的知見（部隊の運用，編成，装備など）には
精通していない。まして，災害時の混乱した状況下においては，都道府県知
事などが「派遣を希望する人員，船舶，航空機等の概数」を明示することは
きわめて困難である。それゆえ，当該条項は削除されることになった，とさ
れている[*33]。

（4）米国の事例

　それでは，ここで，米国の事例を紹介しよう。というのは，災害時におけ
る自衛隊の役割を再定義するにあたって，米国のケースには，参考となる部
分が数多く散見されるからである[*34]。

　米国の場合，災害時の軍隊の派遣が法的に認められたのは，1792年のこと
であった。たとえば，1868年〜1898年の20年間にかぎってみても，軍隊は，
じつに17回以上も出動していた[*35]。

　ところで，米国では，軍隊の派遣の決定に関して，つぎのような規定がも
うけられている。すなわち，「当該災害が生じた州の知事は，大統領に対し，
前述の災害によって必要となった緊急活動又は生命及び財産の維持にとって
不可欠な緊急活動を，公共及び個人の土地について実行するために国防総省
の手段を役立たせるよう，国防長官に指示することを要請することができる」
と（合衆国法典第42編第5170 b 条〔 c 〕）[*36]。このように，軍隊の出動にあ
たって，州知事の要請を必要とするのは，日本の事例とおなじである。

　軍隊を派遣するにあたって，陸軍省司令部陸軍規則第500-60号「陸軍及び
他の資源の緊急時の使用　災害救援」は，「事態がかなり深刻でかつ広範囲
にわたり，効果的な対応が州及び地方政府の能力を超えているとき」（2-1-
b〔1〕），ならびに，「商業的な出所からの支援を利用することができないと
き」（2-1- b〔2〕）との条件を列挙している[*37]。

　つぎに，軍隊の緊急時の自主派遣についてみてみよう。先述の陸軍省司令
部陸軍規則第500-60号2-1 f には，「深刻な緊急事態又は災害がかなり差し迫り，

上級機関からの訓令を待っていては，効果的な対応をすることができなくなるときは，軍事司令官は，人命救援，差し迫った人的被害の防止又は重大な財産上の損害若しくは破壊の軽減のために必要とされかつ正当とされることを行うことができる」とあり，軍事司令官の判断によって，軍隊を自主的に派遣できる旨が定められている。しかし，その場合，「司令官は，可能な限り早期に上級機関に講じた措置を報告する」ことが義務づけられている[*38]。

　では，軍隊の救援活動の期間に関しては，どのような規定がなされているのか。合衆国法典第42編第5170ｂ条（ｃ）によると，「当該活動が，生命及び財産の保全にとって不可欠であると判断した場合，大統領は，実行可能と判断する程度まで，当該要請を認めるものとする」とある。しかし，その場合，「10日の期間を超えない範囲で実行されるものとする」との付言がなされている[*39]。くわえて，陸軍省司令部陸軍規則第500-60号2-2にも，「災害の救援における軍の援助は，最小限不可欠であることを原則とする。支援は，可能な限り早期に終了する」と記されている[*40]。

　また，救援活動中の軍隊は，「保安官法に違反して市民法を強制し又は執行しないことを保証」（陸軍省司令部陸軍規則第500-60号2-1-ｅ）せねばならないとされている。この規定は，シビリアン・コントロールの観点からもきわめて重要である[*41]。

　したがって，米国の軍隊は，災害救助をおこなう際に，民生機関の重要な補完機能（supplement）をはたしているのであって，それらの機関にとってかわるものではない（replacement）という点に留意すべきである[*42]。

　ところで，米国では，災害時に中心的な役割を果たす機関として，FEMA（連邦緊急事態管理庁）が設置されている。FEMAの歴史はまだ浅く，ジミー・カーター政権下の1979年４月１日に設立された。FEMA創設の直接の契機は，スリーマイル島で発生した原子力発電所の事故であった。この事故に直面して，当時のカーター政権が迅速な対応をできなかったことから，緊急事態への対応を専門とする機関の設置にふみきったのであった[*43]。

　ちなみに，FEMAには，約2,600名の職員がおり，全米10カ所に地域事務

所をかかえている[*44]。

4. 地域防災計画と自衛隊

　ところで，前出の消防庁防災課長による各都道府県消防防災主管部長あての通達「災害対策における自衛隊との連携等について」には，「都道府県等は，地域防災計画の修正，自衛隊の災害派遣計画の作成，適切な役割分担の調整，共同の防災訓練の実施等，自衛隊との連携の強化に努めること」という文言がみられる[*45]。

　そこで，つぎに，地域防災計画の実態について検証してみよう。

（1）地域防災計画について

　1959年の伊勢湾台風は，甚大な被害をうみだした。これを受けて，4年後の1963年11月15日には，災害対策基本法が公布された。災害対策基本法では，「国土並びに国民の生命，身体及び財産を災害から保護するため，防災に関し，国，地方公共団体及びその他の公共機関を通じて必要な体制を確立し，責任の所在を明確にする」（第1条）ことがうたわれ，そのための施策として，防災計画の作成が明記された。

　ここでいう防災計画とは，防災基本計画，防災業務計画および地域防災計画の3つをさしている。防災基本計画とは，内閣総理大臣を会長とする中央防災会議（総理府内に設置）によって作成される「防災に関する基本的な計画」のことである（第2条第8項）。

　また，防災業務計画は，指定行政機関の長あるいは指定公共機関が防災基本計画をもとにして作成する所掌事務や業務に関する防災計画である（第2条第9項）。

　そして，地域防災計画は，都道府県地域防災計画，市町村地域防災計画，指定地域都道府県防災計画，指定地域市町村防災計画のことをいう。都道府県地域防災計画は，都道府県防災会議が作成する計画であり，市町村地域防

災計画は，市町村防災会議あるいは市町村長によって作成されるものである。また，指定地域都道府県防災計画および指定地域市町村防災計画は，おのおのの2つ以上の都道府県，市町村の区域の全部または一部にわたる地域について，都道府県，市町村の防災会議の協議会が作成する計画のことをいう（第2条第10項）。

　なお，災害対策基本法は，第40条第1項において，「都道府県防災会議は，防災基本計画に基づき，当該都道府県の地域に係る都道府県地域防災計画を作成し，及び毎年都道府県地域防災計画に検討を加え，必要があると認めるときは，これを修正しなければならない。この場合において，当該都道府県地域防災計画は，防災業務計画に抵触するものであつてはならない」と規定している。また，市町村レベルについても，災害対策基本法第42条第1項で，ほぼ同様の内容が記されている。ただし，市町村の場合，「当該市町村を包括する都道府県の都道府県地域防災計画に抵触するものであつてはならない」とのただし書きがついている。

　ところで，1995年7月18日，国の防災基本計画（1963年6月14日，中央防災会議によって策定。1971年5月25日に修正）は，阪神・淡路大震災時の教訓をふまえて，じつに24年ぶりに全面修正された。あたらしい防災基本計画は，従来のものとくらべ，約15倍の文字数からなり，全体で22万字にもおよぶ膨大なものとなった[46]。

　全面的にみなおされた防災基本計画では，地方自治体と自衛隊が，ふだんから連携体制を整備しておくことが強調されている。さらに，災害時には，必要に応じて，都道府県知事が自衛隊に対して派遣要請するよう，求めている。また，緊急の場合には，自衛隊は自主的に部隊などを派遣できる旨が明記されている。

　あたらしい防災基本計画にもとづいて，各地方自治体の地域防災計画の見直し作業が進行することとなった。

(2) 地域防災計画の見直し

　防災基本計画の全面的な修正を受けて，1995年2月6日，消防庁次長は，各都道府県知事あてに，「地域防災計画に係る緊急点検の実施について」を通達した。さらに，同年7月18日には，中央防災会議事務局次長（消防庁次長）名により各都道府県知事に対して，「防災基本計画の修正に伴う地域防災計画の見直しの推進について」をだした[47]。

　では，これらの通達を受けた，地方自治体の地域防災計画は，どのようなかたちでみなおされることとなったのか。

　ここで，総務庁の震災対策に関する行政監察（1996年12月〜翌1997年3月にかけて実施）などを手がかりとして，地域防災計画の見直し作業の進捗状況をみてみよう。同監察結果報告書によると，20都道府県，11政令指定都市および110市区町のうち，地域防災計画の修正が完了していたのは，都道府県で16（80.0％），政令指定都市で8（72.7％），市区町で63（57.3％）であった。これに対して，未修正は，都道府県4（20.0％），政令指定都市3（27.3％），市区町47（42.7％）となっている。全体としては，修正ずみが87（61.7％）で，未修正が54（38.3％）という実績であった[48]。

　つぎに，11政令指定都市および10県庁所在地の防災会議のメンバーについての監察結果をみると，防災会議の委員を自衛隊に委嘱しているのは，15市のみで，のこりの6市は自衛隊を防災会議のメンバーとはしていなかった（表1-1)[49]。その後，新潟市（1999年1月1日施行），静岡市（1997年7月7日施行）および松山市（1999年4月1日施行）は，自衛隊を防災会議の委員に委嘱しているが，山形市，浦和市ならびに松江市は，いまだに自衛隊を防災会議委員として指名していない[50]。

　ところで，あたらしい防災基本計画には，「都道府県は，自衛隊への派遣要請が迅速に行えるよう，あらかじめ要請の手順，連絡調整の窓口，連絡の方法を取り決めておくとともに，連絡先を徹底しておく等必要な準備を整えておくものとする」と記されている。

　この点について，総務庁の行政監察によると，調査対象の121市区町のう

表1-1　防災会議の委員としての指名状況

区分	◎札幌市	◎仙台市	秋田市	山形市	浦和市	◎千葉市	◎横浜市	◎川崎市	新潟市	◎名古屋市	岐阜市	静岡市	◎大阪市	福井市	◎神戸市	◎広島市	松江市	松山市	◎福岡市	◎北九州市	宮崎市	×の計
食糧	○	○	○	○	○	○	○	○	○	○	×	×	○	○	○	○	○	○	○	○	○	2
地建	○	×	○	○	○	○	○	○	○	○	○	○	○	○	○	○	○	○	○	○	○	1
海保	−	○	○	−	−	○	○	○	○	×	−	×	○	○	○	○	×	○	○	○	×	4
運輸	○	○	×	○	×	○	○	×	○	○	○	×	○	○	○	○	×	○	○	○	○	5
気象	○	○	○	○	×	○	○	○	○	○	×	○	○	○	○	○	○	○	○	○	○	2
自衛	○	○	○	×	×	○	○	○	○	○	○	○	○	○	○	○	○	○	○	○	○	6
警察	○	○	○	○	○	○	○	○	○	○	○	○	○	○	○	○	○	○	○	○	○	0
赤十	○	○	○	○	○	×	○	○	○	○	○	×	○	○	○	○	○	○	○	○	○	2
NHK	○	○	○	○	○	○	○	○	○	○	○	○	○	○	○	○	○	○	○	○	○	0
日通	○	○	×	○	○	○	○	○	○	○	×	○	○	○	○	○	○	○	○	×	○	3
道公	○	×	×	×	×	○	○	○	○	×	○	−	○	×	×	×	×	−	×	○	×	11
JR	○	○	○	○	○	○	○	○	○	○	○	○	○	○	○	○	○	×	○	○	○	1
ガス	○	○	○	○	○	○	○	○	○	○	○	○	○	○	○	○	○	○	×	×	○	2
NTT	○	○	○	○	○	○	○	○	○	○	○	○	○	○	○	○	○	○	○	○	○	0

注：1. 当庁の調査結果による。
　　2. 表中の○印は防災会議の委員に指名しているもの，×印は指名していないもの，−印は当該地域
　　　　では該当がないもの，◎印は政令指定市を示す。
　　3. 指定地方行政機関や指定公共機関の出先機関を指名している場合は，指名しているものとみ
　　　　なした。
　　4. 「食糧」とは食糧事務所，「地建」とは地方建設局，「海保」とは管区海上保安本部，「運輸」
　　　　とは地方運輸局，「気象」とは管区気象台，「自衛」とは自衛隊，「警察」とは都道府県警察本部，「赤
　　　　十」とは日本赤十字社，「NHK」とは日本放送協会，「日通」とは日本通運株式会社，「道公」
　　　　とは日本道路公団，「JR」とは JR 各社，「ガス」とは都市ガス又は LP ガス事業者（事業者の
　　　　集合体を含む。）及び「NTT」とは日本電信電話株式会社を示す。

出所：総務庁行政監察局「震災対策に関する行政監察結果報告書」（1998 年 1 月），32 頁。

ち，地域防災計画のなかに，連絡先自衛隊部隊名を明記していないものが35市区町（28.9％），電話番号の記載のないものが39市区町（32.2％），派遣要請をおこなう場合の連絡事項を記していないものが2市区町（0.02％）しかなかった[51]。

つぎに，防災訓練への自衛隊の参加状況について概観する。1996年度に総合防災訓練を実施した20都道府県，103市区町のうち，自衛隊が参加しなかったのは26市区町のみであった。その26市区町が自衛隊の参加を求めない理由としては，自衛隊の参加を必要とする訓練項目まで計画しなかったとする市区町が9，これまでも自衛隊の参加を求めておらず，あくまでも慣例にしたがっただけとする市区町が8，自衛隊の災害派遣は都道府県をつうじて要請するのが原則であり，市区町村が実施する総合防災訓練に自衛隊の参加を求める必要性がほとんど認められないとする市区町が3などというようになっていた[52]。

ちなみに，総務庁の行政監察にさきだつ1995年8月に朝日新聞社が実施した調査によると，調査対象である47都道府県・12政令指定都市のうち，大阪府，大阪市ならびに川崎市は，この年はじめて自衛隊に防災訓練への参加を要請したとされる[53]。

（3）地域防災計画の内容分析

ここでは，兵庫県とその県庁所在地である神戸市の地域防災計画が，震災をさかいとして，どのように修正されたかについて検討する。また，同時に，“自衛隊アレルギー”がもっともつよいとされる沖縄県とその県庁所在地・那覇市の地域防災計画についても着目する。

（a）兵庫県

周知のように，兵庫県は阪神・淡路大震災の被災地であり，震災を前後にどのようなかたちで，地域防災計画が修正されたかをみることは興味深い。

1994年度版の兵庫県地域防災計画のなかの「第3章　災害応急対策計画」の「第14節　自衛隊災害派遣計画」に，県側の「災害派遣要請計画」ならび

第1章　自衛隊と危機管理

に自衛隊側の「災害派遣計画」がもりこまれており，紙数としては，6頁分がついやされている。「災害派遣要請計画」には，知事，管区海上保安本部長，空港事務所長が自衛隊の災害派遣および撤収を要請する場合のフローチャートがおのおの示されている。また，要請先の自衛隊の所在地および電話番号も記されている。他方，自衛隊側の「災害派遣計画」のなかには，自衛隊法第83条にのっとった方針，被害状況の把握をはじめとする災害派遣の内容，経費の負担区分について明記されている[54]。

ちなみに，経費の負担区分の部分には，「自衛隊の救援活動に要した次の経費は，原則として受けた機関が負担するものとする」として，①資機材などの購入費，借上料および修繕費，②宿営に必要な土地，建物などの使用料および借上料，③宿営および救援活動にともなう光熱水道費および電話料など，④救援活動中発生した損害に対する補償費，⑤島岐にかかわる輸送費など，が列挙されている[55]。

では，1996年に修正された地域防災計画はどうであろうか。自衛隊の派遣要請に関する頁数はおなじであるが，自衛隊側の「災害派遣計画」の部分は「自衛隊の基本方針」として，なかにもりこまれている。基本的に，阪神・淡路大震災まえの内容とほとんど変わっていない[56]。

なお，兵庫県の場合，すでに震災以前の段階から，陸上自衛隊第3特科連隊の連隊長が防災会議の委員となっていた。

（b）神戸市

では，つぎに神戸市の地域防災計画をみてみよう。阪神・淡路大震災以前の神戸市の地域防災計画（1994年度版）によれば，「第3章　災害応急対策計画」中に，「第6節　自衛隊派遣要請計画」という項目があり，3頁分の紙幅が割かれている。そこには，自衛隊の派遣を要請する場合の系統図，その際に明らかにすべき事項および留意事項が記されている。自衛隊の所在地は記入されていないものの，電話番号は明記されている[57]。

大震災後の防災計画では，「自衛隊派遣要請システム」に関する記述が6頁分と倍増しており，「応急対応計画」の「第4節　広域連携・応援体制計画」

のなかにふくまれている。そして，以前の計画にはなかった「経費の負担」
などに関する項目もあらたにもうけられている。しかし，自衛隊の所在地に
ついては，いまだに挿入されていない[58]。

　神戸市では，阪神・淡路大震災以前までは，自衛隊は防災会議のメンバー
になっていなかった。だが，1995年３月26日以降，陸上自衛隊第３特科連隊
の連隊長が防災会議の委員に委嘱されている[59]。

（c）沖縄県

　つぎに，沖縄県の地域防災計画について検討する。というのは，沖縄県は，
第二次大戦の折りの経験から，自衛隊に対して，一種のアレルギーをいだい
ているといわれるからだ。

　阪神・淡路大震災以前の沖縄県地域防災計画としては，1992年に修正され
たものがある。「災害応急対策計画」のなかに，「自衛隊災害派遣要請計画」
と題する節がもうけられている。頁数は8.5頁で，災害派遣を要請する場合
の基準，災害にあたっての自衛隊側の措置，災害派遣要請の要領，派遣部隊
の撤収，派遣部隊の活動内容，地元市町村の準備すべき事項，ヘリポートの
準備，ならびに経費の負担区分など，という８項目からなる。ここには，自
衛隊の所在地と電話番号（昼間と夜間の両方），さらには，各最寄部隊の連
絡先までも掲載されている。くわえて，ヘリポートの設置基準，使用可能な
各市町村のヘリポートが図示されている[60]。

　阪神・淡路大震災後の1997年，地域防災計画は修正された。あたらしい地
域防災計画は，それまでのＢ５版からＡ４版へとサイズがひとまわり大きく
なった。「災害応急対策計画」のなかにもりこまれている「自衛隊災害派遣
要請計画」の紙数は10頁となり，従来よりふえている。しかも，項目も，「連
絡員の派遣」「派遣部隊との連絡調整」「災害派遣等を命ぜられた部隊等の自
衛官の権限等」「市町村長への派遣要請要求等」「自衛隊の自主派遣」の５つ
があらたに挿入されている。また，これまで１つしかなかったヘリポートの
設置基準の図が，小型機，中型機，大型機のそれぞれについてくわしく示さ
れている[61]。

48

なお，沖縄県では，阪神・淡路大震災以前の段階から，陸上自衛隊第1混成団団長が，防災会議の委員として委嘱されている。

（d）那覇市

従来，那覇市の地域防災計画には，自衛隊の災害派遣要請に関する記述はいっさいなかった。同時に，自衛隊は那覇市防災会議のメンバーとはなっていなかった[62]。

ところが，阪神・淡路大震災を契機として，1995年5月29日，那覇市は陸上自衛隊第1混成団第1混成群長を防災会議の委員にくわえた。さらに，地域防災計画の「相互協力・応援要請」という節のなかに，「自衛隊派遣要請依頼」および「自衛隊，米軍その他応援隊の受け入れ」という項目を約2頁分挿入した[63]。

なお，那覇市の場合，自衛隊の所在地および電話番号は，地震災害編のなかではふれられておらず，資料編に記されている[64]。

5. 結び

以上，災害時における自衛隊の役割について考察してきた。

先述したように，阪神・淡路大震災の発生を契機として，自衛隊の災害派遣問題に多大な関心があつまることとなった。

1995年7月18日に全面修正された国の防災基本計画では，自衛隊による自主派遣が明記された。同計画によると，「要請を受けて行う災害派遣を補完する例外的な措置として，例えば大規模な火災災害が発生した場合の情報収集のための部隊等の派遣，通信の途絶等により都道府県庁等と連絡が不可能である場合における人命救助のための部隊等の派遣等，火山による災害に際し，その事態に照らし特に緊急を要し，要請を待ついとまがないと認められるときは，要請を待たないで部隊等を派遣することができる」となっている。

しかしながら，自衛隊の自主派遣の有用性については，自衛官経験者からも疑問がなげかけられている。たとえば，松島悠佐・元中部方面総監は，「自

治体と連絡も取れないような状況のなかでは，どこにどんな被害が起こっているかも分からないし，自治体や警察・消防がどんな状態になっているのかも分からないだろう。そんななかで，いったい自衛隊にどこへ行って何をしろというのか」と主張している。また，同氏によると，地方自治体などとの連絡がつかないままで，自衛隊が出動した場合，自衛隊の活動はかえって大きく制約されることになるようである[*65]。

さらに，自衛隊による自主派遣は，シビリアン・コントロールという観点からみても，多くの問題をふくんでいるといえよう。

それゆえ，元防衛庁事務次官の西廣整輝氏が指摘しているように，各地方自治体の職員で構成する災害派遣部隊のようなものを設立することも一策であろう。同氏によれば，災害派遣部隊の構成メンバーは，地方自治体の職員であり，自治体職員は30歳になるまでの１～２年間，この組織で活動する。この場合，既存の職員を活用するので，定員の増加や人件費の増額といった問題はクリアできるし，同時に，知事の直接指揮下におけるという利点もある，と同氏は指摘している[*66]。

自衛隊法第３条（自衛隊の任務）をみても明らかなように，災害派遣は自衛隊本来の業務とはみなされていない。それゆえ，われわれは，"災害時には自衛隊"という固定観念を再検討し，あらたな方策を模索すべきときにきているのかもしれない。

阪神・淡路大震災は，われわれにこうした問いをなげかけたのである。

注

* 1　消防庁編『消防白書』〔1996年版〕，1頁。
* 2　貝原俊民『大震災100日の記録―兵庫県知事の手記―』（ぎょうせい，1995年），4頁。
* 3　同上，5-6頁。しかし，五百旗頭眞氏によると，午前7時に，芦尾副知事が災害対策本部を設置したのち，貝原知事との電話連絡がとれたようである。その際に，貝原知事は，災害対策本部の設置を承認し，出迎えの車を手配するよう指示した，とされる。そして，貝原知事は，午前8時20分，県庁舎に到着した（五百旗頭眞「危機管理―行政の対応―」朝日新聞大阪本社「阪神・淡路大震災誌」編集委員会編『阪

50

神・淡路大震災誌―1995年兵庫県南部地震―』〔朝日新聞社, 1996年〕, 342頁)。

＊ 4 　貝原, 前掲書『大震災100日の記録』, 8-9頁。

＊ 5 　同上, 5頁。

＊ 6 　五百旗頭, 前掲論文「危機管理」朝日新聞大阪本社「阪神・淡路大震災誌」編集委員会編, 前掲書『阪神・淡路大震災誌』, 341頁。

＊ 7 　野口係長の発言に関して, 第3特科連隊の中村博・警備幹部三尉は,「いずれ出動を要請することになる」ということばを聞かなかったと述懐している(『読売新聞』〔大阪版〕〔夕〕, 1995年3月11日, 1面)。

＊ 8 　同上。

＊ 9 　貝原, 前掲書『大震災100日の記録』, 13頁および232頁。

＊10 　村山富市・談＝辻元清美・インタビュー『そうじゃのう……』(第三書館, 1998年), 89頁。

＊11 　石原信雄『官かくあるべし』(小学館, 1998年), 124頁。

＊12 　同上, 126頁。石原信雄『官邸2668日―政策決定の舞台裏―』(日本放送出版協会, 1995年), 214-215頁。

＊13 　この点については, 米国側の報道においても, 指摘されている。たとえば, Paul Blustein, "Anti-militarism Faulted in Response to Quake; Critics Say Tokyo also Influenced by Left Wing" in *The Washington Post*, Jan. 27, 1995, p. A17.

＊14 　石原, 前掲書『官かくあるべし』, 136頁。石原, 前掲書『官邸2668日』, 217頁。

＊15 　石原, 前掲書『官かくあるべし』, 136-137頁。石原, 前掲書『官邸2668日』, 219-220頁。

＊16 　村山・談＝辻元・インタビュー, 前掲書『そうじゃのう……』, 91頁。

＊17 　『毎日新聞』1995年2月2日, 3面。

＊18 　石原信雄・官房副長官もこうした批判をつよく否定している(『毎日新聞』1995年11月27日, 2面)。

＊19 　『第一三二回国会　衆議院会議録　第二号』1995年1月23日, 2頁。

＊20 　同上, 5頁。

＊21 　『第一三二回国会　参議院会議録　第二号』1995年1月24日, 3頁。

＊22 　同上, 6頁。

＊23 　同上。

＊24 　同上, 3頁。

＊25 　同上, 6頁。

＊26 　なお,「警察官がその場にいない場合に限り」という部分の運用に関しては,「災害対策基本法の一部を改正する法律の運用について」(9月29日付：各都道府県消防防災主管部長あて消防庁防災課長通達)のなかに, 明記されている。

＊27 　なお, 市川一朗委員は, 1995年5月31日に退任する。

＊28 　「防災問題懇談会提言」(1995年9月11日), 6頁。

＊29 　同上, 11頁。

＊30　防災行政研究会編『防災六法』〔1996年版〕（ぎょうせい，1996年），138-139頁。
＊31　同上，139頁。
＊32　同上，714頁。
＊33　同上。
＊34　なお，本節の論述は，佐藤毅彦「諸外国の軍隊の災害出動」『外国の立法』第34巻1・2号，118-120頁によっている。
＊35　ゴードン・サリバン著，岡部いさく訳「ハリケーン・アンドリュー」『軍事研究』1995年4月号，80頁。
＊36　前掲書『外国の立法』，12頁。
＊37　同上，142頁。
＊38　同上。
＊39　同上，12頁。
＊40　同上，142-143頁。
＊41　同上，142頁。
＊42　National Academy of Public Administration, ed., *Coping with Catastrophe: Building an Emergency Management System to Meet People's Needs in Natural and Manmade Disasters* (Washington, D.C.: National Academy of Public Administration, 1993), p. 28.
＊43　Richard T. Sylves, "Redesigning and Administering Federal Emergency Management," in Richard T. Sylves and William L. Waugh, Jr., *Disaster Management in the U.S. and Canada: The Politics, Policymaking, Administration and Analysis of Emergency Management*, Second Edition (Illinois: Charles C Thomas Publisher, Ltd., 1996), pp. 5-6.
＊44　ibid., p. 7.
＊45　防災行政研究会編，前掲書『防災六法』〔1996年版〕，715頁。
＊46　『朝日新聞』1995年7月18日（夕），1面。
＊47　1995年8月15日の段階で，11の町村が地域防災計画を策定していなかった。具体的には，東京都御蔵島村，滋賀県湖東町・安土町・朽木村，沖縄県西原町・東風平町・豊見城村・渡嘉敷村・北大東村・仲里村・読谷村であった（『朝日新聞』〔大阪版〕1995年8月16日，3面）。
　　　　また，政府は，地域防災計画見直しのための必要経費として，1996年度の地方財政計画に，100億円を計上した（財団法人　自治研修協会　地方自治研究資料センター編『地方自治年鑑』〔1997年〕〔第一法規，1998年〕，86頁）。
＊48　総務庁行政監察局「震災対策に関する行政監察結果報告書」（1998年1月），45頁。
　　　　ちなみに，表1-2をみると，各都道府県および市区町村は，阪神・淡路大震災を契機として，地域防災計画のなかに，「震災対策編」という独立の項目をもうけるようになってきているのがわかる。

第1章　自衛隊と危機管理

表1-2　地方自治体における震災対策

年度	都道府県			市区町村		
	「震災対策編」として独立の項目を設けている	火災，水災等と同列の「節」を設けている	「その他災害等」として扱っている	「震災対策編」として独立の項目を設けている	火災，水災等と同列の「節」を設けている	「その他災害等」として扱っている
1991	33	14	—	473	1,732	292
1992	35	12	—	469	1,789	280
1993	35	11	1	439	1,555	175
1994	36	10	1	502	1,433	225
1995	39	7	1	561	1,466	199
1996	41	5	1	745	1,379	196
1997	47	—	—	1,045	1,249	184
1998	47	—	—	1,269	1,095	158

出所：消防庁編『消防白書』各年版より作成。

　また，震災後，総合防災訓練を実施する都道府県ならびに市区町村の数も急増している（表1-3）。

表1-3　総合防災訓練の実施状況

年度	都道府県	市区町村
1991	40	893
1992	40	913
1993	36	840
1994	38	895
1995	47	1,108
1996	47	1,271
1997	47	1,289
1998	47	1,176

出所：消防庁編『消防白書』各年版より作成。

＊49　総務庁行政監察局，前掲「震災対策に関する行政監察結果報告書」，32頁。
＊50　電話による聞きとり調査（2000年1月18日）。
＊51　総務庁行政監察局，前掲「震災対策に関する行政監察結果報告書」，63-64頁。
＊52　同上，82-83頁。
＊53　田島義介「防災計画の見直し」朝日新聞大阪本社「阪神・淡路大震災誌」編集委員会編，前掲書『阪神・淡路大震災誌』，678頁。
＊54　兵庫県防災会議『兵庫県地域防災計画』，730-735頁。

＊55　　同上，735頁。

＊56　　兵庫県防災会議『兵庫県地域防災計画（地震災害対策計画）』（1996年修正），197-202頁。

＊57　　神戸市防災会議『平成6年度版　神戸市地域防災計画』，101-103頁。

＊58　　神戸市防災会議『神戸市地域防災計画　総括　地震対策編』（1997年6月策定），145-150頁。

＊59　　関係者への電話によるインタビュー（2000年1月18日）。

＊60　　沖縄県防災会議『沖縄県地域防災計画』（基本編）（1992年修正），195-203頁。

＊61　　沖縄県防災会議『沖縄県地域防災計画』（基本編）（1997年修正），140-149頁。

＊62　　那覇市は1972年の本土復帰以降，革新市政が継続しており，これまで反自衛隊的な政策がとられてきた。このことが，その背景にあるようである（『朝日新聞』〔西部版〕1995年8月31日〔夕〕，2面）。

＊63　　那覇市防災会議『那覇市地域防災計画』（地震災害編）（1998年修正），80-81頁および83-84頁。

＊64　　那覇市防災会議『那覇市地域防災計画』（資料編），4・15頁。

＊65　　松島悠佐『阪神大震災　自衛隊かく戦えり』（時事通信社，1996年），181-182頁。

＊66　　『朝日新聞』1995年2月18日，7面。

地域防災計画と危機管理

1. はじめに

　わが国においては，阪神・淡路大震災の発生を契機として，防災に関する施策が抜本的に改正されることとなった。その作業の中心となったのが，防災計画—防災基本計画，防災業務計画，地域防災計画—の修正であった。というのも，防災計画は「総合的かつ計画的な防災行政の整備及び推進」（災害対策基本法第1条）をはかるうえからも，きわめて重要な役割をはたすからである。

　そこで，本章においては，防災計画，なかでも地域防災計画の実態と問題点に関して論じる。その順序としては，まずはじめに，防災計画作成の根拠法である災害対策基本法が成立するまでの経緯を概観する。その後，おのおのの防災計画の位置づけおよびその作成主体について言及する。つぎに，阪神・淡路大震災をさかいとした，防災計画修正の動向を紹介する。そして最後に，地域防災計画の作成上の留意点およびその問題点について検討してみたい。

2. 防災計画

(1) 災害対策基本法成立までの経緯

　1959年9月の伊勢湾台風は，死者・行方不明者あわせて約5,000名という甚大な被害をもたらした。そこで，当時の岸信介政権は，災害に対処するための法律制定にのりだした。伊勢湾台風直撃後の10月28日，第33回臨時国会の場でおこなわれた所信表明演説において，岸首相は，「政府は，今次災害の事例にもかんがみ，早急に治山治水対策を中心とする基本的災害対策について，総合的，かつ，科学的に検討を加え，恒久的災害予防の方途を樹立し，これを強力に推進して国土保全の万全を期する所存であります」と述べ，防災対策の必然性を声高に訴えた[*1]。

56

しかしながら，岸首相のめざした包括的な災害対策の確立には，さらなる時日を要した。そこには，権限の縮小をきらう各省庁の思惑が交錯していたからだ。たとえば，1960年1月には，「災害対策の整備に関する法律案」が内閣審議室案としてまとめられた。これは，各省庁の行政上の管轄権が侵害されることを意味していた。それゆえ，各省庁は，同法案に対して，つよい姿勢で反対を表明した。そこで，同年5月には，内容を多少変更して，「災害対策の整備及び推進に関する法律案」が作成された。ところが，同法案に対しては，自民党から時期尚早とのクレームがつき，結局，国会提出まえの段階で廃案となった。自民党は，同年9月に，災害基本法制定準備小委員会（委員長：野田卯一）を政務調査会内に設置し，検討をかさねた。また，自治省に対しては，内閣審議室の法案とはべつに，自治省独自の法案を作成するよう求めた。そして，自治省のまとめた法案（「防災基本法案」）をもとに，自民党は，翌1961年5月に「防災基本法案」を公表し，第38回通常国会に提出した[2]。同法案は，いったん廃案においこまれるが，つぎの第39回臨時国会に再度提出され，一部修正のうえ，ようやく可決された[3]。

かくして，「災害対策基本法」は，1961年11月15日に公布された。それまでは，災害関連の法律は，なんと150以上も存在していたが，災害対策基本法の成立により，それらは一本化されることとなった[4]。

なお，災害対策基本法第1条では，「この法律は，国土並びに国民の生命，身体及び財産を災害から保護するため，防災に関し，国，地方公共団体及びその他の公共機関を通じて必要な体制を確立し，責任の所在を明確にするとともに，防災計画の作成，災害予防，災害応急対策，災害復旧及び防災に関する財政金融措置その他の必要な災害対策の基本を定めることにより，総合的かつ計画的な防災行政の整備及び推進を図り，もつて社会の秩序の維持と公共の福祉の確保に資することを目的とする」とうたわれている。これにより，わが国において，防災計画の作成が進展することとなった。

(2) 防災計画

　災害対策基本法の第34条から第45条までは，防災計画に関する条項がもられている。ここで，それらを紹介しよう。まずはじめに，第34条では，国の「防災基本計画」の作成とその公表に関して定められている。うち第1項では，「中央防災会議は，防災基本計画を作成するとともに，災害及び災害の防止に関する科学的研究の成果並びに発生した災害の状況及びこれに対して行なわれた災害応急対策の効果を勘案して毎年防災基本計画に検討を加え，必要があると認めるときは，これを修正しなければならない」とされている。ここでいう中央防災会議とは，災害対策基本法の第11条から第13条に記されているものであって，首相を会長とし，閣僚などを委員とする組織のことである（図2-1）。

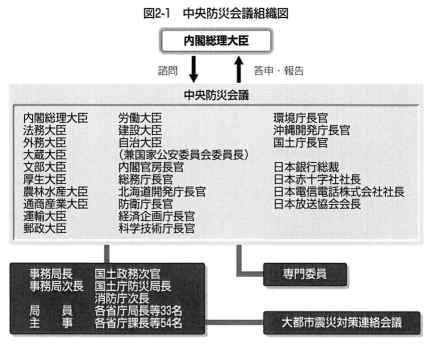

図2-1　中央防災会議組織図

出所：国土庁編『防災白書』〔1999年版〕，54頁。

第2章　地域防災計画と危機管理

　この防災基本計画にもとづいて，「防災業務計画」と「地域防災計画」が策定される。このうち，防災業務計画には，指定行政機関の長が作成するものと，指定公共機関が作成するものがある。表2-1にあるように，指定行政機関には国の31行政機関が，また指定公共機関には，日本電信電話株式会社，各電力会社など，37機関が指定されている。

　つぎに，地域防災計画についてであるが，これは，「都道府県地域防災計画」「市町村地域防災計画」「指定地域都道府県防災計画」「指定地域市町村防災計画」の4つにわかれる。このうち，都道府県地域防災計画は，各都道府県に設置される都道府県防災会議（会長：知事）によって作成されるものである。災害対策基本法第40条第1項では，つぎのように明記されている。「都道府県防災会議は，防災基本計画に基づき，当該都道府県の地域に係る都道府県地域防災計画を作成し，及び毎年都道府県地域防災計画に検討を加え，必要があると認めるときは，これを修正しなければならない。この場合において，当該都道府県地域防災計画は，防災業務計画に抵触するものであつて

表2-1　指定行政機関および指定公共機関

指定行政機関 （31機関）	総理府，国家公安委員会，警察庁，金融再生委員会，金融監督庁，総務庁，北海道開発庁，防衛庁，経済企画庁，科学技術庁，環境庁，沖縄開発庁，国土庁，法務省，外務省，大蔵省，文部省，文化庁，厚生省，農林水産省，通商産業省，資源エネルギー庁，中小企業庁，運輸省，海上保安庁，気象庁，郵政省，労働省，建設省，自治省，消防庁
指定公共機関 （37機関）	日本電信電話株式会社，日本銀行，日本赤十字社，日本放送協会，日本道路公団，首都高速道路公団，水資源開発公団，阪神高速道路公団，新東京国際空港公団，関西国際空港株式会社，本州四国連絡橋公団，核燃料サイクル開発機構，日本原子力研究所，電源開発株式会社，北海道旅客鉄道株式会社，東日本旅客鉄道株式会社，東海旅客鉄道株式会社，西日本旅客鉄道株式会社，四国旅客鉄道株式会社，九州旅客鉄道株式会社，日本貨物鉄道株式会社，東京瓦斯株式会社，大阪瓦斯株式会社，東邦瓦斯株式会社，日本通運株式会社，北海道電力株式会社，東北電力株式会社，東京電力株式会社，北陸電力株式会社，中部電力株式会社，関西電力株式会社，中国電力株式会社，四国電力株式会社，九州電力株式会社，沖縄電力株式会社，日本原子力発電株式会社，ケイディディ株式会社

注：1999年4月現在。
出所：国土庁編『防災白書』〔1999年版〕，55頁。

はならない」と。さらに，同条第3項では，「都道府県防災会議は，第一項の規定により都道府県地域防災計画を作成し，又は修正しようとするときは，あらかじめ，内閣総理大臣に協議しなければならない。この場合において，内閣総理大臣は，中央防災会議の意見をきかなければならない」とされている。

では，市町村地域防災計画については，どのように記されているのであろうか。災害対策基本法第42条第1項には，「市町村防災会議（市町村防災会議を設置しない市町村にあつては，当該市町村の市町村長。以下この条において同じ。）は，防災基本計画に基づき，当該市町村の地域に係る市町村地域防災計画を作成し，及び毎年市町村地域防災計画に検討を加え，必要があると認めるときは，これを修正しなければならない。この場合において，当該市町村地域防災計画は，防災業務計画又は当該市町村を包括する都道府県の都道府県地域防災計画に抵触するものであつてはならない」と規定されている。したがって，「市町村防災会議は，第一項の規定により市町村地域防災計画を作成し，又は修正しようとするときは，あらかじめ，都道府県知事に協議しなければならない。この場合において，都道府県知事は，都道府県防災会議の意見をきかなければならない」（第3項）のである。

なお，市町村防災会議の場合，その設置は災害対策基本法によって義務づけられているものの（第16条第1項），過去の経験や経費などの点からほかの市町村と共同で防災会議を設置することが認められている（第2項）。また，防災会議の委員として適任者がいない場合，あるいは防災会議を設置しても予期したほどの効果が期待できない場合なども，市町村防災会議を設置しなくてよいとされている[5]。すなわち，災害対策基本法第16条には，「当該都道府県の都道府県防災会議の意見をきかなければならない」（第4項）との条件つきながら，「市町村防災会議を共同して設置したとき，又は政令で定めるところにより，都道府県知事の承認を受けたときは，第一項の規定にかかわらず，市町村防災会議を設置しないことができる」（第3項）と明記されている。

第2章　地域防災計画と危機管理

表2-2　おもな防災計画と作成主体

根拠法律	計画名	作成主体
災害対策基本法	防災基本計画	中央防災会議
	防災業務計画	指定行政機関の長 指定公共機関
	地域防災計画 　都道府県地域防災計画 　市町村地域防災計画 　指定地域防災計画	 都道府県防災会議 市町村防災会議又は市町村長 地方防災会議の協議会
大規模地震対策特別措置法	地震防災基本計画	中央防災会議
	地震防災強化計画	指定行政機関の長 指定公共機関 都道府県防災会議 市町村防災会議又は市町村長 地方防災会議の協議会 石油コンビナート等防災本部 石油コンビナート等防災本部の協議会
	地震防災応急計画	病院，劇場，百貨店等の施設，石油類，火薬類等を取扱う施設等の管理・運営者
石油コンビナート等災害防止法	石油コンビナート等防災計画	石油コンビナート等防災本部 石油コンビナート等防災本部の協議会

出所：消防行政研究会編『消防』（ぎょうせい，1983年），373頁。

　また，火山，河川などの地形や水系などが2つ以上の府県あるいは市町村に関係しており，1つの府県や市町村で地域防災計画を策定しても十分な効果が期待できないような場合，共通の基盤をもつ府県や市町村が作成する防災計画を「指定地域都道府県防災計画」，「指定地域市町村防災計画」とよん

でいる。前者の場合，作成主体は都道府県防災会議の協議会であり，当該協議会は関係都道府県の協議によって設置されるときと内閣総理大臣の指示によりもうけられるケースがある[*6]。他方，後者の作成主体は市町村防災会議の協議会であり，この組織は2つ以上の市町村が協議にもとづいて設置するケースと都道府県知事の指示によってもうけられる場合とがある[*7]。

しかしながら，こうした広域的な地域防災計画はこれまでほとんど作成されていないのが実状であり，1994年9月の段階では，わずかに，十勝岳，有珠山，北海道駒ヶ岳，草津白根山，雲仙岳，阿蘇山，桜島の7火山および北海道泊原子力発電所周辺の市町村で作成されているにすぎなかった[*8]。

さて，ここで，おのおのの防災計画の関連性を述べるならば，防災基本計画を基礎として，防災業務計画が"業務の縦の系列"として，また，地域防災計画が"地域横断的なもの"として相互に有機的な関連性を有しているということになる（表2-2参照）[*9]。

(3) 防災基本計画の修正

ところで，本章の冒頭でも述べたように，阪神・淡路大震災を契機として，1995年7月18日，国の防災基本計画は，およそ24年ぶりに全面的に修正された。あたらしい防災計画の文字数はなんと22万字にもおよんでいる。また，全体は6つの編からなり，おのおの，「総則」「震災対策編」「風水害対策編」「火山災害対策編」「その他の災害対策」「防災業務計画及び地域防災計画において重点をおくべき事項」となっている。第5編の「その他の災害対策」としては，雪害対策，林野火災対策の2つがもりこまれている[*10]。

では，今回修正された防災基本計画は，どのように評価すればよいのか。たとえば，実際に防災基本計画修正の作業に関与した室崎益輝・神戸大学教授（防災基本計画専門委員会委員）は，新防災基本計画の特色として，以下の6点をあげている。すなわち，①内容の具体化と記述の平易化（わかりやすいことばで，かつ，内容も詳述されるようになった点），②あたらしい防災理念の計画への反映（災害それ自体の根絶は無理であるとの考えから生じ

た減災論がみられるようになった点），③役割分担の明確化と対策主体の明示（国，都道府県，市町村の役割がおのおの明確化された点），④災害の個別性と地域性への対応（災害の個別性や特殊性に対応しようとした点），⑤対策実施の時期区分の明確化（施策の展開が時系列的にもられており，その流れが理解しやすい点），⑥復旧・復興対策の充実と展開（災害応急対策だけでなく，災害予防や災害復旧・復興も重視されるようになった点）である[11]。

　また，『朝日新聞』は，社説において，あたらしい防災基本計画の課題として，「地域計画の前提として最大，どのくらいの規模の地震を想定すればいいのか，触れられていない」「避難場所としての学校の役割をどう位置付け，避難施設として何を備えるべきか，を明記していない」「避難所で最大の問題となったし尿処理については，『必要な措置を講ずる』としか書かれていない」「ボランティア団体への寄付金に対する税制上の優遇措置や，ボランティア活動中の事故に対する補償制度も望まれていた。それには触れられていない」などを指摘している[12]。

　いずれにせよ，このあたらしい防災基本計画にもとづいて，各地方自治体は地域防災計画の見直し作業に入ったのであった。

3. 地域防災計画の実態と問題点

(1) 地域防災計画の見直し

(a) 地域防災計画をめぐる2つの通知

　国の防災基本計画の修正を受けて，各地方自治体は，地域防災計画の見直しをすすめることとなった。そこで，政府は，1995年7月18日，各都道府県知事あてに中央防災会議事務局次長（消防庁次長）名で，「防災基本計画の修正に伴う地域防災計画の見直しの推進について」と題する通知をだした。

　同通知には，地域防災計画の見直しに際して留意すべき事項が記されていた[13]。

1　地域防災計画の修正に当たっては，各地方公共団体の自然的，社会的条件等を十分に勘案し，地域の実情に即したものとするとともに，具体的かつ実践的な地域防災計画とされたいこと。
2　地域防災計画の見直しとともに，必要に応じマニュアルの充実を図り，関係者への周知徹底や防災訓練の実施等により，その実効性の向上に努めること。
3　修正後の防災基本計画は，災害に関する経験と対策の積み重ね等により随時見直し，必要に応じて修正を加えていくこととしており，地域防災計画についても，この趣旨を踏まえ，適宜見直しに取り組まれたいこと。

ところで，政府は，この通知にさきだつ1995年2月6日に，消防庁次長名で，「地域防災計画に係る緊急点検の実施について」とする通知をだしていた[14]。

　　地域防災計画は，地方公共団体における総合的な災害対策の基本となるものであり，災害に強い安全な地域社会づくりや発災時の迅速かつ適切な応急対策の実施に当たって，きわめて重要な役割を果たすものである。
　　その整備充実については，かねてからご尽力いただいているところであるが，兵庫県南部地震において甚大な被害が生じたことに鑑み，大規模直下型地震においても万全な対策がとられるよう計画をさらに具体的かつ実践的なものとする必要がある。

その際，「緊急に点検すべき事項」として，以下の9点が列挙された[15]。

(1) 被害想定について
　　直下型地震等により，当該地方公共団体の中枢機能に重大な影響が

及ぶ事態を想定していること。

(2) 職員の動員配備体制について

　休日，夜間等においても職員の参集及び連絡が適切に対応できる体制となっていること。

(3) 情報の収集・伝達体制について

　休日，夜間等においても市町村，都道府県，国，その他防災関係機関との連絡が迅速かつ円滑にできる体制となっていること。

(4) 応援体制について

　近隣市町村のみならず，都道府県の区域を越えた地方公共団体間の広域応援について，円滑に実施できる体制となっていること。また，自衛隊派遣の要請にあたっても，災害の態様に応じた適切な要請がなされる体制となっていること。

(5) 被災者の収容，物資等の調達について

　被害想定に基づく被災者に対応できる収容施設及び生活必需物資が確保されているとともに医療及び環境衛生対策が十分検討されていること。

(6) 防災施設の整備について

　避難施設，水利施設，通信施設等の防災施設整備が被害想定に対応できるものであること。また，これらの施設については耐震性が十分確保できているものであること。

(7) 消防団，自主防災組織の育成強化について

　住民に対して防災意識の普及啓発を行うとともに，消防団及び自主防災組織の果たすべき役割を明確化し，育成強化を図ることとしていること。

(8) 防災訓練について

　自衛隊等防災関係機関，消防団及び住民等と連携をとって実施されるような体制となっていること。

(9) 災害弱者対策について

　　情報伝達時，避難時等において災害弱者へ配慮された体制となっていること。

　さらに，「点検後の措置について」では，「地域防災計画を点検し，見直すべき事項については速やかに修正等を行うこと。また，職員に対し地域防災計画の内容を周知徹底し，適切な対応が大規模災害発生時にとれるようにするとともに，地域住民に対しても広報に努めること」と明記されている[16]。

　また，政府は，地域防災計画の見直しの財源として，1996年度から地方財政計画に100億円を計上し，普通交付税というかたちで，各地方自治体に交付している[17]。

（b）地域防災計画の時系列的変化

　地域防災計画見直しの具体例をみるまえに，ここでは，時系列的な変化をみておきたい。

　表2-3および表2-4は，おのおの都道府県，市区町村の防災会議の開催団体数と開催のべ回数をまとめたものである。表2-3をみると，阪神・淡路大震災が発生した1995年度には，43もの団体でのべ54回も防災会議が開催されているのがわかる。その後，開催のべ回数は減少の一途をたどっているが，これははやい段階で，都道府県レベルでの地域防災計画の見直し作業がいちおう完了したことを示している。したがって，市区町村レベルでは，都道府県での地域防災計画見直しの動きを受けて，防災会議の開催団体および開催のべ回数が増加してきている（表2-4）。

　また，阪神・淡路大震災の影響により，地域防災計画において，「震災対策」を「編」として独立の項目だてとする都道府県の数が急増し，1997年度中には，47都道府県すべてにおいて震災対策編が作成されているのがわかる。同様に，市区町村においても，都道府県での動きと呼応するかたちで，震災対策編として独立の項目をもうけている団体が急増している（表2-5）。

　つぎに，表2-6をみると，各都道府県の自然的・社会的事情を反映して，

第 2 章　地域防災計画と危機管理

表2-3　1989年以降の防災会議の開催団体数および開催のべ回数（都道府県）

年　　度	1989	1990	1991	1992	1993	1994	1995	1996	1997	1998
開催団体数	43	38	38	38	38	37	43	35	33	34
開催延回数	45	42	39	40	41	44	54	43	38	37

出所：自治省消防庁防災課・防災情報室「地方防災行政の現況」（1999 年 12 月），5頁。

表2-4　1989年以降の防災会議の開催団体数および開催のべ回数（市区町村）

年　　度	1989	1990	1991	1992	1993	1994	1995	1996	1997	1998
開催団体数	1,440	1,434	1,414	1,406	1,416	1,480	1,518	1,517	1,608	1,516
開催延回数	1,713	1,646	1,717	1,643	1,668	1,799	1,888	1,866	1,954	1,735

出所：自治省消防庁防災課・防災情報室「地方防災行政の現況」（1999 年 12 月），6頁。

表2-5　地方自治体における震災対策

年度	都道府県			市区町村		
	「震災対策編」として独立の項目を設けている	火災，水災等と同列の「節」を設けている	「その他災害等」として扱っている	「震災対策編」として独立の項目を設けている	火災，水災等と同列の「節」を設けている	「その他災害等」として扱っている
1981	18	27	2	41	68	16
1982	19	26	2	45	66	13
1983	22	23	2	49	66	10
1984	22	23	2	55	62	9
1985	23	23	1	68	52	6
1986	23	24	—	70	49	6
1987	25	22	—	71	51	4
1988	28	19	—	72	50	4
1989	32	15	—	73	49	4
1990	32	15	—	442	1,695	302
1991	33	14	—	473	1,732	292
1992	35	12	—	469	1,789	280
1993	35	11	1	439	1,555	175
1994	36	10	1	502	1,433	225
1995	39	7	1	561	1,466	199
1996	41	5	1	745	1,379	196
1997	47	—	—	1,045	1,249	184
1998	47	—	—	1,269	1,095	158

注：なお，市区町村の欄の1981年～1989年までの数値は，道府県庁所在市，道府県庁所在市以外の人口20万以上の市および特別区を対象としている。

出所：消防庁編『消防白書』各年版より作成。

67

表2-6　都道府県地域防災計画における特定災害対策計画（1998年度）

都道府県	震災対策	風水害対策	火山災害対策	雪害対策	林野火災対策	原子力災害対策	その他
北海道	1		1			1	1
青森	1	1				1	
岩手	1						
宮城	1					1	
秋田	1						
山形	1						
福島	1					1	
茨城	1	1					
栃木	1						
群馬	1		1				
埼玉	1						
千葉	1						1
東京	1	1					
神奈川	1						
新潟	1			1	1		
富山	1						
石川	1						
福井	1						
山梨	1						
長野	1		1				
岐阜	1						
静岡	1	1			1		
愛知	1						
三重	1						
滋賀	1					1	
京都	1						
大阪	1	1					
兵庫	1						
奈良	1						
和歌山	1				1		
鳥取	1					1	
島根	1						1
岡山	1						
広島	1						
山口	1						
徳島	1						
香川	1						
愛媛	1	1			1	1	
高知	1						
福岡	1						
佐賀	1						1
長崎	1		1				
熊本	1						
大分	1						1
宮崎	1				1		
鹿児島	1						1
沖縄							
合　計	47	19	12	7	9	14	19

出所：自治省消防庁防災課・防災情報室「地方防災行政の現況」（1999年12月），39頁。

第2章　地域防災計画と危機管理

地域防災計画が策定されているのがわかる。たとえば，桜島をかかえる鹿児島県では，「火山災害対策編」を作成しているし，原子力施設を多数有する茨城県は，「原子力災害対策計画編」を策定している。

　このように，阪神・淡路大震災を契機として，地域防災計画の見直し作業が着実に展開されている。1999年4月1日現在では，47都道府県すべてが，地域防災計画の見直しを完了していた。他方，市町村では，全体の47.2％にあたる，1,534団体が地域防災計画の見直し作業に着手していた[18]。

　ところで，市町村レベルにおいては，地域防災計画を策定していない団体も存在する。その数は，1994年度の段階で17団体，また1995年度では15団体，1996年度では8団体，1997年度では7団体，そして1998年度では6団体であった。ちなみに，いまだに地域防災計画を策定していない町村は，東京都御蔵島村，岐阜県川島町，滋賀県朽木村，沖縄県西原町，沖縄県仲里村，沖縄県渡嘉敷村の6町村のみである[19]。

（c）地域防災計画見直しのポイント

　では，実際に地域防災計画の見直しをすすめる際にどのような点に留意すればよいのか。以下において，地域防災計画の見直しのポイントについて検討してみよう。

　地域防災計画の見直し作業にあたって，まずはじめにおこなうべきことは，「防災アセスメントの実施」である。たとえば，「地域防災計画の見直しの推進について」とする消防庁次長通達（1987年6月30日）によると，「地域の災害危険性を科学的・総合的に把握することは，地域防災計画を作成する上でその基礎となるものであり，計画の見直しに当たっては防災アセスメントを実施するなどして，その把握に努めること」と明記されている。ここでいう防災アセスメントとは，「主として災害誘因（地震，台風，豪雨等），災害素因（急傾斜地，軟弱地盤，木造住宅の密集地，危険物施設の集中地域等），災害履歴，土地利用の変遷等を考慮して総合的かつ科学的に地域の危険性を把握する作業をいう」のである。また，同通達では，「防災アセスメントは，地域社会の環境変化に応じ，一〇年程度の期間毎に繰り返し実施するよう努

めること」とされている[20]。

　ちなみに，防災アセスメント（基礎アセスメント）を実施する場合，400〜1,500万円もの費用がかかるとされる。しかし，防災アセスメントにかかわる経費に関しては，普通交付税によって措置されている[21]。しかも，一度アセスメントをおこなうと，そのつぎの見直しの費用は初回に要した3分の1〜10分の1程度ですむといわれている[22]。

　また，防災アセスメントの結果，明らかとなった災害危険性などによって想起される人的被害，構造物被害などを算出する被害想定も重要な作業である。しかしながら，神戸市は，阪神・淡路大震災以前に，いったん震度6の直下型地震を想定した被害を試算していたものの，対策に費用がかかりすぎるとの理由から，震度の想定を5に変更していた[23]。さらに，名古屋市では，阪神・淡路大震災後におこなった被害想定の計算にミスが生じ，最大で6分の1，最小でも3分の1の数値へと下方修正するといった失態を演じた[24]。これらの事実からも，各自治体が被害想定の重要性を十分に認識できていない様子がうかがえる。

　防災アセスメント，被害想定にもとづいて，地域防災計画本体の見直しがすすめられる。そこでのポイントは，表2-7に示したとおりである。ここで，「防災ビジョン」ということばがくりかえしもちいられているが，先述の消防庁次長通達「地域防災計画の見直しの推進について」によれば，防災ビジョンとは，「防災施策の基本方針」のことであり，そこには，「当該地方公共団体の防災行政を進める上での基本姿勢，住民の防災に対する心がまえ，防災施策の大綱が含まれる」とのことである[25]。

　ところで，これら一連の作業をおこなうには，膨大な時間と労力を要する。そこで，大部分の地方自治体では，防災問題専門のコンサルタントに助力を求めるケースが散見される。たとえば，財団法人　消防科学総合センターは，1986年度から1998年度までのあいだに，のべ8県，34市町村の地域防災計画の改定調査を委託されている。具体的には，鳥取県，沖縄県，大分県，福岡県，鹿児島県，福井県，島根県，愛知県木曽川町，東京都小平市，茨城県守

第2章　地域防災計画と危機管理

表2-7　地域防災計画の見直しの視点

構成等	見直しの視点
総　則	①　防災面からみた地域の自然的・社会的条件を具体的に記述する ②　想定される被害程度を明示する。計画の前提とするべき災害を設定する ③　防災ビジョンを提示する（目標を設定する）
災害予防計画	①　防災ビジョンおよび想定される被害程度にリンクさせる ②　予防対策の到達点を整理する ③　普段の業務において使う計画とする ④　重要度，緊急度の視点から予防対策を整理する ⑤　応急対策需要の主要発生源である住家被害対策を具体化する ⑥　人的資源の発掘・活性化の方策を具体化する
災害応急対策計　　　画	①　防災ビジョンおよび想定される被害程度にリンクさせる ②　緊急度と重要度を考慮した業務分類・活動体制とする ③　情報管理を重視する ④　広報の位置づけを強化する ⑤　勤務時間内，勤務時間外の防災力の変化を考慮する ⑥　防災基幹施設の被災やマンパワー低下に配慮する
災害復旧計画	①　被災者の立場に立ったサポート体制を強化する ②　災害復興まで視野に入れる
計画策定および計画実効化の前提条件	①　地域防災計画を名実ともに地域防災行政の基本文書として位置づける ②　首長が高い危機管理意識を持つ。全課，全職員が当事者意識を持つ ③　地域防災計画を実質的なものにするための仕組みを設ける 　ア　各課の施策・事業を地域防災計画にもとづきチェック 　イ　チェックを受けた事業・計画に優先的に予算を配分 　ウ　防災会議に実質的なチェック機能を持たせる 　エ　自主防災組織，ボランティア，物資の輸送・調達を担う関係機関等々，当該地域の重要な防災力を構成する団体，機関の代表も防災会議のメンバーに加える ④　大規模災害時の防災活動のイメージを具体的に有する

出所：http://www.isad.or.jp/tb/tb_21.htm（2000年2月3日）。

谷町，神奈川県大和市，埼玉県蓮田市，千葉県浦安市などである。このほか，社団法人　地域問題研究所，株式会社　まちづくり計画研究所といったコンサルタントが，地域防災計画作成の委託を受けている。

（d）札幌市の事例

では，実際に，地域防災計画の見直しがどのようにすすめられたのか，札幌市の例を紹介しよう[*26]。

札幌市もほかの自治体と同様に，阪神・淡路大震災を契機として，地域防災計画の全面的な見直し作業に入った。1995年3月におこなわれた防災会議の場では，専門家の意見をとりいれた抜本的見直しをすすめるために，「地震対策部会」と「専門委員」を同会議内に設置することを決定した。前者の地震対策部会は，37名のメンバーから構成されており，そこには町内会やボランティアの代表もふくまれていた。さらに，部会のなかには，①組織・体制，②区災害対策，③防災情報，④ライフライン，⑤公共施設など，⑥医療・環境・衛生，⑦生活物資，⑧災害弱者という8つの分科会がもうけられた。そして，これらの場での議論をつうじて，短期的対策をもった『緊急対策'95』を策定した。翌1996年になると，あらたにまちづくり分科会をもうけ，新防災計画の骨子を確定した。

後者の専門委員についてであるが，これは，10名のメンバーからなり，被害想定に関する調査の実施を主目的としていた。1995年には，基礎資料の収集のため，過去の地震データを分析，翌1996年には，被害想定を従来の震度5から震度6強へとひきあげた。

こうして，1998年6月には，あたらしい防災計画が策定されることとなった。あらたに策定された地域防災計画は，カラーで，図やイラストが多用されており，利用者本位といったできばえである。特徴としては，災害発生からの時間的経過にそった「シナリオ型」が採用されたことであろう。そこでは，災害発生直後，24時間後，3日後，7日後といった具合に区分がなされている。

また，初動体制に関しては，従来，被害の状況によって判断していたもの

を，震度5弱以上の地震が発生すると，自動的に災害対策本部が市役所内に設置されることとなった。また，休日や夜間などの勤務時間外に震度6弱以上の地震が発生した場合，職員は，それぞれの職務に応じて所属先・最寄りの避難場所または区役所などに自主的に参集することが明記されている。

なお，阪神・淡路大震災の折りに，注目をあつめた緊急物資については，大手スーパーや運送組合などと協定を締結し，災害発生後24時間以降をめどに，物資供給のルートを確保している。

さらに，新防災計画では，日常の基礎的な地域コミュニティの最小単位である町内会などを自主防災活動の重要な主体として明確に位置づけている。

(2) 地域防災計画の問題点

以上みてきたように，阪神・淡路大震災を契機として，各地方自治体では地域防災計画の修正が実施にうつされた。しかしながら，たとえどれほど内容のこい地域防災計画を策定したとしても，それが災害時に実際に有効に活用されないようでは，まったく意味がない。

ここで，興味深い調査結果を紹介しよう。「災害応急対策システムに関する調査」は，地震災害時に災害対策本部を設置した経験のある市町村を対象に実施されたアンケート調査である。それによると，地震時に地域防災計画をもちいなかったとする市町村が，117団体のうちの53団体（45.3%）にもおよんでいるのがわかる（表2-8）。

地域防災計画を活用しなかったと回答した53団体は，その理由として，「平常時の業務要領で十分間にあった」：50.9%，「発災時に役立つようには作られていなかった」：20.8%，「見ているいとまがなかった」：13.2%，「計画にはうたわれていない（想定していない）事態であった」：11.3%などをあげた（「その他」：5.7%，「無回答」：5.7%）[27]。

では，災害時に地域防災計画が有効に活用されるためには，いかなる修正をおこなっていけばよいのであろうか。同調査では，地域防災計画の改善すべき点に関して，質問をなげかけている（表2-9）。

表2-8　地震時の地域防災計画の利用状況

項　　目	震　度 0〜3	震　度 4	震　度 5	震　度 6	計
用いた	8 (57.1%)	11 (57.9%)	35 (46.1%)	6 (75.0%)	60 (51.3%)
用いなかった	6 (42.9%)	7 (36.8%)	39 (51.3%)	1 (12.5%)	53 (45.3%)
無回答	0 (0.0%)	1 (5.3%)	2 (2.6%)	1 (12.5%)	4 (3.4%)
計	14 (12.0%)	19 (16.2%)	76 (65.0%)	8 (6.8%)	117 (100.0%)

出所：日野宗門「地域防災計画の現状とその問題点」京都大学防災研究所編『地域防災計画の実務』（鹿島出版会，1997年），12頁。

表2-9　地域防災計画の改善すべき点（複数回答）

項　　目	回答数
具体的，実践的な内容に修正	52　(44.4%)
担当課毎の活動項目が明瞭となるよう編集しなおす	35　(29.9%)
別に，単純・明瞭な手引き書を作成する	30　(25.6%)
平常時によく読み，内容に習熟しておく	50　(42.7%)
防災訓練により身につける	59　(50.4%)
その他	59　(50.4%)
無回答	17　(14.5%)
計	117 (100.0%)

出所：日野宗門「地域防災計画の現状とその問題点」京都大学防災研究所編『地域防災計画の実務』（鹿島出版会，1997年），14頁。

　このうち，「担当課毎の活動項目が明瞭となるよう編集しなおす」については，これまでも，ひんぱんに指摘されている点である[28]。にもかかわらず，これまでなかなか改善されていないのが実状である。

　また，「平常時によく読み，内容に習熟しておく」との回答もみられるが，このためには，現在の地域防災計画の分量はあまりにも多すぎるのではなか

ろうか。それゆえ，担当課ごとに編集するといったスタイルを採用すれば，この点も多少克服できるように思われる。くわえて，地域防災計画の策定に際して，業者に"丸投げ"してしまうことも，こうした回答の割合がたかいことと関係があるように思われる。計画の策定段階から職員みずからがかかわっていれば，自然とその内容に習熟することも可能となろうし，積極的に理解しようとの意欲もたかまってくるにちがいない。

つぎに，「具体的，実践的な内容に修正」および「別に，単純・明瞭な手引き書を作成する」についてであるが，さきにもふれたように，地域防災計画には，災害時の連絡先や関連書類の様式などがふくまれており，その分量はかなりのあつさとなっている。だからといって，地域防災計画そのものをうすくすればよいのかというと，けっしてそうではない。そこには，過去の経験にもとづく必要不可欠な資料が蓄積されているからである。そこで，地域防災計画は，データ蓄積用と考え，それとはべつに，職員用のマニュアルを作成すれば，この問題はある程度クリアできるのではなかろうか。すなわち，このマニュアルには，きわめて実践的な性格をもたせ，災害時に最低限必要な事項のみを列挙するという考え方である。

ここで，実際の職員用マニュアルを紹介しよう。たとえば，東京都では，「東京都職員　災害対策初動心得」という手帳サイズのマニュアルを作成している（図2-2参照）。頁数は23頁からなっている。冒頭の「当冊子の目的」の章では，「災害時においては，初期段階での対応がその後の対策の成否を左右します」としたうえで，「当冊子は，職員が，災害時に円滑な初動対応を執る一助となることを目的として作成したものです。当冊子を常に携帯し折に触れて確認することにより，災害対策について認識を深めるとともに，初動における各自の行動について十分に心得ていて下さい」としている。そして最後に，「都民の生命，身体及び財産を災害から保護することが，都の責務です」と記されている[29]。

図2-2　東京都の職員用マニュアル

```
                        目　次

1  当冊子の目的  ……………………………………  2

2  基本事項  …………………………………………  2
  (1)  「災害」の定義  ………………………………  2
  (2)  災害対策における都の責務  …………………  3
  (3)  職員の服務  ……………………………………  3

3  職員の動員  ………………………………………  4
  (1)  夜間，休日等の勤務時間外に震度6弱以上の
       地震が発生したとき（特別非常配備態勢）……  4
    ・  参集時留意事項  ……………………………  4
    ・  特別非常配備態勢における職員の参集する場
       所及び担当業務  ……………………………  5
  (2)  非常配備態勢の指令が発せられたとき  ……  6
    ・  非常配備態勢の指令を発するとき  ………  6
    ・  非常配備態勢の発令の時期及び態勢  ……  7
    ・  東京都災害対策本部  ………………………  8
    ・  東海地震  ……………………………………  9
    ・  東京都災害対策本部の組織  ………………  10

4  局の分掌事務  ……………………………………  12

5  参考事項  …………………………………………  16
  (1)  地震の心得  ……………………………………  16
  (2)  震度解説  ………………………………………  17

6  非常時の覚書  ……………………………………  18
```

出所：東京都総務局災害対策部編「東京都職員　災害対策初動心得」（1997年3月）。

　ところで，阪神・淡路大震災によって，甚大な被害を受けた兵庫県では，1997年に，64頁からなる「兵庫県職員　防災ハンドブック」を作成した（図2-3）。同ハンドブック冒頭の「ハンドブックの利用にあたってのお願い」では，「このハンドブックは，平時から熟知しておく必要性の高い事項を，簡潔に記載しています」とされており，「兵庫県職員　防災ハンドブック」が，災害時における職員の行動のエッセンスを集約したものであることがわかる。さらに，当該ハンドブックには，参考資料として，「ポケットベル・メッセージ」までが挿入されている[30]。兵庫県の職員用マニュアルは，阪神・淡路大震災の実体験にもとづいて作成されているだけに，とりわけ注目にあたいする。

　このように，職員用マニュアルの作成がすすんでいるのは好ましいことである。だが，そのマニュアルが全職員の手元にまで届いているかというと，

第2章　地域防災計画と危機管理

図2-3　兵庫県の職員用マニュアル

目　次

1　地震発生時の対応手順　…………………………　1

2　風水害・大規模事故発生時の対応手順　………　9

3　動員・配備　………………………………………　17

4　組織と事務分掌　…………………………………　21

5　通信機器　…………………………………………　26

6　主要防災関係機関等一覧　………………………　29

7　職員及び家族の安否確認　………………………　49

8　地域，家庭の防災　………………………………　51

9　参考資料

　　(1)　ポケットベル・メッセージ　……………　55

　　(2)　自宅・参集途上の状況報告様式　………　57

　　(3)　地震・気象の基礎知識　…………………　58

　　(4)　兵庫県地域の災害対策組織図　…………　63

出所：兵庫県知事公室防災企画課編「兵庫県職員　防災ハンドブック」(1997年)。

けっしてそうではないようだ。たとえば，雑誌『地方自治職員研修』編集部が1997年7月に実施した調査では，職員用マニュアルを職員全員に配付している団体はわずか38％にすぎず，マニュアル自体を作成していないと回答した団体も22％存在していた（図2-4）。こうした点に関しては，今後よりいっそうの改善がなされなければならない。

　さて，最後に，表2-9の「防災訓練により身につける」に着目したい。これは，地域防災計画の改善すべき点として，もっとも回答数の多かったものである。しかし，実際には，図2-5からも明らかなように，国や地方自治体の実施する防災訓練に参加する者の割合は，きわめてひくい。阪神・淡路大震災後の1995年9月調査においてさえも，「参加したことはない」とする回答が，69.6％にもおよんでいる。最新の1999年6月実施の調査においても，「積極的に参加している」が7.8％に，「参加したことがある」が30.3％へと着実

77

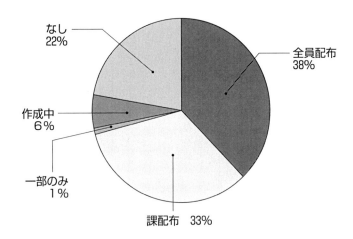

図2-4 災害に際しての職員マニュアル

出所:『地方自治職員研修』編集部「都市の安全度を考える―自治体防災アンケートの結果から―」
『地方自治職員研修』1999年9月号, 36頁。

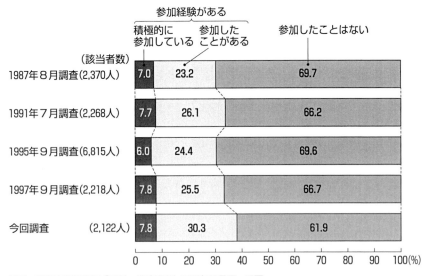

図2-5 防災訓練への参加経験

出所:総理府広報室編『月刊 世論調査』1999年12月号, 70頁。

に増加傾向にはあるものの，依然として，61.9％もの回答者がいまだに「参加したことはない」としている。その原因としては，行政による広報活動の不十分さを指摘できよう。というのは，たとえば，1999年6月の調査では，防災訓練に参加しなかった理由として，「訓練があることを知らなかった」をあげた者が，50.1％にたっしたからだ。この点も，今後の防災行政がかかえる大きな問題点の1つといえよう[*31]。

4. 結び

　前出の「地域防災計画に係る緊急点検の実施について」とする消防庁次長名の通知には，緊急に点検すべき事項の1つとして，災害弱者対策があげられていた。この点に関して，たとえば，東京都では，寝たきりの高齢者や障害者のために，「災害要援護者防災行動マニュアルへの指針」を作成し，これらを配布している。また，各市区町村に対しても，災害要援護者への適切な対策を講じるため，「災害要援護者への災害対策推進のための指針（区市町村向け）」を作成し，災害弱者対策につとめている。このように，行政の側で積極的に地域防災計画の内容を充実させていくことはきわめて重要である。しかしながら，これだけでは不十分であり，結局のところ，大多数の住民が防災に対する意識をたかめていくことこそが，求められる。その意味で，前節でみた防災訓練に対する住民の意識のひくさは，大いに問題視されるべきものであろう。

　さて，阪神・淡路大震災を受けて，当時の村山富市首相は，1995年3月28日，防災全般に関する問題点を整理するために，「防災問題懇談会」（会長：諸井虔・秩父小野田〔株〕会長）を設置した。6回の討議ののちに，同年9月11日に提出された同懇談会の提言では，災害に対する国民の役割として，以下のように述べられていた[*32]。

　　行政はもとよりであるが，国民は災害に対して危機意識を常に持ち，

防災面での対応力を高めることが重要である。一人ひとりの国民が，少なくとも発災当初は自分の身を守るのはまず自分自身であるという意識を持ち，各種の災害についての対処の仕方を身につけ，住宅，家具，身近な危険物等の対策を含む事前の安全対策，水，食料，医薬品等の備蓄に努めるとともに，地震が発生した場合における対応を確実に実行できるよう訓練等で身につけておくことが望ましい。

　このように，国民の自己責任が明確にうたわれているにもかかわらず，防災計画の策定に国民の代表がくわわっていないのが実状である。たとえば，消防庁が設置した地震防災対策検討会の場では，地域防災計画の作成にあたって，「大規模災害の場合，防災関係機関の活動だけでは限界があり，地域住民による防災活動が重要であることから，地域防災計画において行政と住民が一体となって地域ぐるみの防災体制を構築することも意義深いものと考えられる」との議論がなされた[*33]。にもかかわらず，政府が作成したあたらしい防災基本計画には，住民の参加については明記されなかった。もちろん，さきに紹介した札幌市の事例をはじめ，岡山県（社会福祉協議会や県婦人防火クラブ連合会の代表）や千葉市（町内自治会連絡協議会の代表）あるいは北九州市（自治会，婦人会，保育所連盟などの代表）のように，住民の代表を防災会議のメンバーにくわえている自治体もある[*34]。しかしながら，多数の地方自治体では，住民の参画という視点は脱落している感がぬぐえない。
　住民の代表が防災会議に参加することによって，形式だけの会議の数も減少し，実質的な討議がおこなわれていくこととなろう。つまり，地域住民が，一種の"防災オンブズマン"的な役割をはたすことがのぞまれるのである。

第2章　地域防災計画と危機管理

表2-10　都道府県地域防災計画の担当部署

都道府県	担当部局	担当課	都道府県	担当部局	担当課
北海道	総務部	防災消防課	滋賀県	企画県民部	消防防災課
青森県	総務部	消防防災課	京都府	総務部	消防防災課
岩手県	総務部	消防防災課	大阪府	総務部	消防防災安全課
宮城県	総務部	消防防災課	兵庫県	知事公室	防災企画課
秋田県	生活環境部	消防防災課	奈良県	総務部	消防防災課
山形県	文化環境部	消防防災課	和歌山県	総務部	消防防災課
福島県	生活環境部	消防防災課	鳥取県	生活環境部	消防防災課
茨城県	生活環境部	消防防災課	島根県	環境生活部	消防防災課
栃木県	総務部	消防防災課	岡山県	生活環境部	消防防災課
群馬県	総務部	消防防災課	広島県	県民生活部	消防防災課
埼玉県	環境生活部	消防防災課	山口県	総務部	消防防災課
千葉県	総務部	消防防災課	徳島県	環境生活部	消防防災安全課
東京都	災害対策部	防災計画課	香川県	生活環境部	消防防災課
神奈川県	防災局	防災消防課	愛媛県	企画環境部	消防防災課
新潟県	環境生活部	消防防災課	高知県	総務部	消防交通安全課
富山県	総務部	消防防災課	福岡県	総務部	消防防災課
石川県	環境安全部	消防防災課	佐賀県	総務部	消防防災課
福井県	県民生活部	消防防災課	長崎県	総務部	消防防災課
山梨県	総務部	消防防災課	熊本県	総務部	消防防災課
長野県	生活環境部	消防防災課	大分県	生活環境部	消防防災課
岐阜県	地域県民部	消防防災課	宮崎県	生活環境部	消防防災課
静岡県	防災局	防災計画室	鹿児島県	総務部	消防防災課
愛知県	総務部	消防防災対策室	沖縄県	文化環境部	消防防災課
三重県	地域振興部	消防防災課			

注

＊1　『第三十三回国会　衆議院会議録　第三号』1959年10月28日，19頁。

＊2　なお，「防災計画」ということばがはじめて使用されたのは，自治省による「防
　　災基本法案」のなかにおいてであった（堀内三郎「わが国における地域防災計画の
　　沿革」京都大学防災研究所編『地域防災計画の実務』〔鹿島出版会，1997年〕，3頁）。

＊3　安藤明「防災」安藤明・須貝俊司『消防・防災』（第一法規，1986年），437-438頁，
　　細野光弘「防災法」浅野直人・細野光弘・斉藤照夫『環境・防災法』（ぎょうせい，
　　1986年），444-445頁。

81

＊4　　宇賀克也「防災と法」吉川弘之著者代表『防災』（東京大学出版会，1996年），264頁。

＊5　　魚谷増男・川崎渉『市町村地域防災計画の運用と解説―市町村における災害対策の指針―』（第一法規，1964年），71-72頁。

＊6　　同上，65頁。

＊7　　同上，85頁。

＊8　　高田恒「これからの防災・消防行政」『地方自治職員研修』1994年9月号，19頁。

＊9　　消防防災研究会『消防』（ぎょうせい，1983年），372頁。

＊10　その後，1997年6月3日には，再度，防災基本計画が修正され，海上災害対策，航空災害対策，鉄道災害対策，道路災害対策，原子力災害対策，危険物等災害対策および大規模な火事災害対策があらたに編として追加された。また，従来，その他の災害対策にもりこまれていた，雪害対策，林野火災対策も，それぞれ独立した編となった（消防庁編『消防白書』〔1999年版〕，221頁）。

＊11　室崎益輝「改訂された防災基本計画の到達度―阪神・淡路大震災の教訓は生かされたか―」『月刊　自治研』1998年7月号，19-22頁。

＊12　『朝日新聞』1995年7月19日，5面。

＊13　消防庁編『阪神・淡路大震災の記録』〔別巻〕（ぎょうせい，1996年），9頁。

＊14　消防庁編『阪神・淡路大震災の記録』〔第3巻〕（ぎょうせい，1996年），224頁。

＊15　同上。

＊16　同上。

＊17　消防庁編，前掲書『消防白書』〔1999年版〕，225頁。

＊18　同上，223頁。

＊19　自治省消防庁防災課・防災情報室「地方防災行政の現況」（1999年12月），9頁。

＊20　防災行政研究会編『防災六法』〔1996年版〕（ぎょうせい，1996年），519頁。

＊21　消防庁編，前掲書『消防白書』〔1999年版〕，223頁。

＊22　http://www.isad.or.jp/tb/tb.htm（2000年2月3日）。

＊23　『朝日新聞』1995年1月30日（夕），15面。

＊24　『朝日新聞』〔名古屋版〕1999年6月9日（夕），2面。

＊25　防災行政研究会編，前掲書『防災六法』〔1996年版〕，519頁。

＊26　ここでの記述は，札幌市防災会議事務局「防災計画」札幌市教育委員会編『災害と消防』（北海道新聞社，1998年）によっている。

＊27　日野宗門「地域防災計画の現状とその問題点」京都大学防災研究所編，前掲書『地域防災計画の実務』，14頁。

＊28　地震防災対策研究会編『市町村地域防災計画（震災対策編）策定・見直しマニュアル』（ぎょうせい，1996年），2-3頁。

＊29　東京都総務局災害対策部編「東京都職員　災害対策初動心得」（1997年3月），2頁。

＊30　兵庫県知事公室防災企画課編「兵庫県職員　防災ハンドブック」（1997年），55-56頁。

たとえば，大阪府の「職員防災必携」の場合は13頁，栃木県の「災害時応急活動マニュアル（職員各自用）」は38頁，「佐賀県職員防災ハンドブック」は49頁からなっている。

＊31　このほか，「訓練があることは知っていたが，仕事や他の用事があったから」：27.0％，「参加したいと思わなかったから」：13.6％，「訓練があることは知っていたが，関心がないから」：6.0％，「その他」：7.9％となっている（総理府広報室編『月刊世論調査』1999年12月号，74頁）。

＊32　「防災問題懇談会提言」（1995年9月11日），3頁。

＊33　消防庁編，前掲書『阪神・淡路大震災の記録』〔第3巻〕，238-239頁。

＊34　田島義介「防災計画の見直し」朝日新聞大阪本社「阪神・淡路大震災誌」編集委員会編『阪神・淡路大震災誌―1995年兵庫県南部地震―』（朝日新聞社，1996年），679頁。

第3章

観光と危機管理

1. はじめに

　2001年9月11日，米国で発生したテロ事件は，世界を震撼させた。ニューヨークの世界貿易センタービルや首都ワシントンD.C.の国防総省の建物に民間機が突入した光景は，いまなおわれわれの目に鮮明に焼きついているはずである。そして，この事件による死者・行方不明者の数は，じつに5,500名を超えるとさえいわれている[*1]。

　このテロ事件以降，海外旅行を回避する風潮が顕著となった。これによって，最大の被害を受けたのが，観光業界であった。それは，国土交通省によって公表された以下のような数字に端的にあらわれている。10月2日に発表された「米国同時多発テロ事件に伴う我が国航空会社・旅行会社への影響について」によれば，航空大手3社（JAL，ANA，JAS）の旅客・貨物収入の減収額は，9月11日から24日だけにかぎってみても，約107億円（年間旅客収入の0.5％に相当）となっている。つぎに，主要旅行会社8社（JTB，近畿日本ツーリスト，日本旅行，東急観光，阪急交通社，ジャルパック，HIS，グローバルユースビューロー）を対象とした，海外旅行のキャンセル状況（9月11日時点予約ずみ分から事件発生以降同月28日までのもの）に注目すると，取扱高で約520億円（年間取扱高の1.4％に相当），人数で約29万名という数字が計上されている[*2]。

　こうした状況のなかで，旅行会社各社は，敬遠される海外旅行にかわって，国内旅行での旅行者獲得へと戦略をシフトさせた。これにより，たとえば，JTBの国内パック旅行の予約人数は10月で前年同月比16％増，11月で17％増，12月においては，じつに40％増という結果をだすまでにいたっている[*3]。このように，国内旅行が回復のきざしをみせるなか，ひとり沖縄だけが，観光客の大激減に苦慮していたのである。

　そこで，本章においては，沖縄県への観光客の激減を「観光危機」としてとらえ，それに対する沖縄県の対応について検討していく。論述の順序としては，まずはじめに，沖縄観光の実状について概観する。それによって，米

第3章　観光と危機管理

国でのテロ事件をさかいに，沖縄観光がどれほど大きな打撃をこうむったか
が浮き彫りにされよう。つぎに，「観光危機」に対する沖縄県の対応につい
て検証する。そして最後に，沖縄県の対応の問題点について簡単に私見を述
べてみたい。

2. 沖縄観光の実状

(1) テロ事件以前の沖縄観光

　周知のように，沖縄は「我が国唯一の亜熱帯・海洋性気候風土のもと恵ま
れた自然景観，独特の文化遺産等魅力的な観光・リゾート資源を有しており，
国内でも有数な観光・リゾートの場として，高く評価」されている[4]。そ
れゆえ，沖縄を訪れる観光客の数は，沖縄国際海洋博覧会直後の大幅激減を
のぞいて，若干の増減はみられるものの，基本的には増加する傾向にあった
（図3-1)。この点について，沖縄県商工労働部観光リゾート局編『観光要覧』
〔2000年版〕は，つぎのように分析している[5]。

　　本県への入域観光客数は，復帰前の昭和46年には，20万人台でしたが，
　復帰の年の昭和47年には2倍の40万人台へと増大，さらに，沖縄国際海
　洋博覧会の開催された昭和50年には，156万人へと大幅に増加しました。
　昭和51年は前年に比べると減少しましたが，海洋博を契機に道路，港湾，
　空港等社会基盤の整備が図られたことや本県の持つ魅力が国内外にPR
　できたこと，また，昭和52年の団体包括割引運賃の実施，航空各社によ
　る沖縄キャンペーンの開始などにより，昭和54年以降は，常に180万人
　以上を維持し，昭和59年には200万人を突破しました。
　　その後，民間投資により海浜リゾート施設の整備，リゾート沖縄のイ
　メージアップ，各種イベントが定着したこと等により着実な進展をみせ，
　平成3年の入域観光客数は，第3次沖縄振興開発計画の目標である300

87

図3-1 年次別観光客数および観光収入

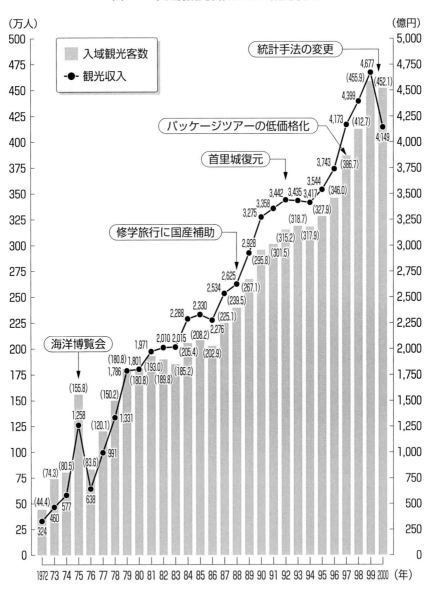

出所：沖縄県商工労働部観光リゾート局編『観光要覧』〔2000年版〕, vii頁。

万人を突破しました。さらに，平成 5 年には，首里城の一般公開（平成 4 年11月 3 日）やNHK大河ドラマ「琉球の風」の放映（平成 5 年 1 月〜 6 月）等での本県への関心の高まりや，新規航空路線の開設で入域観光客数は，319万人を記録しました。

　平成11年は，12ヶ月連続して月別の記録を更新したこともあり，年間で456万人と過去最高を記録しました。

　平成12年の本県への入域観光客数は，平成12年 1 月から 3 月までと 9 月から12月までは月別の過去最高記録を更新する一方，4 月から 8 月までは対前年同月比でマイナスとなったこともあり，年間では，452万1,200万人（前年同期比△0.8％）と，昨年同期を 3 万7,500人下回る状況となりました。

　ここで，なぜ2000年 4 月から 8 月までの 5 カ月間，観光客数が減少したのか，という疑問がわれわれの頭をもたげてくる。その原因について，『観光要覧』〔2000年版〕は，「入域観光客数の主な減少要因としては，7 月に行われた主要国首脳会議の沖縄開催に伴う航空便の減少や旅行客の手控え，8 月に接近した数では歴代 3 位という 4 個の台風襲来，外国クルーズ船の一時寄港中止や小型船への変更等が挙げられる」との認識を示している[6]。

　このように，一時的な観光客の減少はあったものの，1999年までは沖縄を訪れる観光客の数が増加傾向にあったことはまちがいない。それにともない，沖縄県の観光収入も増大してきた。たとえば，本土復帰の1972年には，わずか324億円であった観光収入が，1999年になると，じつに4,677億円にまでたっしている[7]。

　また，1998年の観光収入についていえば，その数字は4,450億円となっており，これは，県外受取額のうちの約18.8％である。ちなみに，この数字は，県外からの財政移転につぐものであり，石油製品の4.2倍，軍関係受取額の2.3倍にあたる[8]。ここからも，観光産業が沖縄経済にとって，いかに大きな意味を有するかは一目瞭然であろう。

(2) テロ事件以後の沖縄観光

2001年9月11日に米国で発生したテロ事件により，沖縄観光は大きな打撃を受けることとなった。それは，とりわけ修学旅行のキャンセルというかたちであらわれた。沖縄県が主要13社を対象におこなった聞きとり調査（2001年12月11日段階）の結果，修学旅行のキャンセル数は，847件であることが判明した。これを人数でみると，187,314名のキャンセルということになる。2000年の沖縄県への修学旅行の実績が，303,672名（1,596校）であったことからも，このキャンセル数がいかに深刻であるかは想像に難くない[9]。

つぎに，月別の数値を前年のものと比較してみると，表3-1のようになる。ここからも，9月11日のテロ事件が沖縄観光にあたえた影響の大きさがうかがいしれよう。

では，経済的な側面に着目してみよう。沖縄県商工労働部観光リゾート局の試算によると，2001年の観光収入額は，じつに229億4,000万円のマイナスである。これを1人あたりになおすと，91,760円の減少ということになる。また，こうした数字を産業連関表をもちいてシミュレーションした場合の生産波及効果は，マイナス321億1,600万円であり，これを付加価値効果にすると，174億5,900万円のマイナスという結果になる[10]。

表3-1　2001年入域観光客数　前年比較数値

（単位：人，%）

	2001年	2000年	増減△人数	伸び率
9月単月計	398,700	392,900	5,800	1.5
10月単月計	303,400	376,300	△72,900	△19.4
11月単月計	281,200	374,900	△93,700	△25.0

注：2001年における9，10月は確定値，11月は試算値。
出所：沖縄県商工労働部観光リゾート局特別誘客対策班資料「沖縄観光の状況と今後の対策について」
　　　（2001年12月12日），1頁。

第3章　観光と危機管理

3.　沖縄県の対応

　本章では，テロ事件後の沖縄県の対応について，稲嶺恵一・知事の動向と組織的な対応の2つの側面から検討してみたい。なお，図3-2は，テロ事件後の沖縄県の全般的な対応をまとめたものである。

図3-2　テロ事件後のおもな経緯

9月11日　（火）	・米国同時多発テロ事件発生
21日　（金）	・県知事名文書「沖縄県への旅行について」を全国の旅行社，都道府県教育委員会等に発送
27日　（木）	・観光リゾート局次長他が関東，関西，福岡地区の教育委員会，各旅行社等に沖縄の状況を説明（28日まで）
10月2日　（火）	・テロ事件観光関連対策会議開催
4日　（木）	・沖縄県観光リゾート局内に「特別誘客対策班」設置
5日　（金）	・沖縄県知事名文書（沖縄県における最近の旅行状況について）を旅行会社や全国都道府県教育委員会等へ通知
10日　（水）	・国（内閣府，国土交通省，文部科学省）への要請（知事他）
15日　（月）	・「安全・快適－沖縄観光」宣言大会（観光業界）
	・「沖縄観光安全宣言」（沖縄県議会）
	・小幡国土交通省事務次官沖縄訪問
16日　（火）	・沖縄県緊急テロ関係連絡会議設置（チーフ：政策調整監）
19日　（金）	・沖縄観光促進セミナー開催（於：国土交通省）
22日　（月）	・沖縄観光振興会議代表幹事会開催（於：沖縄）
25日　（木）	・沖縄観光コンベンション推進協議会開催
	・経団連等経済4団体への要請
26日　（金）	・遠山文部科学大臣沖縄訪問（首里城で修学旅行生徒と交流）
30日　（火）	・臨時議会開会（補正予算審議）～31日まで
11月4日　（日）	・沖縄観光振興会議開催（扇国土交通大臣他沖縄訪問）
7日　（水）	・小泉総理要請（知事他）
8日　（木）	・民主党調査団ヒヤリング
10日　（日）	・タウンミーティング沖縄開催
16日　（金）	・全国観光協会会長会議沖縄開催
17日　（土）	・沖縄観光キャンペーン（18日まで東京）
	・政務官会議沖縄開催
19日　（月）	・社民党調査団ヒヤリング
20日　（火）	・沖縄観光リゾート・コンベンション推進本部
28日　（水）	・第1回修学旅行担当者招聘事業（30日まで　セミナー及び視察会）
12月2日　（土）	・沖縄観光キャンペーン（3日まで大阪）
4日　（月）	・中国国家観光局他一行沖縄訪問（約100名）
7日　（金）	・沖縄観光キャンペーン（8日まで福岡）
＊当面の予定	
12月13日　（木）	・沖縄観光促進シンポジウム（14日まで）
	・日本旅行業協会国内旅行委員会意見交換会
17日　（月）	・第2回修学旅行担当者招聘事業（19日まで）

出所：沖縄県商工労働部観光リゾート局特別誘客対策班資料「沖縄観光の状況と今後の対策について」
　　　（2001年12月12日），5頁。

91

（1） 2通の県知事名文書

　ここでは，米国でのテロ事件を受けて，沖縄県の稲嶺知事がだした2つの文書を中心に考察する。

（a）「沖縄県への旅行について」（9月21日）

　同時多発テロ発生後10日目の9月21日，稲嶺知事は，「沖縄県への旅行について」と題する知事名文書を全国の旅行社，都道府県教育委員会などにあてて発送している。同文書のなかで，知事は，「先日アメリカで発生したテロ事件の影響により，米軍基地のある沖縄への旅行の安全性について問い合わせがあります。現在，テロ防止策として米軍基地や空港，港などにおいて厳重な警戒体勢が取られておりますが，県民生活や経済活動は支障なく平常通り行われており，県内の観光施設も通常通りの営業を行っております」と述べ，沖縄観光の中止を再考するよう，よびかけたのであった。

　こうしたかたちで，稲嶺知事が沖縄観光に関する文書をださざるを得ない状況においこまれた直接の契機が，米国でのテロ事件であることはいうまでもない。しかしながら，予想をはるかに超える修学旅行のキャンセルが生じた背景には，文部科学省による9月12日付の「海外修学旅行の安全対策について」，ならびに，9月21日付の「中学校，高等学校及び中等教育学校における海外修学旅行について」という通知の存在を無視することはできない。これら2つの文書は，ともに初等中等教育局国際教育課より，各都道府県・政令市指導事務主管課長・各都道府県私立学校主管課長にあててだされたものである。前者の「海外修学旅行の安全対策について」には，「今後連続のテロ事件が発生する危険性がありますので，これから米国への修学旅行の計画を有している場合は，最新の情報を入手する等，安全対策に最新の注意を払うよう貴域内の市町村教育委員会及び所轄の学校に対し，周知徹底方よろしくお願いします」という記述がみられる。他方，後者の「中学校，高等学校及び中等教育学校における海外修学旅行について」のなかには，「海外の修学旅行を計画している場合は，最新の情報を入手する等，安全対策に最新の注意を払うよう貴域内の市町村教育委員会及び所轄の学校に対し，周知徹

底方よろしくお願いします」と記されている[11]。これら2つの文部科学省からの通知を受けて，青森県，秋田県，山形県，茨城県，栃木県，群馬県，千葉県，東京都，神奈川県，新潟県，石川県，山梨県，長野県，岐阜県，静岡県，三重県，奈良県，長崎県の計18都県は，おのおの修学旅行の実施に関して，独自の通知をだしたのである。

　ここで留意しなければならないのは，これら18の都県のうち，東京都，神奈川県，新潟県の3都県が作成した文書には，とくに沖縄県への修学旅行に言及した文言があったということである。まず，9月12日，新潟県教育委員会学校教育課長発出で，各県立高等学校長にあてられた，「修学旅行実施における安全確保について」と題する通知には，「修学旅行の行程中において，米軍基地及び施設などには近寄らないよう配慮願います。特に，韓国，沖縄に修学旅行を予定している学校につきましては，格段の注意を願います」と記されている。

　つぎに，神奈川県の事例を紹介しよう。神奈川県教育庁高校教育課長名の「米国における事件にともなう学校の対応について」（9月14日付）では，「沖縄県基地対策室及び沖縄県教育委員会によると，現在沖縄県で特に日常生活に支障が出ているとの情報はありません」と沖縄県への修学旅行になんら問題がないような文言をならべておきながら，その直後に，「しかしながら修学旅行の安全な実施に万全を期するため，沖縄県への修学旅行を予定している学校にあっては，修学旅行中の連絡体制の整備や現地の情報収集に努め，今後の国際情勢等の変化も十分留意しながら，状況に応じて沖縄県内での行程を工夫する等の対応も視野に入れ，適切な修学旅行の準備を進められますようお願いします」とのただし書きが付されている。

　最後に，東京都の例であるが，9月26日付で東京都教育庁指導部高等学校教育指導課長から都立高等学校長にあてられた「米国における同時多発テロ事件に伴う学校の対応について」には，「状況に応じて，危険回避のため，沖縄県内での行程を工夫する等の対応も考慮すること」との指摘がなされている。東京都のケースでは，「在日米軍基地等では警戒態勢が続いており，

今後の推移を冷静に見守る必要があります」との記述もみられる。

　このような動きを受けて，文部科学省では，9月28日になって，初等中等教育局児童生徒課，初等中等局国際教育課名の「海外修学旅行の安全対策について」を各都道府県・指定都市教育委員会指導事務主管課長，各都道府県私立学校主管課長にあてて通知している。同文書は，9月12日付と同月21日付でだされた2つの通知についてふれ，「これは，米国を含む海外への修学旅行の計画を有している場合，最新の情報を入手する等，安全対策に細心の注意を払うよう求めるものであって，沖縄県など国内の特定の都道府県を対象とした自粛や注意喚起を求めるものではありませんので，誤解のなきようお知らせするとともに，関係者に対しご連絡いただくようお願いします」として，沖縄への修学旅行キャンセルの動きに歯どめをかけようとしている。しかしながら，文部科学省によるこの通知は，完全に時宜を失していた，といわざるを得ない。なぜなら，この段階ですでに，多数の学校が，沖縄への修学旅行を危険視し，訪沖を回避するという選択をしていたからである。

（b）「沖縄県における最近の旅行状況について」（10月5日）

　こうした状況のなかで，沖縄県の稲嶺知事は，10月5日，「沖縄県における最近の旅行状況について」をだし，沖縄への修学旅行の実施に理解を求めたのであった。「沖縄県内の状況について一部風評による過剰な反応が生じていることから，皆様方に沖縄県内各地の平穏な状況について正確な情報をお知らせする」ことを目的としたこの文書には，「1　県民生活の状況」「2　空港の状況」「3　交通の状況」「4　観光情報」「5　県内における連絡体制」がもられている。

　まず，県民生活の状況において，旅行会社，銀行，医療機関，学校をはじめ，沖縄県民の生活はふだんとなんら変わりない点が強調されている。つぎに，空港の状況では，機内への危険物もちこみの防止に尽力している点が，つづく，交通の状況では，米軍基地内への進入をのぞき，沖縄県内での道路事情は従来どおりなんの制限も課されていないという点が述べられている。また，観光情報は3項目からなっており，「(1) イベント情報」「(2) 観光施

設等の状況」として，予定どおりイベントが実施されている点や観光施設においてふだんどおりの営業がおこなわれている点について言及がなされている。「(3) 海外からの観光客の動向」では，世界規模で海外旅行を手びかえる風潮がつよいなか，香港から多数の観光客が来沖する事実が紹介されている。最後に，県内における連絡体制では，商工労働部観光リゾート局内に「特別誘客対策班」が設置されたことなどがふれられている。ちなみに，この「沖縄県における最近の旅行状況について」と題する知事名文書の送付先は，旅行会社や全国の都道府県教育委員会などであった。

　では，つぎに，沖縄県議会の対応に目を転じてみよう。今回の「観光危機」に対して，県議会では，10月15日に，「沖縄観光の安全宣言に関する決議」を採択し，稲嶺知事の支援につとめている。同決議は，観光業が沖縄経済にあたえる影響の大きさについてふれたのち，「このような中，去る9月11日アメリカ合衆国において発生した同時テロ事件の影響により，米軍基地のある沖縄への安全性について不確定な情報や風評により，沖縄観光のキャンセルが相次ぐなど，本県にとっては極めて深刻で憂慮すべき事態となっている」とし，「本県議会は，県民生活や経済活動は支障なく平常どおり行われていることを全国民に対してアピールするとともに，政府に対し沖縄の安全性に対する不安を払拭し，沖縄の観光産業振興のための諸施策の実行に全力を挙げていただくことを訴えるものである」と，政府に対する期待感を表明している。

　ちなみに，同決議の提案理由にあたって，翁長政俊議員は，「本県の観光産業の危機的状況にかんがみ，各会派のさまざまな異なる意見を大局的見地から集約して沖縄観光の安全を宣言する必要があることから，『メンソーレおきなわ』の心を広く県内外に強く訴えるため本議案を提出した次第であります」と述べている[12]。

　また，県議会の場で「沖縄観光の安全宣言に関する決議」が可決されたのとおなじ，10月15日には，観光業界においても，「『安全・快適　沖縄観光』宣言」が採択されている。同宣言では，「県民一体となってホスピタリティー

に満ちた受入体制を強化」する点，「観光客の誘致活動を全国的に展開」していく点についてふれられている。そして最後に，「沖縄観光の安全性と『迎恩の心』を県内外に強く訴え，活力に満ちた観光産業の回復を期し，全国に向けて『安全・快適　沖縄観光』を，ここに宣言します」と結ばれている。

このように，沖縄県では，知事をはじめ，県議会，観光業界においても，激減した沖縄観光に関する文書を作成し，観光客の誘致に尽力する決意を披露したのであった。

（2）組織面での対応

「観光危機」に直面した沖縄県では，3つの組織を設置し，これに対処することとなった。本節では，おのおのの組織の特徴について概観する。

（a）「特別誘客対策班」の設置（10月4日）

特別誘客対策班（以下，「対策班」と略記する）は，「米国で発生したテロ事件の発生により，修学旅行を中心に沖縄観光に影響が出ていることから，その対策を講じる」ことを目的に設置された。同対策班の体制は，商工労働部観光リゾート局観光振興課・観光企画課の職員各1名，また，財団法人沖縄観光コンベンションビューローより1名，そして臨任職員2名の計5名からなる[13]。

事業の内容は，大きくわけて，①情報収集，②県知事名文書の発送，③国関係機関との調整，④主要地への担当者派遣，⑤関係者招聘，⑥沖縄誘客キャンペーンの実施，⑦予算措置，の7点である。

まず，情報収集は，国内の政府関係機関（内閣府，国土交通省，文部科学省，沖縄総合事務局など）や観光関連業界（航空会社，旅行会社，ホテル組合，バス協会，タクシー協会，レンタカー協会，観光施設，そのほかの観光関連団体など），修学旅行関係（都道府県教育委員会，航空会社，旅行会社，JATAなど）だけではなく，海外（国際観光振興会，日本貿易振興会，ハワイ，グアムなど）をも対象としておこなわれている。つぎの県知事名文書は，旅行会社や都道府県教育委員会にくわえ，直接各学校や個人に対しても送付

されている。さらに，県や沖縄観光コンベンションビューローのホームページ上でもその内容を掲載しているとのことである。第3の国関係機関との調整では，内閣府，国土交通省，文部科学省などがおもな対象としてあげられている。また，主要地への担当者派遣は，10月11日に沖縄修学旅行セミナーとして新潟県に対して実施されている。つづく関係者招聘は，主要旅行社修学旅行担当者，観光関連業界新聞・雑誌に向けてのものである。6番目の沖縄誘客キャンペーンは，マスコミ招聘事業，新聞・雑誌広告事業，ニュースリリース発信事業，新規の県外イベント企画・実施，既存の事業を活用した県外イベント参加事業，航空会社や旅行会社との連携からなっている。たとえば，この一環として，NHK連続テレビ小説「ちゅらさん」で人気を博した沖縄出身の女優・平良とみ氏の出演するコマーシャルを制作し，全国で放映している。そして，最後の予算措置としては，2001年12月の補正予算対策，特別調整費対策（2001年12月と2002年4月），2002年度の県予算や国の予算編成に対してはたらきかけることが明記されている。

このほかにも，国内の会議や国際会議の沖縄誘致策が積極的に展開され，沖縄観光振興会議，全国観光協会会長会議，政務官会議などの誘致に成功している。

（b）「観光関連業界等に対する緊急経済対策協議会」の設置 （10月11日）

修学旅行のキャンセル増大を受けて，沖縄県内の観光関連業界は深刻な状況に直面した。その対策を目的として設置されたのが，観光関連業界等に対する緊急経済対策協議会（以下，「協議会」と略記する）である。同協議会のメンバーの構成は，商工労働部と観光リゾート局の部長，局長，次長，各課長であり，事務局は商工労働部産業政策課内におかれている[14]。

協議会は都合2回の会合（第1回：10月15日，第2回：10月17日）をもったのち，緊急経済対策に関する記者発表をおこなった。そこでは，テロ事件の発生にともない，基幹産業である観光・リゾート産業が大きな打撃を受けている事実にふれ，「今後は，ホテル・旅館業はもとより，運輸業，土産品

を中心とした小売業等，商工業をはじめ広範な業種への波及が懸念されることから，実情に即した対策を機動的に実施する必要がある」との認識が示されている[*15]。

その具体的な施策としては，雇用対策課内への「観光業界等に係る労働・雇用問題連絡調整会議」の設置（10月26日）や10月29日に雇用対策課によって実施された「テロ事件の影響によるホテル業界への雇用面に係る緊急調査」などがある。また，経営金融課内には，「観光関連業等緊急経営相談窓口」がもうけられ（10月17日），中小企業者からの相談に迅速かつ的確に対応し，経営支援のための効果的な関連施策・制度をうちだしていくことが約束されている[*16]。また，経済団体などとの連携としては，①地域中小企業支援センターとの連携（北部地域，中部地域，南部・宮古地域，八重山地域），②商工関係団体をつうじた経営実態の継続的把握，③商工関係団体の各種会議などでの安全パンフの配布がおこなわれている。

また，もっとも重要な金融支援措置については，①既存県単融資制度の条件緩和，②ホテル・旅館，バス・タクシーなど指定ずみ業種に対するセーフティネット保証制度の早期実施，③セーフティネット保証制度の適用の要望，の３点がとられている。このうち，①の既存県単融資制度の条件緩和では，短期運転資金の現行利率2.20が0.30ひきさげられ，1.90に，また保証料も0.75が0.60へと0.15のマイナスとなっている。このほか，経営振興資金では，金利は2.30が2.00に，保証料が0.75から0.60に，小規模企業対策資金では，金利が2.25から2.00へ，保証料は0.70が0.60へとひきさげられている。さらに，観光リゾート振興資金の場合，現行2.30の利率を2.00へ，現行保証料の0.75を0.60へとひきさげている。なお，これらの改訂利率と改訂保証料の適用は，2001年10月22日から翌2002年３月31日の期間とされている[*17]。

（c）「緊急テロ関係連絡会議」の設置（10月16日）

テロ事件から１カ月が経過し，沖縄県において，「観光危機」への全庁的なとりくみの必要性がようやく認識されはじめた。そこで，設置されたのが，緊急テロ関係連絡会議である。その設置目的をみると，「テロに関わる情報

等について庁内における一元化を図り，知事はじめ三役への迅速な報告・連絡を行うと共に，その後の的確な対策等に資するため，『緊急テロ関係連絡会議』（以下『連絡会議』という。）を設置する」とある[18]。この連絡会議は，政策調整監をチーフとし，関係する計18課（室）からなる組織であり[19]，事務局は総務私学課および総務秘書課内の政策調整監スタッフがつとめる。

　ここで留意しておきたいのは，連絡会議の性格についてである。あくまでも「連絡会議は，関連情報等について，その一元化を図り，知事はじめ三役への緊急連絡体制を敷くことを主たる目的としており，各部局等における通常の報告体制に代わるものではない」ということである。「従って，各部局においては，事務局への情報提供を行うとともに，通常の部局体制の下で事務処理を進める必要がある」のだ[20]。

　では，連絡会議があつかう関連情報とはいかなるものをさしているのであろうか。まず第1に，各課で収集した関連情報である。これには，県民および民間の関連機関・組織の影響や状況，あるいは国，他府県，市町村などの状況や国からの通知などがふくまれる。第2に，各課でとりくんだ（とりくんでいる）対策，または，今後とりくみを検討している対策である。そして最後に，これら以外に，提供や報告の必要があると判断される情報などである[21]。

4．結び―沖縄県の対応の問題点―

　今回の「観光危機」に際して，沖縄県の稲嶺知事は，2回にわたる知事名文書を発表しただけでなく，沖縄観光への支援要請のため，政府首脳とも会見している。しかしながら，ここで問題視すべきは，こうした稲嶺知事の行動が日本全体にはほとんど伝わっていないという事実である。10月10日，稲嶺知事は，内閣府，国土交通省，文部科学省を訪れ，関係大臣と会談をおこなっている。だが，その事実を伝えたのは，4大紙では，わずかに『朝日新聞』だけである。しかも，「閣僚の訪問，沖縄知事が訴え」と題する朝日の

記事は，4面の10段目に掲載されたにすぎず，その文字数も152文字にとどまっている[22]。また，11月7日の小泉純一郎首相と稲嶺知事との会談に関しては，『日本経済新聞』と『読売新聞』の2紙が紙面を割いているものの，前者の日経の記事（「首相，沖縄観光への支援表明」）においては，会談の事実のみが128文字で報じられているだけだ[23]。これに対して，読売の場合，「朝ドラで人気『おばぁ』も一役」として，前出の女優・平良氏が小泉・稲嶺会談に同席した点についてふれ，380文字からなる記事を掲載している[24]。しかしながら，日経は夕刊2面の10段目，また，読売も4面の9段目のあつかいしかしておらず，ここからも，この問題に対する全国紙の関心のひくさが読みとれる。このように，現実には，沖縄県における「観光危機」の問題は日本全体で共有されていない。

　では，なぜ，こうした状況が生まれるのか。その最大の原因は，稲嶺知事のリーダーシップの欠如にあるといえよう。同知事が，日本全土に向けて積極的にみずからのメッセージを発信していれば，こうした最悪の事態は多少なりとも回避できたはずである。その意味において，「観光危機」への稲嶺知事の対応には，不満がのこる。

　リーダーシップという点について，もう少し述べるならば，通例，危機に直面した住民は，つよいリーダーシップを発揮する指導者を欲するといわれる[25]。まさに，その好例が，ニューヨークのルドルフ・ジュリアーニ市長である。同市長は，テロ事件によって意気消沈したニューヨーク市民の眼前にひんぱんに姿をあらわし，地元住民のあつい信頼を勝ち得たのである。また，積極的にマスコミにも登場したジュリアーニ市長は，地元ニューヨークのみならず，全米規模での人気を博し，雑誌『タイム』の「パーソン・オブ・ザ・イヤー」にまで選出されている[26]。このことは，ジュリアーニ市長が，強いリーダーシップのそなわった，顔のみえるトップであったことを示す証左にほかならない。それにくらべ，今回の「観光危機」に際して，残念ながら，稲嶺知事の顔はほとんどみえなかったといわざるを得ない。実際，県職員のなかでも，稲嶺知事がはやい時期から前面にでて，リーダーシップを発

揮すべきであったとの意見も聞かれるほどである[27]。

　つぎに，危機管理においてかならず指摘されることであるが，今回の沖縄県の場合も，「縦割り行政」の弊害がみられた[28]。その一例が，沖縄県の組織面での対応のまずさである。激減した沖縄観光への対策としては，対策班が，また，それによって打撃を受けた観光関連業界へのフォローとしては，緊急経済対策を講じる協議会が，おのおの設置された。これらは連絡会議のような全庁的な組織のもとにおかれるべき性格のものであるはずだ。しかし，対策班と協議会は，いずれも従来の「縦割り」的な発想にもとづいて設置されたために，当然ながら，その有効性にも限界がみられた。また，連絡会議に関しても，実質的な役割が付与されておらず，こちらも大きな成果をあげることはなかった。くわえて，こうした組織面での「縦割り」の体質は，商工労働部観光リゾート局への一種の責任の"押しつけ"というような現象をもうみだしてしまっている[29]。しかも，上記の対策班が商工労働部観光リゾート局内に設置されたのは，10月4日のことである。この時点で，テロ事件後，すでに20日以上が経過している。ここからも，沖縄県の対応が完全に後手にまわってしまっていることがわかる[30]。これらをみるかぎり，「観光危機」に対する沖縄県の組織面での対応は，あまりにも不完全であるということになろう。

　また，ITという側面から，沖縄県の対応の不適切さを指摘しておきたい。沖縄県は，1998年9月に，「沖縄がマルチメディアにおけるフロンティア地域となり，21世紀の新産業創出及び高度情報通信社会の先行的モデル」となることをめざした「沖縄県マルチメディアアイランド構想」をうちだしており[31]，このなかに，観光産業の振興に関する記述がもりこまれている。それによると，「観光客が興味をもつ様な観光地の情報を，早く，正確に伝える事は重要である」「観光客に観光地の状況を知ってもらうことが大切である」という認識のもとに，「インターネット等を介して沖縄県の観光情報等を国内外へ総合的に発信するシステムが必要になる」と述べるなど，ホームページのさらなる充実が訴えられている[32]。しかしながら，米国でのテロ事件

を契機に，観光客数が激減したのちも，沖縄県はテロ事件に関連して自県が
とった施策をまとめた項目をホームページ上に作成しなかった。これは，「沖
縄県マルチメディアアイランド構想」の精神を無に帰するものであり，国内
外への情報発信という点からも沖縄県の対応には物足りなさを覚えざるを得
ない[33]。

　ところで，沖縄県商工労働部観光リゾート局が実施した「航空乗客アンケー
ト調査」（実施期間：2000年4月〜2001年3月）によれば，沖縄県外の観光
客が沖縄に対していだいているイメージとして，表3-2のような結果がでて
いる。

　このうち，「また来る計画がある」「予定はないがぜひまた来たい」「機会
があればまた来たい」という回答をあわせると，6月の来沖客では88.1％が，
8月の来沖客では90.7％が，11月の来沖客では88.3％が，そして2月の来沖
客では85.3％が，沖縄への再訪をのぞんでいるのがわかる[34]。

　これほど多くの観光客が沖縄再訪をのぞんでいるにもかかわらず，なぜテ
ロ事件後の沖縄観光は激減したのか。すでに述べたとおり，その直接の原因
が，沖縄県内の米軍基地の存在にあることはいうまでもない。沖縄には，わ

表3-2　県外客の月別沖縄の印象

(単位：人，%)

月	総数		また来る計画がある		予定はないがぜひまた来たい		機会があればまた来たい		しばらく沖縄に来たいと思わない		あまり沖縄に来たいとは思わない		不明	
		構成比		構成比		構成比		構成比		構成比		構成比		構成比
総計	35,430	100.0	5,986	16.9	14,426	40.7	10,752	30.3	819	2.3	413	1.2	3,034	8.6
6月	7,782	100.0	1,531	19.7	3,298	42.4	2,020	26.0	143	1.8	76	1.0	714	9.2
8月	7,955	100.0	1,527	19.2	3,674	46.2	2,011	25.3	114	1.4	49	0.6	580	7.3
11月	9,921	100.0	1,527	15.4	3,961	39.9	3,270	33.0	207	2.1	134	1.4	822	8.3
2月	9,772	100.0	1,401	14.3	3,493	35.7	3,451	35.3	355	3.6	154	1.6	918	9.4

出所：沖縄県商工労働部観光リゾート局編『観光要覧』〔2000年版〕，72頁。

が国の米軍基地のうち，じつに75%が集中している。それゆえ，テロ事件の発生を恐れる保護者は，子どもたちの修学旅行先として沖縄を回避しようとする。この点に関連して，地元紙の『沖縄タイムス』は，「観光キャンセル／風評被害だけではない」と題する社説において，「観光産業や県経済への影響は，米軍基地がテロの攻撃の対象となる可能性を否定できないことに起因している」とし，「米軍基地と沖縄観光─。日米の安保政策にもほんろうされる一面を浮き彫りにしている」と論じている[35]。また，同紙の10月13日付の社説「深刻化する観光被害／もっともっとPR活動を」では，「米軍基地が集中することによって今回の落ち込みが発生したのは疑いようがない。と同時に指摘しなければならないのは，百三十一万人の人間が現にそこで暮らしているという事実である。旅行先として危ないのであれば，県民がすべて危険な状態に置かれていることになり，それこそ大問題にすべきである」という重大な問いをわれわれになげかけている[36]。

　このような修学旅行キャンセルの動きに拍車をかけたのが，マスコミの報道，とりわけテレビ映像である。テレビの報道では，世界貿易センタービルが崩壊する映像を流した直後に，かならずといっていいほど，沖縄の米軍基地へと画面を切りかえるのだ。そのため，われわれは，無意識のうちに，世界貿易センタービルの崩壊→沖縄の米軍基地→危険という図式を頭のなかに浮かべることとなったはずである。しかし，こうしたマスコミの報道に対して，稲嶺知事は文書で抗議をしたという形跡はない[37]。テロ事件で激減した観光客をよびもどすためには，マスコミへの対応を重視すべきであったように思えてならない。沖縄旅行を考える県外の観光客の頭のなかから，マスコミによる一面的な沖縄のイメージを払拭することこそ，稲嶺知事の至上命題であったにちがいない。この点に関しても，沖縄県は，対応のまずさを露見してしまっている。

　こうした背景には，沖縄を訪れる観光客の数が大幅に減少することなど，絶対におこり得ないという奇妙な確信が，県職員のあいだにあったことも関連しているようである[38]。そのため，同県では，修学旅行への過度の依存

体質が蔓延し，観光客の誘致に斬新なアイデアを提示するといった意識も欠落していたのだ。こうした認識のあまさが，沖縄県の対応の遅さやまずさの一因となってあらわれている。

つまるところ，これらの不適切な行動をうみだした最大の原因は，沖縄県における危機管理意識の欠如である。ちなみに，沖縄県は2000年3月に，「沖縄県行政システム改革大綱」をまとめているが，そこには，「危機管理能力の向上」という項目があり，「県民が安心して暮らせるためには，災害などの緊急事態が生じた際に，県として迅速かつ有効な対策が講じられるよう，緊急時に即応する危機管理システムの整備を進めていく必要がある。また，既に緊急時の対応システムを構築している分野において，そのシステムが真に実効性を発揮するための方策を講じていく必要があるものと考えられる」（傍点，引用者）とうたわれている[39]。しかし，残念ながら，今回の「観光危機」への対応をみるかぎり，「迅速かつ有効な対策」がとられたとはいいがたい。したがって，今後，沖縄県において，よりいっそう充実した危機管理策が講じられていくことをのぞんでやまない。

注

＊1　ちなみに，米国でのテロ事件と日本政府の対応については，拙稿「米国でのテロ事件と小泉・ブッシュ日米首脳会談」『世界と議会』2001年12月号を参照されたい。

＊2　http://www.mlit.go.jp/kisha/kisha01/12/121002_.html（2002年1月30日）。

＊3　『日本経済新聞』2001年10月10日，3面。

＊4　沖縄県商工労働部観光リゾート局編『観光要覧』〔2000年版〕，11頁。

＊5　同上。

＊6　同上，33頁。

＊7　2000年は，観光客の減少もあり，観光収入額は4,149億円に減少している（同上，11頁）。

＊8　同上。

＊9　ちなみに，一般団体のキャンセル数は1,248件であり，人数にすると，51,253名となっている（沖縄県商工労働部観光リゾート局特別誘客対策班資料「沖縄観光の状況と今後の対策について」〔2001年12月12日〕，1頁）。

＊10　同上，2頁。

第3章　観光と危機管理

＊11　文部科学省初等中等教育局国際教育課によれば，2つの通知のなかにある「最新の注意」という部分はあやまりであり，「細心の注意」がただしいとのことである。

＊12　http://www2.pref.okinawa.jp/oki/Gikairep1.nsf/FlmHall/FlmOpen?OpenDocument（2002年1月30日）。

＊13　沖縄県商工労働部観光リゾート局特別誘客対策班資料「沖縄県観光リゾート局『特別誘客対策班』設置について」（2001年10月8日）。

＊14　沖縄県商工労働部「対策の経緯―1　商工労働部関連対策―」（2001年11月1日），1頁。

＊15　沖縄県商工労働部「記者発表資料―当面の観光関連業界等に対する緊急経済対策―」（2001年10月17日），1頁。

＊16　おなじ10月17日に，民間活力の最大限の利用を目的に，沖縄県中小企業支援センター内にも，「観光関連業等相談総合窓口」がもうけられている（沖縄県商工労働部，前掲「対策の経緯」，1頁）。

＊17　同上，3頁。

＊18　沖縄県資料「『緊急テロ関係連絡会議』の設置について」（2001年10月16日），1頁。

＊19　なお，18の関係課（室）とは，総務部（秘書課，広報課，基地対策室，管財課），企画開発部（市町村課，交通対策課），文化環境部（消防防災課），福祉保健部（福祉保健企画課，病院管理局管理課），農林水産部（農林総務企画課），商工労働部（産業政策課，観光リゾート局観光振興課），土木建築部（道路維持課，港湾課，空港課），企業局（総務課），教育委員会（総務課），警察本部（警務課）である（同上，3頁）。

＊20　同上，1頁。

＊21　同上，2頁。

＊22　『朝日新聞』2001年10月11日，4面。

＊23　『日本経済新聞』2001年11月7日（夕），2面。

＊24　『読売新聞』2001年11月8日，4面。

＊25　阿部斉・新藤宗幸『概説　日本の地方自治』（東京大学出版会，1997年），36頁。
　　　たとえば，阪神・淡路大震災の折りの貝原俊民・兵庫県知事の対応について，五百旗頭眞・神戸大学教授は，「非常事態にあって，トップが危険を冒して単騎震災の中を行き，そこから生還」することにより，威信とカリスマ性がそなわる，と断言している（五百旗頭眞「危機管理―行政の対応―」朝日新聞大阪本社「阪神・淡路大震災誌」編集委員会編『阪神・淡路大震災誌―1995年兵庫県南部地震―』〔朝日新聞社，1996年〕，341頁）。
　　　なお，阪神・淡路大震災時の兵庫県の対応については，拙著『日米首脳会談と「現代政治」』（同文舘出版，2000年），226-229頁を参照されたい。

＊26　Time, Dec. 31, 2001-Jan. 7, 2002.

＊27　関係者へのインタビュー（2001年12月18日）。

＊28　たとえば，2001年にわが国において発生した狂牛病問題の場合，農林水産省が牛

の飼育・出荷を担当し，厚生労働省は食肉処理工場を所管することとなっており，このことが被害を拡大させたとされている（『読売新聞』2002年1月5日，15面）。

＊29　関係者へのインタビュー（2001年12月18日）。

＊30　対策班のたちあげまでは，沖縄県ではこの問題に専従する職員をおかずに，商工労働部観光リゾート局内の職員がルーチンの業務と並行して対応していたにすぎない（関係者へのインタビュー〔2001年12月18日〕）。

＊31　沖縄県企画開発部マルチメディア推進室情報企画班「沖縄県マルチメディアアイランド構想」（1998年9月），2頁。

＊32　同上，23-24頁。

＊33　沖縄県のホームページの問題点については，拙稿「沖縄県における行政のIT化（2）―『沖縄　e-island宣言』の実現に向けて―」『行政＆ADP』2002年4月号にくわしい。

＊34　沖縄県商工労働部観光リゾート局編，前掲書『観光要覧』〔2000年版〕，72頁。

＊35　『沖縄タイムス』2001年10月11日，5面。

＊36　同上，2001年10月13日，5面。

＊37　関係者へのインタビュー（2001年12月18日）。

＊38　同上。

＊39　沖縄県「沖縄県行政システム改革大綱」（2000年3月），28頁。

第4章

積雪寒冷地域における
危機管理

1. はじめに

　1998年1月8日午後から翌朝までのあいだに，関東甲信地方の内陸部を中心として，大雪が降りつづいた。この大雪により，東京の都心では15センチメートルの積雪が，また，横浜市では20センチメートルの積雪が記録された。このため，首都圏の交通機能はマヒ状態におちいり，8日夕刻の通勤ラッシュ時には，小田急電鉄が一時全線で不通となったほか，新交通「ゆりかもめ」も不通となり，車内に乗客約300名が閉じこめられるといった混乱が生じた。また，JR東日本でも，この大雪により，計1,547本の電車が運休し，およそ218万名の足に影響がでた[1]。

　くわえて，東京都内では1月10日午前0時までに，路上での転倒などによる負傷者がじつに223名にものぼり，雪が原因とみられる交通人身事故は9日午後4時の段階で72件にたっした[2]。

　1998年1月14日付の『北海道新聞』夕刊は，こうした首都機能のマヒ問題をとりあげ，「雪害の首都」と題する以下のようなコラムを掲載した[3]。

　　首都圏を数日間にわたって悩ませた雪害を体験した。大都会の雪への弱さに，あらためて驚かされた。

　　二年ぶりという今回の「大雪」では都心の積雪量が最大十五センチ。郊外はこれより多かったが，いずれにしても北海道や東北など豪雪地からみたら，どうという量ではない。

　　だが交通機関のまひで多くのサラリーマンの帰宅が大幅に遅れただけでなく，雪道で転ぶ人が続出した。不幸にも後頭部を強打して亡くなった中年男性もいる。

　　たとえ少量でもパンタグラフに雪が積もればその重みで接触不良となり，電車は動かない。雪道を普通の通勤靴で，しかもいつもの歩調で歩いたら滑って転ぶ。十分予期できることである。

　　しかも決して不意打ちではなかった。気象庁は前日から「大雪警報」

を再三にわたって流し，交通機関への影響を警告していた。雪は午後から強まるので早めに帰宅を，と呼びかけていたようにも思う。

こうした警告に従い，北海道弁でいえばきちんと「まかなって」家を出た勤め人はほとんどいなかったようだ。都心に向かう路上や車内で，ゴム長などを履くなど完全装備の人影にお目にかからなかった。

予報どおり昼ごろから雪が激しくなった。早めに仕事を切り上げて帰宅する了解ができ，実行された職場も一部にはあると聞いた。

だが残念ながらこうした対応は少数だったらしい。夜半にかけ，止まった電車内に缶詰めとなり帰宅が翌朝近くになる人も多かった。

遠くない将来，大地震の発生も予想されている首都圏のこの「鈍感」ぶりは大いに気になる。

危機管理のかなめは最悪事態への過剰なほどの備えだろう。極限までの想像力と言い換えてもよい。これが欠けるように思えてならない。

このコラムをみるかぎり，大雪に対する北海道民の反応はきわめて「敏感」であり，道内では，確固たる危機管理体制が構築されているかのように思われる。はたしてそうであろうか。実際，このコラムが書かれた２年前の1996年１月には，札幌で大雪が降り，交通機能がマヒしてしまっている。しかも，そこでの最大の問題点は，危機管理意識の欠如，とりわけ行政機関の初動態勢の遅れであったような気がしてならない。

そこで，本章においては，以上のような認識のもとで，札幌市を例にとり，積雪寒冷地域における危機管理の実態について考察する。なお，論述の順序としては，まず第１に，1996年１月の交通マヒの事例を紹介し，大雪に対する札幌市の対応のまずさを検証する。つぎに，大雪を契機として，札幌市がいかなる危機管理体制を構築していったのかについて言及する。こうした作業をつうじて，札幌市の交通政策において，危機管理意識がいかに希薄であるかが浮き彫りとなってこよう。そして最後に，交通政策という観点から，札幌市での危機管理の今後の課題について簡単に私見を述べてみたい。

2. 大雪による交通機能のマヒ

1996年1月8日午前9時から翌9日午前9時までのあいだ，札幌では，54センチメートルもの降雪量を記録した。この数字は，札幌管区気象台の観測史上2番目の記録となった[*4]。降雪量54センチメートルという数値は，あくまでも札幌管区気象台での観測データであり，市内各区の土木事業所では，これ以上の降雪量を記録している。そのうち，もっとも降雪量が多かったのは，北区の土木事業所であり，ここではじつに87センチメートルもの降雪量が記録されている[*5]。

こうした降雪量の多さにくわえて，とりわけ，市内最大の降雪量を記録した北区および降雪量第3位の東区においては，風速10メートルの風が吹き荒れており，除雪作業もままならない状態であったという[*6]。

とはいえ，幹線道路の除雪に関しては，1月8日の夜から約900台の除雪車すべてを動員して，翌9日の朝までに1回目の作業を終了した。だが，いっこうに雪が降りやまないため，2回目の除雪作業に入り，ようやく10日午前7時になって，バス路線をふくむ1,200キロメートルの幹線道路の車道除雪を完了させたのであった[*7]。

このような除雪作業の遅れにともない，市電は1月9日午前7時30分から全面運休し，市営バスも午前9時まえからの運休においこまれる羽目となった[*8]。そのため，市電では219便が，市バスではじつに3,000便以上が運休し，計13万名の利用者に影響がでた[*9]。

以上みてきたように，札幌市は各区の土木事業所の職員や臨時職員など，市職員およそ830名，民間の委託業者約7,300名を動員して除雪作業にあたった[*10]。こうした札幌市の懸命な対応にもかかわらず，交通機能はマヒしてしまったのである。この原因の1つとして，札幌市の除雪方式を指摘する声もある[*11]。ここで問題とされているのは，札幌市が実施していた，マルチゾーン除雪である。これは，連合町内会の区域を基準に多数の（マルチ）地区（ゾーン）に区分し，各地域ごとに複数の除雪業者が車道除雪・歩道除雪・

110

運搬排雪・そのほかの附帯除雪といった除排雪作業全般を市民と連携して実施するというものである[*12]。

このマルチゾーン除雪は，従来の路線中心の除雪ではなく，いわば"面"としての除雪を意味する。したがって，マルチゾーン除雪の場合，通常量の降雪時には市民のニーズにあった除雪をおこなうことが可能であるけれども，大雪に際しては，路線の確保ができず，かえって交通機能をマヒさせてしまうこととなる[*13]。

こうした点について，当時，札幌市建設局道路維持部長の職にあった工藤仁臣氏も，市議会での質疑において，「マルチゾーン除雪や降雪予測システムなど，通常考え得る降雪には十分耐え得るものと考えていたところであります。しかしながら，ご指摘のとおり，昨冬の豪雪時には，一時的ではあるにしろ，混乱を生じたこともまた事実でございます」と答弁し，マルチゾーン除雪が大雪に対しては，あまり有効でないという事実を認めている[*14]。

そのため，ある土木事業所の担当者は，マルチゾーン方式による除雪作業では，いっこうに幹線道路の状況が改善されないことに業を煮やし，独自の判断で，路線中心へと除雪の方式を切りかえ，幹線道路の交通機能の改善につとめたのであった[*15]。

しかも，札幌市では，1991年6月に，『雪さっぽろ21計画』を策定しているが，このなかでは，除雪基準に関する記述はみられるものの，除雪時に優先すべき路線は設定されておらず，このことも交通マヒに拍車をかける一因となった[*16]。

ところで，札幌市は1月10日午前7時30分には，北海道をつうじ，陸上自衛隊第11師団に災害派遣要請をおこなっている。要請を受けた自衛隊は，およそ190名の隊員と90台の車両を出動させ，午前10時過ぎから市立病院につうじる道路の排雪作業に入った[*17]。

3. 札幌市の対応の問題点

　本節では，今回の大雪に対する札幌市の対応の問題点について考えてみたい。

　まずはじめに留意しておきたいのは，１月８日の日中の段階で，すでに札幌管区気象台が同日夜から翌９日の朝にかけて，全道的に大荒れの天候となることを予測し，厳重な警戒をよびかけていたという点である。すなわち，１月８日午前10時15分には，石狩中部（札幌・江別市）に風雪・着雪・大雪・雪崩注意報がだされている。その後，午後６時20分には，着雪・大雪注意報は解除されるものの，ふたたび午後10時になると，今度は大雪注意報がこれにくわわり，翌９日午前０時20分には，ついに大雪注意報が大雪警報に変更されている[18]。

　ということは，行政の側において，事前に１月８日夜から翌９日にかけての大雪は予想できたはずである。にもかかわらず，札幌市では，事前に特別な対策を講じていなかった。では，その一例をあげてみよう。札幌市では，除雪作業の担当部署は，建設局道路維持部内にある雪対策課となっていた。しかし，同課では，降雪期であっても，24時間勤務の体制をとっていなかった[19]。したがって，札幌管区気象台の予報により，事前にかなりの降雪量が予想されていた今回の場合でさえも，雪対策課の職員は市役所内に待機していなかったのだ。このように，市役所内に雪対策課の職員がいなかったため，除雪作業に関する全市的な状況を把握し，的確な指示をだす，いわばコントロール・センター的な役割をはたすべきところが不在となってしまっていたというのが実状である。この点に関して，雪対策課では，除雪作業の判断主体はあくまでも各区の土木事業所であり，同課の職員が本庁で待機する必要はないとの認識を有していたようである[20]。しかし，こういった発想が生まれること自体，危機管理意識の欠如といっても過言ではない。もっとも，のちに，このときの体制に関して，「たしかに通常の除雪体制で対応できるだろうという考えがあり，危機管理意識は足りなかった」（工藤・札幌

市建設局道路維持部長）と述懐する関係者もなかにはいる[21]。

　こうした認識のあまさは，札幌市の地域防災計画のなかにも読みとれる。というのは，当時の札幌市地域防災計画では，非常配備体制に関する基準がきわめてあいまいとなっていたからだ[22]。札幌市の場合，非常配備には3種類あり，第1非常配備の基準は，「暴風，暴風雪，大雨，大雪又は洪水警報等が発令され，局地的に災害が発生し，又は発生するおそれがあるとき」とされている。この基準については，2つの活動内容が明記されており，1つは「各部所属職員のおおむね3分の1以内の職員をもって，所掌する災害対策にあたる」ことであり，もう1つは，「事態の推移に伴い，速やかに第2非常配備に移行し得る態勢とする」ことである。先述したように，今回の場合，1月9日の午前0時20分には，大雪警報が発令されている。したがって，第1非常配備の基準に相当する事態のはずである。しかしながら，雪対策課の職員は自主的に市役所に参集しなかったようだ[23]。これは，配備基準の後半部分にある「災害が発生し，又は発生するおそれがあるとき」という文言がきわめて漠然としているためではあるが，災害に際して，担当部署の職員は自主的に職場に参集し，情報収集など，事態の打開につとめるべきであろう。この点からも，危機管理意識の希薄さが読みとれるのではなかろうか。

　このような札幌市の初動態勢の遅れは，緊急雪害対策本部の設置時間にもみてとれる。先述したように，1月9日午前0時20分の時点で，すでに大雪警報が発令されている。くわえて，札幌市内では，除雪作業の遅れから，市電は9日午前7時30分から全面運休し，市営バスも午前9時まえから運休していたのである。こうした事態に直面しながら，札幌市は，9日午後4時30分まで緊急雪害対策本部を設置しなかった。この点については，9日の早朝の段階においてもなお，災害であるとの認識が担当者たちのあいだで存在していなかったことと大きく関係しているようである[24]。そうした意識が，対策本部設置後の状況にあってもなお，「除雪態勢は万全」と胸をはる建設局の幹部の発言にもあらわれているのであろう[25]。

113

また，緊急雪害対策本部の本部長には，魚住昌也・助役が就任したが，その点に関連して，市議会ではつぎのような発言がみられた。すなわち，「全市民生活に影響を与えるおそれありとのことで災害対策本部を設置したとすれば，なぜ市長が本部長とならないのかとの意見が多く寄せられています。そこでお尋ねいたします。なぜ市長が本部長となれなかったのか，その理由をお示しください」（松浦忠議員・無所属）と[*26]。この質問に対して，当初桂信雄・市長は回答を避けたが，答弁漏れとの指摘を受け，「まず私がマスコミを通じてPRをして，その後，この状況を判断をして，私の指示で魚住助役が本部長を務めたと，こういうことであります」と答弁している[*27]。ここで桂市長の述べた，マスコミへのPRとは，交通マヒのおきた1月9日当日にだされた，「全力を挙げて除雪しておりますので，今しばらくご辛抱を」とする内容の談話をさしている。しかし，この談話は，地元紙である『北海道新聞』の場合，1面ではなく，8面でとりあげられており，しかもわずか3段の記事でしかなかった[*28]。これでは，PRという名にまったくあたいしない。本来，行政部のトップがみずから記者会見をおこない，市民に向かって除雪への理解をよびかけるべきではなかったのか。市民に顔をみせ，このような混乱した状況の沈静化につとめることこそ，トップに課せられた使命のはずである[*29]。

　さらに，緊急雪害対策本部のたちあげが遅れた原因としては，設置基準の不明確さという点にも問題がある。この点については，市議会においてもとりあげられ，「災害における初動体制をいかに早くしけるかということが重要であり，昨年の阪神・淡路大震災においても，初動体制のおくれが指摘され，このたびの雪害では，関係者の精いっぱいの努力は認めつつも，緊急雪害対策本部の設置について課題もあったのではないかと思うものであります」（常見寿夫議員・公明党）と追求する議員もいた[*30]。

　この設置基準のあいまいさという点に関連して，とくに留意したいのは，1995年12月20日の段階で，すでに札幌市では『札幌市地域防災計画　緊急対策'95』と題する小冊子を作成しており，そこでは阪神・淡路大震災の教訓

第4章 積雪寒冷地域における危機管理

をふまえて，災害対策本部設置の基準（震度5の場合は「〔自動的に〕災害対策本部を設置」など）がもりこまれていたことである。もっとも，これは，地震対策を念頭において策定されたものではあるが，対策本部設置の基準を明記しているという点では注目にあたいする[31]。この事実をとりあげ，市議会では，「そこでお伺いをいたしますが，このたび制定されました『札幌市地域防災計画緊急対策'95』におきまして，震度5以上の地震で自動的に災害本部が設置される例に倣い，雪害時においても，降雪量，積雪深など，定量的な指標によって自動的に対策本部を設置し，雪害当初から速やかに危機管理体制をしけるようにすべきと考えますが，市長の基本的な考えをお伺いしたいのであります」（常見議員）と，市長の姿勢を問う声も聞かれた[32]。この質問に対しては，桂市長ではなく，魚住助役が「ご提言にありましたように，豪雪時に定量的な指標によって対策本部を設置し，速やかな危機管理体制をしくことは，市民生活への影響を最小限にする上で，極めて重要であると考えております」と答えたにとどまった[33]。

　以上みてきたような札幌市の不適切な対応がひきだされる背景には，やはり同市の地域防災計画そのものが深く関係しているように思えてならない。というのは，『札幌市地域防災計画』〔1993年版〕においては，雪害対策編を独立した項目としてもうけておらず，雪害対策にあまり力点をおいていないことがわかる[34]。なお，この点に関しても，市議会で論議をまきおこし，たとえば，「本市の防災計画では，雪害予防計画を『異常降雪による交通のしゃ断等の雪害を予防するため，迅速な除雪を実施し交通の確保を図るための計画である。』と定義し，内容は，平常の降雪時のものを指しています。今回のようなどか雪による，震災や水害並みの極端な都市機能の麻痺に関する対策については位置づけられておりません」（川口谷正議員・民主党）との指摘がなされている[35]。

　もっとも，雪害に対するこのような認識は，なにも札幌市だけにかぎったことではないようだ。ここで，興味深いデータ結果を紹介しよう。1996年1月に，北海道立寒地住宅都市研究所と北海道大学工学部が共同でおこなった

115

アンケート調査（対象：道内212市町村）によれば，回答のあった187市町村の地域防災計画のうち，雪害を重点災害としている自治体はわずか1団体しかない。北海道は，212の市町村すべてが豪雪地帯に指定されているにもかかわらず[36]，この結果からは，道内において，いかに雪害対策が重要視されていないかがわかる[37]。この原因として，雪害問題にくわしい沼野夏生氏は，従来の北海道における降積雪のパターンに注目し，年度ごとの降積雪の量にあまり大きな差がなく，ドカ雪といった事態にも遭遇することがほとんどなかった点をあげている[38]。とはいえ，防災計画とは，過去の経験則をふまえ，そのうえ予想だにしない事態に対処するために，策定されるはずのものである。その意味からも，こうした行政の姿勢には疑問を呈したくなる。

　このようにみてくると，今回の大雪に対する札幌市の対応は，いずれにおいても後手にまわってしまったような感がぬぐえない。

4. 危機管理体制の構築

　つぎに，1996年1月の大雪での経験をもとにして，札幌市はいかなる危機管理体制を構築したのかについて，「豪雪時の対応指針」を手がかりとして検討する。ちなみに，「豪雪時の対応指針」とは，1996年の大雪時の経験をもとに作成されたマニュアルである。

　この「豪雪時の対応指針」の目的は，「豪雪時における除雪等の体制整備や情報収集及び除雪を優先すべき道路並びに具体的な行動計画などを予め定めることにより，雪害（雪害とは異常な降雪により，道路の通行止めや公共交通機関の運休が発生すること等をいう）を未然に防止し，あるいは最小限に抑えること」にある[39]。

　こうした大雪に対処するためのマニュアルが1996年以前に作成されていなかったという論点はさておき，ここで同指針の内容について問題点を指摘したい。はじめに，初動態勢についてであるが，同指針によれば，各区の土木

部および道路維持部は、「気象状況等に応じ，別に定める『体制の基準』（別表１）により注意体制，警戒体制，緊急除雪体制をとり，所要の活動を行うものとする」とされている[40]。そして，各体制の基準は，以下のようになっている（表4-1参照）[41]。

- 注意体制…「体制の基準」（別表１）に合致する状況となったときに注意体制に入るものとする。
- 警戒体制…「体制の基準」（別表１）に合致する状況となったと当該区の土木事業所長が判断した場合に警戒体制に入るものとする。
- 緊急除雪体制…「体制の基準」（別表１）に合致する状況となり，当該区の土木部長が緊急除雪路線の除雪を優先的に実施すべきと判断した場合に緊急除雪体制に入るものとする。

表4-1　体制の基準（別表１）

	体制の基準	主な活動内容
注意体制	1. 石狩中部地方に大雪又は風雪注意報が発令されるとともに，降雪状況及び予測降雪量から，特に注意を要する場合	① 気象情報の把握 ② 道路交通状況の収集 ③ 積雪降雪情報の収集 ④ 関係各課との相互連絡
警戒体制	1. 石狩中部地方に大雪又は風雪注意報が発令され，降雪予測以上に降雪があり相当の積雪となると予想される場合 2. 石狩中部地方に大雪又は暴風雪警報が発令された場合 3. 急激な降雪があり相当の積雪となると予想される場合	① 気象情報等の収集・提供 ② 防災関係機関との連絡調整 ③ 雪害応急対策 ④ 報道関係者への連絡 ⑤ 緊急除雪体制への移行判断
緊急除雪体制	1. 通常の除雪体制では，通勤・通学時までに緊急除雪路線の除雪ができないと判断される場合 2. 地吹雪あるいは強い降雪により除雪作業ができない状態となり，これが相当時間続くと見込まれる場合 3. 積雪により通行止めが発生した場合	① 気象情報等の収集・提供 ② 防災関係機関との連絡調整 ③ 雪害応急対策 ④ その他の所掌事務に係る雪害対策 ⑤ 報道関係者への連絡 ⑥ 雪害対策実施本部移行準備

出所：札幌市建設局道路維持部「豪雪時の対応指針」（1996年12月），6頁。

これをみるかぎり，従来不明確であった非常配備体制の基準がクリアになったという点は評価できる。しかしながら，依然問題がのこるのは，職員の参集に関してである。というのは，「体制別業務編成表」によると，「注意体制」の場合の道路維持部の任務としては，雪対策課長への連絡しか記されていない[42]。それが，「警戒体制」に入ると，これにくわえ，雪対策課長ならびに企画係長，除雪計画係長，雪施設係長および2名の主査のうち，あらかじめ指名された職員が職場で待機することとなっている。さらに，これが「緊急除雪体制」になると，職場待機の範囲はさらに拡大し，道路維持部長，除雪体制主幹，施設管理主幹，維持課長，土木技術センター主幹のうち，まえもって指名された者も対象にふくまれる[43]。ここで，「警戒体制」の基準に着目すると，「1　石狩中部地方に大雪又は風雪注意報が発令され，降雪予測以上に降雪があり相当の積雪となると予想される場合」「2　石狩中部地方に大雪又は暴風雪警報が発令された場合」「3　急激な降雪があり相当の積雪となると予想される場合」となっている[44]。しかしながら，1996年の大雪の例をみても明らかなように，1月9日午前0時20分の時点で，石狩中部地方に「大雪警報」が発令されていたものの，大雪のため，職員は自宅から参集することがきわめて困難であったとされている[45]。ということは，「石狩中部地方に大雪又は風雪注意報が発令されるとともに，降雪状況及び予測降雪量から，特に注意を要する場合」とされる「注意体制」の基準段階から，雪対策課の職員を市役所内に待機させておくのが当然の対処法であろう。

　くわえて，この「豪雪時の対応指針」のなかには，「情報連絡計画」という章がもうけられており，そこには，注意体制時の連絡体制として，「各区土木事業所と雪対策課は，相互の連絡を密にする」とある[46]。しかし，9カ所もある各区の土木事業所が職場待機ではない状態の雪対策課長と連絡をとろうとしても，円滑に連絡がとれない事態も大いに予想される。また，警戒体制時の連絡体制として，「その後に予想される緊急除雪体制への準備として相互の連絡を密にするものとし，各区土木事業所は，各区の除雪状況及び除雪状況等の概要を様式1により道路維持部に報告するものとする」と明

記されている[*47]。これに関しても，道路維持部の指名を受けた職員が，万一自宅から職場までたどり着けない場合，どれほど詳細な「各区の除雪状況及び除雪状況等の概要」が報告されたとしても，その情報を十分いかしきれないのではなかろうか。したがって，これらの点は，今後再考されるべき課題の1つといえよう。

さらに，情報提供という観点から，第4章に「広報活動計画」が示されている。さきにみたとおり，大雪による交通マヒによって，地下鉄をのぞく公共交通機関ははやい段階からストップしていた。しかし，そうした情報は利用者である市民の側には的確に伝えられていなかった。そのため，利用者の多くは，バスの運行状況もわからないまま，長時間バス停で到着する予定のないバスを待たざるを得なかった[*48]。そこで，大雪時の市民への情報提供の不備という反省から，この章がもうけられたのである。ここでは，警戒配備体制に入った場合の降雪など気象に関する情報，除雪に関する情報，公共交通機関の運休に関する情報，道路情報（通行止め），そのほか必要な情報の提供が想定されている。そして，その広報方法としては，「予め定めた担当部局から，広報課を通じて報道関係機関に要請して情報提供する」とされている[*49]。考えてみると，1996年の大雪の際も，マスコミ各社への連絡がうまくいかなかったために，情報が市民にまで届かなかったのだ[*50]。となると，報道機関への情報提供の仕方をもう少し具体的に明記するなどの工夫があってしかるべきではなかったのか。

また，「豪雪時の対応指針」には，「緊急除雪路線」に関しても紙幅が割かれている。そこでは，緊急除雪路線にふくまれる道路として，①札幌市地域防災計画の緊急対策 ’95で設定した第1次緊急輸送路および第2次緊急輸送路，②すべてのバス路線，③地区として交通量が多く重要な路線，の3つが指定されている[*51]。これらのうち，①の第1次緊急輸送路にあたるのは，消防，救急などの緊急車両の専用路線として使用する道路をさし，第2次緊急輸送路にあたるのが，第1次緊急輸送路の代替道路として使用し，救援物資輸送などがおこなわれる道路のことである[*52]。こうした記述がもりこま

119

れた背景には，大雪時の市電や市バスの運休にくわえ，救急車の運行までもが妨げられたといった事態と大いに関係している。通常，救急車の現場到着時間は6分程度とされているが，1月9日の札幌市内においては，平均10分強かかっている。しかも，午前0時から午前9時までのあいだだけに着目すると，所要時間は，平均14分ちかくとなっている[53]。なかでも，風速10メートルの強風により，除雪作業が困難をきわめていた北区や東区の一部では，救急車の現場到着が30分以上もかかるといったケースもみられた[54]。こうした状況をふまえて，「豪雪時の対応指針」のなかに緊急除雪路線に関する記述がもりこまれたのである。

　うえでみてきたように，「豪雪時の対応指針」には多少の不備がある。とはいえ，これまでのマニュアルさえ存在しなかった状態とくらべれば，同指針の作成は大いに評価されるべきものである。しかも，当初，札幌市建設局は，「将来的には本格的な危機管理の指針を作りたい」として，このマニュアルにくわえて，路上駐車や道路への雪捨てなどの防止策をももりこんだ対策の策定に意欲的な姿勢を示していた[55]。だが，残念ながら，「豪雪時の対応指針」は，現在にいたるまで，一度も実質的な改定がなされていない[56]。

　ちなみに，ここで世界の「危機管理指針」の特色について簡単に紹介しておこう。58の北方都市を対象としたアンケート調査によると，回答をよせた33都市中，13の都市で豪雪時の危機管理指針が作成されていた。豪雪時の危機管理指針を有する13の都市は，相対的に降雪量の多い米国およびカナダの東部に位置しているのが特徴である。その13都市のうち，危機管理体制の発令に関して，具体的な積雪量や降雪量または気象台の警報を基準としているのは，9都市である。また，報道機関との協力体制についての記述があるのは，わずかに米国の5都市のみであった。さらに，除雪時に優先すべき路線をもうけているのは，11都市ある[57]。これらの数字をみれば，札幌市の「豪雪時の対応指針」も，かなりの工夫がこらされているのかもしれない。しかしながら，危機管理とは一度マニュアルを作成したからそれで十分というものではなく，つねに生じるであろうあらたな事態に対処していくべきもので

第4章　積雪寒冷地域における危機管理

ある。それゆえ，あたらしい指針の作成が待たれる。

5. 結び

　以上，1996年の大雪に対する札幌市の対応，ならびに，その後の危機管理体制の構築について述べてきた。

　ここで，少し組織面での問題をとりあげてみたい。札幌市の建設局道路維持部雪対策課は，2001年4月の機構改革によって，雪対策室という名称にあらためられた。しかしながら，業務の内容は従来どおりで，依然として土木分野の組織である。つまり，札幌市の雪対策室の任務は，あくまでも道路の除排雪作業だけでしかない。

　こうした雪対策課が有する組織的な問題も，1996年の大雪への対応に影響をおよぼしていたようである。前出の工藤・建設局道路維持部長は，「いざ情報を集める段階になっても，市内部の横の連携，道警や開発局との縦の連携がかみあわなかった。この横糸，縦糸をいかに組み合わせていくかが重要であり，今後の反省点だ」と語っている[58]。とくに，工藤氏は，市役所内部の横の連携がうまくいかなかった例として，ゴミ収集，独居老人対策，バス運行をあげている[59]。これはまさに，雪対策課が土木部門のみの部署であるがゆえに生じた事態といってよい。

　このことは，緊急雪害対策本部の設置が遅れたこととも無関係ではないようである。なぜなら，関係者によると，本部設置が午後4時30分となった理由として，市役所内の各局・各部の連絡調整に手間どったとの見解が示されているからだ[60]。当時，消防局防災部は，「防災は消防の担当という考えを改め，全庁で防災を考えよう」（防災部）との発想のもとに，市職員に向けた内部広報誌「ポパイ通信」を創刊したばかりであったが[61]，このことばをかりるならば，今回の場合，「雪害は雪対策課の担当という考えを改め，全庁で雪害を考えよう」という意識が必要であったのではなかろうか。

　また，一方の縦の連携に関しては，国（北海道開発局）が国道，札幌市が

121

道道・市道の除雪を分担しておこなっている。だが，両機関のあいだでの情報のやりとりはほとんどなされていないのが実状のようである[*62]。もっとも，「冬期路面充実策定協議会」とよばれる話し合いの場が，国，道，市，道路公団の4者のあいだで年1回秋にもたれているが，これはあくまでも顔あわせ的な場でしかないとのことである[*63]。

　こうした縦の連携の弱さを解消すべく，冬期道路管理情報共有システムが，札幌圏ホワイトネット連絡会議（メンバー：北海道開発局，北海道，札幌市，日本道路公団および気象機関など）のもとで運用されている。このシステムは，1996年の大雪時における交通マヒの原因を縦の連携の不備に求めており，その反省にたって設置されたものである。そして，その目的を「各道路管理者の保有する道路・気象情報を相互に共有し合うことにより連携を密接にし，除排雪等の冬期道路管理作業の効率化と，豪雪等の雪氷災害への対応強化」においている[*64]。こうした情報の共有化だけでなく，同システムでは，「隣接する路線で，一方が豪雪で通行困難になった際に，複数機関が連携して緊急輸送道路を確保することなども，除雪作業情報共有の大きな目的の一つ」としてかかげており，同システムの設置によって，かなりの程度，縦の連携が強化されることとなった[*65]。

　しかしながら，交通マヒを回避するうえからも，「交通障害発生時の道路利用者への広報，適切な情報提供による誘導なども，情報共有の重要な目的である」としているものの，このシステムはあくまでも北海道開発局，北海道，札幌市，日本道路公団，気象機関といった一部の機関だけのあいだでしか運用されておらず，そこにはマスコミの参加は認められていない。ましてや，同システムでは，一般市民の参加も考慮されていないのが実状である[*66]。ここからは，行政の重要なパートナーである市民への配慮といった視点が欠落してしまっていることがわかる。

　もっとも，札幌圏では，北海道開発土木研究所が，2002年1月17日から2月28日にかけて，「官民一体となって札幌圏の冬の暮らしをより安全で快適なものにする情報実験」を実施した。これは，「スマート札幌ゆき情報実験

2002」とよばれ，ITS（高度道路交通システム）に関する研究の一環として
のとりくみである。しかしながら，このこころみはまだ実験段階であるばか
りか，モニター対象者が18歳以上に制限されており，しかも，この実験に参
加できるのは，「電子メールを受信できるパソコンや携帯電話をお持ちの方」
のみである[67]。ということは，高齢者や障害者といった，いわゆる「雪害
弱者」に対しては，いまなお瞬時の情報伝達方法はないということになる。
この点も，今後改善していくべき重要なポイントとなろう。

　さて，今後の雪対策を考えていくうえでもっとも緊要な視点はなにであろ
うか。それは，行政と市民とのパートナーシップであろう。もちろん，札幌
市は，『雪さっぽろ21計画』のなかに，「除雪パートナーシップ」という章を
もうけている。だが，そこでは，「市政における市民要望の最も高い生活道
路の除排雪に関し，地域・市・受託業者がそれぞれの役割を分担しながら連
携を取り，生活道路排雪を実施することにより，快適な冬季環境を創出する」
として，あくまでも対象路線，排雪幅，経費などに力点がおかれているにす
ぎない[68]。

　こうした事柄が重要であるのはいうまでもない。しかし，行政と市民との
真のパートナーシップを構築していくためには，行政の側が市民に対して，
「冬期間において最低限守るべき生活ルールを例示する」ことも必要となっ
てくる。その意味において，「玄関先の雪はみんなの手で」「路上駐車も除雪
の邪魔だね」「ゴミを出すのは除雪のあとで」「道路へ雪を出さないで！」と
いった，「冬期間において最低限守るべき生活ルール」を明示した，その後
の『札幌市雪対策基本計画』は，将来の札幌のあり方をになうべき文書となっ
ている[69]。

　ところで，2001年度現在，札幌市では，161億円を雪対策予算として計上
している[70]。これほどの予算を雪対策費として計上しているものの，札幌
市の市政世論調査においては，じつに20年以上にもわたって，除雪対策の不
備を指摘する声がもっとも多い。たとえば，2000年度の場合，除雪にともな
う苦情は，じつに，18,915件もよせられている[71]。

こうした市民の不満はわからないでもないが，札幌という街のおかれた地理的な位置から考えると，雪は不可避な存在である。ゆえに，行政のみならず，市民の側においても，雪に対する認識をあらためていく必要があるのではなかろうか。すなわち，雪を毎年無料で膨大に提供される貴重な"財産"とする見方である。いまや，その財産をいかに有効活用していくかを考えるべきときにきている。そのためにも，今後，札幌市は積極的に市民とのパートナーシップを訴えていく必要がある。それによって，克雪対策だけではない，有意義な利雪・親雪対策も生まれてこよう。しかし，それにもまして重要となるのが，市民の側においても行政への過度の依存体質から脱却していくという姿勢である。

　このほか，行政と市民とのパートナーシップが重視される問題としては，除雪作業の妨げとなる，路上違法駐車がある。たとえば，白石区の南郷通除雪センターによれば，1995年から1996年にかけての冬期間（1996年1月中旬まで）で，除雪車と路上駐車の車両による接触事故は8件もおこっている。しかも，事故の補償は，除雪センター側がになわなければならないという現実がある*72。これこそは，行政と市民とのあらたなパートナーシップの構築なくしては，解決困難な問題のように思われる。

　また，あらたな課題としては，『雪さっぽろ21計画』では，「流雪溝などの整備地域は市民参加の除雪を基本とする」との考えのもと*73，流雪溝の整備がはかられた。しかし，近年，高齢化や住民の転居，さらには商店の撤退などにより，流雪溝に雪をなげいれる人間がいなくなるといった深刻な事態も生じつつある*74。

　さて，これまで1996年の大雪時における札幌市での交通マヒの事例をみてきた。本章は，一見，危機管理とはなんら無関係なことのように思われるかもしれない。しかしながら，積雪寒冷地域においては，除雪こそが道路・交通機能の維持向上対策の重要な柱であり*75，危機管理の最大のポイントでもある。したがって，うえでみてきたような諸問題の解決なくしては，積雪寒冷地域における危機管理はうまく機能していくはずがない。その意味にお

第4章　積雪寒冷地域における危機管理

いて，札幌市の事例は，今後の積雪寒冷地域における危機管理体制を考えるにあたって，われわれに大きな示唆をあたえてくれるのである。

注

＊1　『朝日新聞』1998年1月9日，1面および1998年1月10日，1面。

＊2　同上，1998年1月10日，1面。

＊3　『北海道新聞』1998年1月14日（夕），1面。

＊4　ちなみに，観測史上1位の記録は，1970年1月31日の63センチメートルとなっている（柏原辰吉「資料編」札幌市教育委員会文化資料室編『札幌の冬』〔北海道新聞社，1995年〕，310-311頁）。

＊5　以下，西区：85センチメートル，東区：76センチメートル，豊平区：73センチメートル，中央区：70センチメートル，白石区・厚別区：68センチメートル，手稲区：60センチメートルとつづき，もっとも降雪量が少なかったのは，南区の59センチメートルであった。

＊6　関係者へのインタビュー（2002年4月18日）。

＊7　札幌市建設局道路維持部雪計画課「札幌市の雪害対策について」『ゆき』No. 35，55-56頁。

＊8　『朝日新聞』1996年1月9日（夕），15面。

＊9　札幌市建設局道路維持部雪計画課，前掲論文「札幌市の雪害対策について」『ゆき』，56頁。しかし，実際には，市バスの運休便数は，2,924便であった（北海道管区行政監察局資料）。

＊10　『北海道新聞』1996年1月10日（夕），8面。

＊11　関係者へのインタビュー（2002年4月25日）。

＊12　平田匡宏「マルチゾーン除雪」札幌市教育委員会文化資料室編，前掲書『札幌の冬』，116頁。

＊13　関係者へのインタビュー（2002年4月25日）。

＊14　『平成8年　札幌市議会第二部決算特別委員会記録　第4号』，1996年10月15日，128頁。

＊15　関係者へのインタビュー（2002年4月25日）。

＊16　ちなみに，同計画によれば，除雪の基準は，車道・歩道ともに降雪が10センチメートル以上とされている（札幌市建設局道路維持部スパイクタイヤ対策課編『雪さっぽろ21計画』〔1991年6月〕，16頁）。

＊17　『北海道新聞』1996年1月10日（夕），1面。なお，1月12日午後5時，札幌市は，自衛隊に対して，撤収要請をおこなっている（同上，1996年1月13日，30面）。

＊18　なお，風雪注意報は，すでに7日の午後11時の段階で，また着雪注意報も8日午前7時に発令されている。

125

＊19　ちなみに，青森市では，11月末から翌年3月初頭までの降雪期に，除雪作業の担当部署である，都市整備部道路維持課において，当番制による24時間の勤務体制をしいている（関係者への電話によるインタビュー〔2002年5月9日〕）。

＊20　関係者への電話によるインタビュー（2002年5月7日）。

＊21　『北海道新聞』1996年2月6日，9面。

＊22　札幌市市民局地域振興部交通安全防災課編『札幌市地域防災計画』〔1993年版〕，99頁。

＊23　関係者への電話によるインタビュー（2002年5月2日）。

＊24　関係者へのインタビュー（2002年4月25日）。

＊25　『北海道新聞』1996年1月11日，1面。

＊26　『平成8年　第1回定例会　札幌市議会会議録　第4号』，1996年3月1日，125頁。

＊27　同上，129頁。

＊28　『北海道新聞』1996年1月9日（夕），8面。

＊29　危機時におけるリーダーの役割に関連して，たとえば，拙稿「危機管理研究序説―『観光危機』と沖縄県の対応―」『札幌法学』第13巻第1・2合併号を参照されたい。

＊30　『平成8年　第1回定例会　札幌市議会会議録　第3号』，1996年2月29日，57頁。

＊31　札幌市防災会議地震対策部会『札幌市地域防災計画　緊急対策　'95』，（1995年12月），3頁。

＊32　『平成8年　第1回定例会　札幌市議会会議録　第3号』，1996年2月29日，57頁。

＊33　同上，72頁。

＊34　『札幌市地域防災計画』〔1993年版〕では，「第4章　災害予防計画」のなかに「第4節　雪害予防計画」「第5節　融雪災害予防計画」がおかれているにすぎない（札幌市市民局地域振興部交通安全防災課編，前掲『札幌市地域防災計画』〔1993年版〕，82-85頁）。その後，1998年に全面改定された地域防災計画においては，わずか3頁分の紙幅しか割かれていないものの，「雪害対策編」が独立した項目としておかれている（札幌市防災会議事務局編『札幌市地域防災計画』〔本編〕〔1998年10月〕，137-139頁）。

　　　なお，あたらしい地域防災計画の特色については，拙稿「地域防災計画の実態と問題点」財団法人　行政管理研究センター監修・中邨章編『行政の危機管理システム』（中央法規，2000年），75-77頁を参照されたい。

＊35　『平成8年　第1回定例会　札幌市議会会議録　第2号』，1996年2月28日，32頁。

＊36　212市町村のうち，特別豪雪地帯に指定されているのは，94市町村ある（国土交通省　都市・地域整備局　地方整備課編『豪雪地帯の現状と対策』〔2001年9月〕，44頁）。

＊37　北海道立寒地住宅都市研究所編『調査研究報告　No. 71―雪害を考慮した地域防災計画に関する研究―』（1997年3月），20頁。

＊38　沼野夏生「96豪雪による雪害の概要」『日本雪工学会誌』Vol. 12　No. 4，297頁。

＊39　札幌市建設局道路維持部「豪雪時の対応指針」（1996年12月），1頁。

第4章　積雪寒冷地域における危機管理

＊40　同上，1頁。

＊41　同上，2-3頁。

＊42　同上，8頁。

＊43　同上。

＊44　同上，6頁。

＊45　関係者の電子メールによる回答（2002年5月5日）。

＊46　札幌市建設局道路維持部，前掲「豪雪時の対応指針」，3頁。

＊47　同上。

＊48　ちなみに，このときの大雪による交通マヒに関するアンケート調査（1996年1月23日～25日実施）では，回答者のうちのじつに59.6％が，交通システムの整備よりも，情報システムの整備・充実を求めている（高野伸栄＝加賀屋誠一＝佐藤馨一「豪雪災害時における交通情報の機能とその整備課題に関する研究」『土木情報システム論文集』Vol. 5, 163頁）。

＊49　札幌市建設局道路維持部，前掲「豪雪時の対応指針」，4頁。

＊50　関係者へのインタビュー（2002年4月25日）。

＊51　札幌市建設局道路維持部，前掲「豪雪時の対応指針」，5頁。

＊52　札幌市防災会議地震対策部会，前掲『札幌市地域防災計画　緊急対策　'95』，7頁。

＊53　『北海道新聞』1996年1月12日，30面。

＊54　同上，1996年1月9日，8面。

＊55　同上，1996年7月30日，23面。

＊56　関係者への電話によるインタビュー（2002年5月7日）。

＊57　伊藤仁＝原文宏＝伊藤徳彦＝トーマス・デイビス＝坂本勝「北方都市の豪雪時における危機管理体制に関する調査結果」『寒地技術シンポジウム'97　寒地技術論文・報告集』Vol. 13, 790-794頁。

＊58　『北海道新聞』1996年2月6日，9面。

＊59　同上，8面。

＊60　関係者へのインタビュー（2002年4月25日）。

＊61　『北海道新聞』1996年1月12日，26面。

＊62　同上，1996年1月31日，1面。

＊63　関係者へのインタビュー（2002年4月9日）。

＊64　金田安弘・金子正夫・加治屋安彦・長利秀則・上村啓二・上谷誠司「道路管理者間の冬期道路管理情報共有システム（ホワイトネット）」『第17回　寒地技術シンポジウム』（2001年），1-2頁。

＊65　同上，6頁。

＊66　関係者への電話によるインタビュー（2002年5月2日）。

＊67　「スマート札幌ゆき情報実験2002」モニター募集パンフレット。

＊68　札幌市建設局道路維持部スパイクタイヤ対策課編『雪さっぽろ21計画』（1991年6月），42-43頁。なお，除雪パートナーシップについては，平田匡宏「除雪パートナー

127

シップ制度」札幌市教育委員会文化資料室編，前掲書『札幌の冬』，112-116頁参照。

＊69　札幌市建設局管理部雪対策室計画課編『札幌市雪対策基本計画　アクションプログラム』（2001年8月），23頁。

＊70　http://www.city.sapporo.jp/kensetsu/yuki/plan-jisseki/jigyou/jigyou.html（2002年5月8日）。ちなみに，この額は，一般会計予算8,497億円の1.89％にあたる（http://www.city.sapporo.jp/zaisei/kohyo/yosan.htm〔2002年5月8日〕）。

なお，大雪のあった1996年度の雪対策予算としては，154億円が計上されていた。

＊71　札幌市建設局管理部雪対策室資料「平成12年度　雪出し指導及び苦情要望調」。

＊72　『北海道新聞』1996年1月18日，10面。

＊73　札幌市建設局道路維持部スパイクタイヤ対策課編，前掲『雪さっぽろ21計画』，6頁。

＊74　関係者へのインタビュー（2002年4月9日）ならびに関係者の電子メールによる回答（2002年5月13日）。

＊75　国土庁地方振興局編『利雪による地方振興策』（大蔵省印刷局，1992年），19頁。

　※　なお，本章は，2002年度　日本行政学会研究会における報告「積雪寒冷地域における交通政策—北海道の事例—」に，大幅な加筆・修正をおこなったものである。

米国における危機管理

1. はじめに

2005年8月29日，過去最大級といわれる，ハリケーン「カトリーナ」がルイジアナ州に上陸した。米気象当局によると，カトリーナの勢力は，最大時，中心の気圧が920ヘクトパスカル前後で，最大風速は，毎秒78メートルにもたっしていた。そのため，同当局は，カトリーナの勢力を最高のレベル5に分類していた。しかも，カトリーナの直撃が予想されたルイジアナ州最大の都市ニューオーリンズ市は，その大部分が海抜ゼロメートル以下であったため，同市を中心に，甚大な被害をだす可能性が予想された。

こうした状況のなかで，ジョージ・W・ブッシュ大統領は，27日，ニューオーリンズ市のあるルイジアナ州に非常事態宣言をだした。さらに，ニューオーリンズ市では，28日，レイ・ネーギン市長が48万人の全市民を対象に避難命令をだした。だが，同市の人口のうち，7割近くは黒人であり，そのほとんどが避難にもちいる自動車を有していなかったのだ。そして，30日朝になると，ニューオーリンズ市北側のポンチャートレーン湖の堤防の一部が決壊し，同市は，またたくまに濁流にのみこまれ，同市の8割が冠水してしまう結果となった。

さらに，ニューオーリンズ市では，スーパーマーケットの店舗から，食料品などが略奪される事態が発生した。なかには，略奪者同士による銃撃戦の結果，死者もでたほどであった。このとき，治安の悪化をくい止めるべきニューオーリンズ市警の警官およそ1,500名のうち，約200名は職場を放棄していたとされる。

また，カトリーナは，米国経済にも深刻な影響をおよぼした。とりわけ，それは，原油高というかたちであらわれることとなった。というのは，カトリーナの直撃を受けた米国南部のメキシコ湾岸には，石油生産施設が集中しており，ここで，全米のおよそ4分の1をしめる原油産出がおこなわれていたからだ。エネルギー省によると，カトリーナの影響によって，30日の時点で，メキシコ湾の原油生産のおよそ95％（日量140万バレル強分）がストッ

プしてしまったという。そのため，30日のニューヨーク商業取引所の先物価格の終値は，前日比2.61ドル高の1バレル＝69.81ドルにたっし，1983年の取引開始以来の最高値を記録した。これに対して，夏期休暇を予定より2日はやく切り上げて，31日に，ホワイトハウスにもどったブッシュ大統領は，関係閣僚会議を開催し，総合対応策をとりまとめた。そして，戦略石油備蓄（SPR）の放出を認め，石油価格の安定化に腐心した。

　ところで，このハリケーン「カトリーナ」に対する対応が不十分であったとして，ブッシュ政権は大きな批判をあびることとなったのは，周知のとおりである。そして，9月はじめには，ブッシュ政権の支持率は，政権誕生以来最低の40％にまで落ちこんだ。そのため，9月12日には，カトリーナへの初動態勢の不備の責任をとって，FEMA（連邦緊急事態管理庁）のマイケル・D・ブラウン長官が辞任を表明した。そして，2日後の15日には，ブッシュ大統領自身，ニューオーリンズ市において，「それは，普通のハリケーンではなかった。それゆえ，通常の災害救援システムでは対処できなかった」と述べ，初動態勢のまずさを認めた[*1]。

　ブッシュ大統領のことばからもわかるように，今回のカトリーナに対する初動態勢の遅れから，被害の拡大をまねいたのは事実である。それゆえ，"人災"であるとの批判があいついだ。つまり，ブッシュ政権の危機管理能力が疑問視されたわけである。

　そこで，本章においては，ハリケーン「カトリーナ」の被害が人災的側面がつよいとの認識のもとに，論述をすすめる。その順序としては，まずはじめに，米国における危機管理の重点が，自然災害からテロ対策に移行してしまっていた点を明らかにする。つぎに，2005年3月中旬～4月上旬の米国でのヒアリング調査の一部を紹介しつつ，危機管理にとって重要な要素の1つである，リーダーシップについて考えてみたい。そして，最後に，簡単な私見を述べる。

2. 国土安全保障重視への移行

　2001年9月11日の同時多発テロ事件は，米国民に大きな衝撃をあたえた。そして，その日をさかいとして，米国民の主要関心事は，テロ対策へと向けられるようになった。とりわけ，ブッシュ政権は，こうした潮流を背景に，「対テロ戦争」の一環として，同年10月7日には，アフガニスタンへの報復攻撃をおこない，2003年3月20日には，イラク戦争を開始したのだ。

　また，このような動きのなかで，2002年9月20日に，ブッシュ大統領は「国家安全保障戦略」を発表し，そのなかで，「脅威が米国の国境に達する前に，その脅威を確認し破壊し，米国とその国民，および国内外の国益を守る。米国は，国際社会の支持を得るべく常に努力するが，そのようなテロリストが米国民や米国に危害を加えることを防ぐため，必要ならば単独で行動し，先制して自衛権を行使することをためらわない」との決意を表明した。これが，先制攻撃を正当化するための理屈づけとなった，いわゆる「ブッシュ・ドクトリン」である*2。

　さて，米国内において，テロ対策が重視されてくるにつれ，国土安全保障（homeland security）ということばがさかんに唱えられるようになった。そうしたなかで，ブッシュ大統領は，テロ対策の一環として，国土安全保障省（Department of Homeland Security）の設置を明らかにした（2002年6月6日）。これは，テロ対策に関連する22の政府機関を統合するというもので，1947年の国防総省の創設以来，最大規模の省庁再編であった。

　このような国土安全保障に力点をおいた組織改革は，いつに連邦レベルにおいてのみなされたわけではない。たとえば，ノースダコタ州の原住民居留地スリー・アフィリエイティッド・トライブズ（Three Affiliated Tribes）においても，危機管理の担当部署名が，「たんに，危機管理（Emergency Management）であったものが，9・11以降，国土安全保障管理（Homeland Security Management）になった」という*3。

　また，ノースダコタ州ワード・カウンティの危機管理官をつとめるトム・

132

メラム氏は,「かつて1960年代から1980年代にかけては,民間防衛機関（civil defense）とよばれることばがもちいられたが,1990年代からは,危機 （emergency）という名称となった。おそらく,ちかいうちに,わたしの職 名は,国土安全保障（homeland security）担当に変わるのではないかと思 う」と答えている*4。

　では,地方レベルでは,こうした国土安全保障重視の政策をどのように受 けとめているのであろうか。ペンシルベニア州カウンティ・コミッショナー 協会（County Commissioners Association Pnnsylvania）のダグラス・ヒル 理事は,「国土安全保障省ができたことによって,連邦,州,カウンティの すべてのレベルで,これまでよりもよい対応ができるようになった」と歓迎 している*5。また,アトランタ＝フルトン・カウンティ危機管理庁のリチャー ド・M・ボダーン氏は,「連邦政府からだされる資金が多くなったので,こ の状態がよい」と述べている*6。

　ボダーン氏のように,連邦政府からの補助金がふえたことを理由に,国土 安全保障重視の政策を評価する声は多い。前出のメラム氏やヒル理事は,お のおの,「1996年以降,この職についているが,9・11後のもっとも大きな変 化は,お金がふえたことの一語につきる」*7,「9・11によって,われわれだけ では,資金が不足して入手できなかった機器を購入できるようになった」*8 と話している。

　さらに,テキサス州ハリス・カウンティの国土安全保障および危機管理を になう,マイク・ストットラー調整管理官は,「2004年6月1日以降,組織 名を国土安全保障・危機管理局（Office of Homeland Security and Emergency Management）と改称した。業務の内容は,以前とおなじだが, 国土安全保障ということばをいれるだけで,政府からの補助がもらえる」と 語っている*9。くわえて,ノースダコタ州の小さな町パーシャルでは, これまで,「消防車を購入する余裕がなかったので,消防活動に必要な機材を 購入して,自分たちの手で,ふつうのトラックにそれらの機材をとりつけ, 自分たちなりの消防車をつくりあげてきた」という。だが,パーシャル潜水

救助隊（Parshall Dive and Rescue）のグレッグ・ヘンドリクソンは，「9・11を受けて，機材購入費のため，2万5千ドルもの補助があった」と喜びをあらわにしていた[10]。

　これら全員に共通する感情は，つぎのようなものであろう。すなわち，カリフォルニア州サクラメント地域・早期テロ警戒グループ（Sacramento Area Terrorism Early Warning Group）のリーダーをつとめる，デイビッド・ストッダードのことばをかりれば，「9・11のようなことはないにこしたことはない。だが，万一，9・11がなかったとしたら，危機管理という点で，進歩があったとしても，そのスピードは緩慢であったように思う。われわれは，あの事件以降，仕事に対する情熱がました。また，9・11によって，補助金が入ってくるようになった」というわけである。さらに，同氏は，「9・11からの3年間，われわれは，補助金をトラックや救急車の購入など，ハード面についやしてきた。そして，高性能な設備を有することができた。だが，たとえどれほど高性能な設備を保有していても，それをつかいこなせなければ，意味がない。そこで，今後，5年計画で，これらの設備のつかい方をトレーニングしていこうと考えている。これまでの力点は，あくまでもハード面にあったが，これからは，ソフト面での充実をこころがけるつもりだ」とも述べている[11]。同時多発テロ事件を受けて，各地方自治体は，連邦政府からの補助金を手にすることができた。これらの地方自治体に共通しているのは，今後，ソフト面の充実という課題をおっているという点だ。

　ところで，こうした国土安全保障重視の傾向は，学問の現場にもおよんでいるそうだ。たとえば，ジョージワシントン大学・危機管理研究所では，危機管理研究を専攻する大学院生を対象としたコースをもうけているが，同時多発テロ事件をさかいとして，大学院生の関心に変化が生じているらしい。「9・11以前の博士課程在籍者の興味は，たいてい，環境問題をいかに管理していくかという点にあった。だが，2001年9月11日以降，在籍者の関心事は，テロ対策へと移行し，博士論文のテーマも，テロ対策をあつかったものが主流をしめるようになった」という。それにともない，同コースでは，「4月

134

の第1週目に，国土安全保障省と合同でおこなう演習の時間をもうけるようになった」そうだ[*12]。

また，かつてFEMA長官をつとめたジェームズ・リー・ウイット氏がはじめた，危機管理専門のコンサルタント会社ジェームズ・リー・ウイット・アソシエイツ（James Lee Witt Associates）のバリー・W・スカンロン上席副社長によれば，「同時多発テロ事件以前は，洪水，ハリケーンに関する仕事が多かったが，9・11以降は，テロ対策に関する依頼が大半をしめている」という[*13]。

以上みてきたように，同時多発テロ事件以降，ブッシュ政権の関心は，テロリズムに傾注してしまっており，資金もテロ対策にばかり割かれてしまっている。そのため，ハリケーン，地震といった自然災害への対応が軽視されるようになったと警告を発するむきもある。たとえば，前出のジョージワシントン大学・危機管理研究所のグレゴリー・ショウ上級研究員は，「昨年，フロリダで4つのハリケーンがあって，大きな被害をだしたが，メディアも注目しない。同時に，本来，自然災害にふりむけられるべき予算までもが，テロ対策のほうにまわされてしまっている。われわれのように，危機管理を専門とする人間はみな，こうした状況をなげいている」と語っている[*14]。同様に，「解決されていない問題として，バランスという視点を指摘できる。自然災害は，頻度がたかいものの，死者数はテロよりも少ないとの声がある。しかし，自然災害は，被害も大きく，軽視することはできない。今後，いかにして，災害対策とテロ対策とのあいだで，計画と資金のバランスをはかっていくかが，課題となろう」との見解もみられる[*15]。

では，どうして，米国においては，ことさら危機管理＝テロ対策といったムードがかもしだされているのであろうか。これには，同時多発テロ事件における被害の甚大さとも関係があろう。だが，ショウ上級研究員のことばをかりれば，米国民の関心が国土安全保障にばかり向いてしまうのは，「大統領が，テロ対策をことさら強調する」からであり，こうしたきわめて“政治的”な動きに，「補助金がからんできている」のだ。くわえて，「国民のあいだで，

テロに対する恐怖がいまだおとろえないなかで，選挙の折り，いくら自然災害への対策の必要性を説いたとしても票にはならない」ため，ブッシュ大統領はテロ対策のみを強調することとなる[16]。

また，テロ対策が進行していくなかで，「メキシコやほかの中米諸国からの不法移民は毎日入ってきている。航空機や鉄道による進入については対策をたてているけれども，歩いてきたり，ボートでやってくる者たちを止めるための方策はとられていない。いつの日か，テロリストは，こうした対策の手薄なところをついてくるかもしれない。同様に，米国とカナダの国境も，軍事的に守られていないことに留意すべきである」との見解を示す者もいる[17]。

3. 危機管理におけるリーダーシップ

2005年9月5日の『ワシントン・ポスト』紙の社説は，「FEMAが国土安全保障省という官僚組織に吸収されたために，自然災害に対する能力を喪失してしまったのではないか」との疑問をなげかけていた[18]。同紙の指摘は的をいたものであり，今回のハリケーン「カトリーナ」がひきおこした被害の甚大さは，この点に由来するといってよかろう。

先述したように，2001年9月11日の同時多発テロ事件は，米国民に大きな衝撃をあたえた。そして，同事件の発生を受けて，米国では，国土安全保障省が設立された。もともと，同時多発テロ事件直後から，ブッシュ政権は，ホワイトハウス内に国土安全保障局（Office of Homeland Security）をもうけ，省庁間の調整にあたらせていた。だが，縦割り行政の弊害などから，思うようなテロ対策がうちだせず，最終的に，ブッシュ大統領は，国土安全保障省の設置にふみきった。この国土安全保障省は，テロ対策にかかわる22の政府機関・部門を統合した巨大省庁で，職員数も17万人におよぶ。初代長官には，トム・リッジ国土安全保障局長官が就任した。つまり，FEMAは，国土安全保障省のなかの一機関となってしまったのである。

こうした動きに関して，全米都市連盟（National League of Cities）のロビイストであるベロニカ・プルビオス・フェントン氏は，「FEMAが国土安全保障省に入ったことで，FEMAは変わってしまった」という。その一例として，同氏は，「最近のハリケーンへの対応をみても，FEMAがきわめて中央集権的な組織に変質してしまい，何事に関しても，ワシントンにおうかがいをたてる，きわめて官僚的な組織になってしまった」と語っている[19]。

では，こうした批判をFEMAの関係者は，どのようにみているのであろうか。FEMA職員のカイル・W・ブラックマン氏は，つぎのように反論する。すなわち，「FEMAは，のけ者ということばがあるくらい，国土安全保障省のなかでも，ほかと異なる仕事をしている。ほかのところは，国土安全保障が仕事の中心であるが，FEMAはそれにはかかわっていない。したがって，FEMAは，特異な地位にあるといえる。そのため，政府も以前のまま，手をつけずにのこしてくれているような気がする」と[20]。この発言は，FEMAに所属しない者の認識と，かなりかけ離れているようだ。

だが，ブラックマン氏は，全面的に現在の組織を肯定しているわけではない。同氏は，FEMAが国土安全保障省のなかにくみこまれたために，弊害もでていると率直に認めている。それは，予算の獲得方法に関してである。同氏によれば，「国土安全保障省ができてから，もっとも変わったのは，予算の申請方法である。予算部局と直接交渉できなくなり，予算をくむ時期をかなりはやめなければならなくなった。これは，マイナスである」とのことだ[21]。

かつて，ビル・クリントン政権下で，FEMAの長官をつとめたウイット氏は，国土安全保障省にFEMAを統合するというアイデアにつよく反対した。というのは，FEMAが国土安全保障省のなかに統合されると，テロ対策にばかり重点がおかれ，自然災害への対応が手薄になることが懸念されたからだ。そして，ウイット氏は，「FEMAのスタッフ，プログラム，資金などが削減されていくのをみて，自分が精魂かたむけてつくりあげた組織をひとつひとつ骨ぬきにされているようで，大いに落胆していた」らしく，「FEMA

の力が弱まってしまうと，国家にとって，大きな損失である」とまでいいきっていたようだ[22]。

　事実，ウイット氏の懸念どおり，「FEMAの予算は，災害後の復旧対策に講じるもの，州や地方自治体への補助などを中心に，5億ドル削減されてしまった。そして，FEMA職員の4分の1にあたる500人がリストラされた。そして，そこで浮いた予算はすべてテロ対策へとまわされるようになった」[23]。

　ちなみに，FEMAは，民主党のジミー・カーター政権下の1979年に設立された[24]。その後，「1989年のカリフォルニアの大地震，サウスカロライナでの大きなハリケーンがテレビで全国に放映されて，国民も政治家も危機管理に大きな関心をいだくようになった。そんな折り，1992年にハリケーン『アンドリュー』が発生したが，このとき，FEMAには，リーダーシップをとれる人間がおらず，ハリケーンへの対応がまずかったとの批判が噴出した」[25]。

　そのため，連邦議会でFEMA不要論がまきおこった。米国の危機管理研究の第一人者である，ウイリアム・L・ワオ＝ジョージア州立大学教授によれば，「1990年代，連邦議会が，FEMAをなくそうとしたときがあった。この当時，なにをしていいかわからないような人間は，FEMAに送ってしまえばいいという笑い話があったほどだった」という。だが，「ウイット氏は，FEMAを見事に変質させたのだった」。ワオ教授は，「ウイット氏が，FEMAを改善できた理由としては，クリントン大統領との個人的なつながりもさることながら，それ以上に，ウイット氏が自分のやるべきことを知っていて，それを実行したからだといったほうが適切ではなかろうか」と語っている[26]。

　つまり，ウイット氏は，「クリントン大統領に直接意見できるような立場の人物」であると同時に，「きわめて有能な人物」でもあったということができる。前出のジョージワシントン大学・危機管理研究所のショウ上級研究員は，ウイット氏の有能さに関して，「きわめて正直で，まちがいを認めることのできる人物であり，カリスマ性を有している。FEMAの改革に全力をつくしたのも，みずからの権限をひろめるという姑息な考えからではなく，

純粋に，FEMAを危機管理に対応できる万全の体制をととのえた役所にしたいと思ったからだ」と述べている。そして，「ウイット氏が現在のFEMAをみれば，きっと失望するにちがいない」とことばをつづけている[27]。

ちなみに，ショウ上級研究員は，国土安全保障省に対しても批判的で，「国土安全保障省のもとにくみこまれた省庁は，つねに対立していて，1つの問いをなげかけると，もとの省庁ごとにべつべつの回答がかえってくる始末だ」との苦言を呈している[28]。

このように，ウイット氏の評判はきわめてよく，前出のFEMA職員のブラックマン氏もおなじ見解を示している。すなわち，「ウイット氏は，魅力的な人間で，意見のちがいをのりこえて，問題解決にあたろうとする。かつて，連邦議会上院には，FEMAを無用とみなす者もいた。だが，ウイット氏は，そうした議員たちと議論をつくして，ちがいをのりこえ，組織を存続させた。そして，同氏は，そうした批判をはねのけるべく，FEMAをプロフェッショナルな組織へと育てあげたのだ。そして，いまなお，同氏の精神は脈々と生きつづけている」と[29]。

では，どうして，ウイット氏は，無用とまでいわれたFEMAの改革に成功したのであろうか。一般には，クリントン大統領がアーカンソー州知事をつとめていたときに，ウイット氏が同州の危機管理の責任者の地位にあったことが大きいといわれる。ブラックマン氏は，この点を認めつつも，「アーカンソー州は，それほど災害の多い場所ではないため，そこでの経験が重要であったとばかりはいえない。その折りに，クリントンから得た信頼がいかに大きかったかという点が，その後のFEMA改革の成功と大きな関係があったように思う」と述べている。さらに，興味深いことに，ウイット氏は，ブラックマン氏に対して，「1992年の大統領選挙で，クリントンが勝利すれば，わたしはFEMAの長官になる」と語っていたという[30]。

これまでみてきたように，FEMA長官時代のウイット氏の成功の背景には，クリントン大統領との密接な信頼関係とウイット氏自身の人間的な魅力の両方があったと指摘すべきであろう。周知のように，カトリーナによる大惨事

が発生したとき，FEMA長官の任にあったブラウン氏とブッシュ大統領との関係は良好であった。だが，ブラウン氏には，人間的な魅力という点が欠けていた。人間的な魅力に欠けるということは，同時に，政策判断のあまさをももたらす。たとえば，ブラウン長官は，対応までの時間はまだ十分あるとして，カトリーナがちかづきつつあった８月28日の段階では，通常どおりの発想で，ルイジアナ，ミシシッピの両州に計18の災害医療援助チームを派遣した。しかし，その後の深刻な事態を目のあたりにして，30日になって，ようやく８つの緊急医療援助チームの増派を決定するという始末であった。

こうしたブラウン長官の不手際に対して，ニューオーリンズ市の地元紙『タイムズ・ピカユン』は「ブッシュ大統領への公開書簡」と題する社説のなかで，「FEMAの全職員，とりわけ，ブラウン長官を解雇すべきだ」との主張を展開した[31]。さらに，『タイム』誌が，同氏の連邦議会での任命の折り，過去に，危機管理にかかわった経験を有するとした経歴が疑わしいと報じるなど[32]，ブラウン長官に対する批判は日ましにつよくなっていった。そして，結局，９月12日にいたって，ブラウン長官は，その職を辞した。

ここで，もう少し，ウイット氏の辣腕ぶりがわかるエピソードを紹介しよう。「ウイット氏がFEMAの長官となって初出勤した日，同氏は，朝の５時からFEMAの建物のまえにたち，出勤してくる職員全員と握手をした。ほとんどの職員が，それまでの長官の顔も知らないという話を聞いていたからだ。さらに，ウイット氏は，33名の幹部職員をあつめて，『これからは，みんなに担当を変わってもらう』と訓示した。というのは，従来の縄張り意識や士気の低下を是正する目的があったからである」[33]。

つまり，ウイット氏は，「アーカンソー州で，危機管理の仕事を担当していたため，事前に，FEMAのやり方のまずさを熟知していた」ということになる。そして，それをあらためるため，「ウイット氏は，クリントン大統領とおなじ，国民第一の視点をうちだした。まさに，国民をお客さんととらえる意識をFEMA内に根づかせようとしたのだ。そして，危機管理の名のもとに，国民生活の領域がおかされることのないように留意しつつ，最大限，

国民を満足させるという方針で，政策立案することをこころがけた。そのため，FEMAの職員には，カスタマー・トレーニングを受けさせるようにした」という。このように，「ウイット氏は，アーカンソー州知事時代のクリントンと協力して，難局をのりきってきたこともあり，たがいを熟知していた。それゆえ，『変革』をかかげたクリントンが大統領になったとき，ウイット氏自身，FEMAを変革する雰囲気がかもしだされていたことも敏感に感じとっていた」といえよう*34。

4. 結び

さて，ここでは，もう少し危機管理とリーダーシップの関係について考えてみよう。2001年9月11日の同時多発テロ事件後，ルドルフ・ジュリアーニ＝ニューヨーク市長は，ひんぱんにニューヨーク市民のまえに姿をあらわし，失意のそこにあった市民を勇気づけた。このように，危機時において，リーダーが顔をみせることはきわめて重要な意味をもつ。その文脈において，おなじ同時多発テロ事件後のワシントンD.C.のアンソニー・ウイリアムズ市長の行動には，関係者でさえ，否定的な意見を述べている。というのは，「9・11のとき，ワシントンD.C.の市長は，公の場にでて，発言することをしなかった」からだ。もっとも，ウイリアムズ市長の行動は，「ワシントンD.C.が，テロとは無関係と考えていたからであるが，これは，大きなまちがいであった」と，ワシントンD.C.の危機管理庁局長代理をつとめる，アンドリュー・L・ジャクソン氏は語っている*35。

それでは，リーダーには，どのような要素が求められるのであろうか。テキサス・ゼネラル・ランド・オフィス（Texas General Land Office）のスコット・ガウデット氏は，「要求した予算がいかに必要なものであるかを州議会に対して説得できるだけの力量を有した人物」がリーダーにとっての条件であると指摘している*36。

同時に，ガウデット氏は，「現場で対応をする者に，大きな責任がゆだね

られており，その判断が尊重される。現場にいく人間にできるかぎり権力と権限をあたえることが大切だ。というのは，その場で，迅速かつ適切な判断をくだすことが重要だからだ。危機時に，いちいち，上司の判断をあおいでいる時間はない」とも語っている[37]。

　ということは，「それぞれの専門分野で決断をし，みながコラボレートしていくことが大切だ。そして，その結果を市長に伝える。一人が力をもって，行動していくのは弊害しかない」との意見にもあるように[38]，リーダーに求められるのは，最終的な責任の所在であり，危機管理にたずさわるスタッフとのあいだに，堅固な信頼関係を築いておくことが緊要といえる。その意味においては，かつてのクリントン大統領とウイット長官との関係は理想的なかたちであったように思われる。それゆえ，ウイット長官時代のFEMAはいまなおたかい評価を得ているのであろう。

　また，ノースダコタ州ワード・カウンティのメラム危機管理官は，「リーダーのやるべきことは，コーディネートすることである。第一次対応に適応し，計画をたて，そして訓練をする。消防署，警察，赤十字，ボランティア，空軍，ガス会社などをコーディネートしていくことだ」と述べている。これは，リーダーが，各部署の意思を最大限尊重しつつも，危機管理で問題となる"縦割り行政"の弊害をとりのぞいていくことの重要性を訴えている[39]。

　このように考えてくると，たとえ，リーダーであっても，「一人の人間には限界がある」ことを認識し，「ときにはリーダーを辞したほうがよいときもあるという発想ができるような教育をして，リーダーを養成していくことが必要となろう。危機に直面して，一度でもパニックになった経験を有する者は，危機時のリーダーにはなるべきではない」のだ。さらに，今回のカトリーナの事例などをみていると，「ながつづきのするリーダーをつくるようにする」ことが重要であり，そのためにも，「地域の特性や文化的なちがいを考慮しつつ，適切に状況を判断できるような人間」がトップにたつべきなのであろう[40]。

第5章　米国における危機管理

注

* 1　http://www.whitehouse.gov/news/releases/2005/09/20050915-8.html（May 28, 2006）.
* 2　ブッシュ政権と対テロ戦争の関連については，拙著『日米首脳会談の政治学』（同文舘出版，2005年），146-149頁を参照されたい。
* 3　クリフ・ホイットマン（Cliff Whitman）氏へのヒアリング（2005年4月5日）。
* 4　トム・メラム（Thom Mellum）氏へのヒアリング（2005年4月4日）。
* 5　ダグラス・ヒル（Douglas Hill）氏へのヒアリング（2005年3月25日）。
* 6　リチャード・M・ボダーン（Richard M. Bodane）氏へのヒアリング（2005年3月28日）。
* 7　前掲，メラム（Mellum）氏へのヒアリング。
* 8　前掲，ヒル（Hill）氏へのヒアリング。
* 9　マイク・ストットラー（MIke Stotler）氏へのヒアリング（2005年3月30日）。
*10　グレッグ・ヘンドリクソン（Greg Hendrickson）氏へのヒアリング（2005年4月5日）。
*11　デイビッド・ストッダード（David Stoddard）氏へのヒアリング（2005年4月7日）。
*12　グレゴリー・ショウ（Gregory Shaw）氏へのヒアリング（2005年3月22日）。
*13　バリー・W・スカンロン（Barry W. Scanlon）氏へのヒアリング（2005年3月24日）。
*14　前掲，ショウ（Shaw）氏へのヒアリング。
*15　前掲，ヒル（Hill）氏へのヒアリング。
*16　前掲，ショウ（Shaw）氏へのヒアリング。
*17　前掲，ヒル（Hill）氏へのヒアリング。
*18　*The Washington Post*, Sep. 5, 2005, p. A30.
*19　ベロニカ・プルビオス・フェントン（Veronique Pluviose-Fenton）氏へのヒアリング（2005年3月23日）。
*20　カイル・W・ブラックマン（Kyle W. Blackman）氏へのヒアリング（2005年3月24日）。
*21　同上。
*22　前掲，スカンロン（Scanlon）氏へのヒアリング。
*23　同上。
*24　http://www.fema.gov/about/history.shtm（May 28, 2006）.
*25　前掲，スカンロン（Scanlon）氏へのヒアリング。
*26　ウイリアム・L・ワオ（William L. Waugh Jr.）氏へのヒアリング（2005年3月29日）。
*27　前掲，ショウ（Shaw）氏へのヒアリング。
*28　同上。
*29　前掲，ブラックマン（Blackman）氏へのヒアリング。

＊30　同上。

＊31　*The Times-Picayune*, Sep. 4, 2005, p. A15.

＊32　Daren Fonda and Rita Healy, "How Reliable Is Brown's Resume? : A Time Investigation Reveals Discrepancies in the FEMA Chief's Official Biographies," in *Time*, Sep. 8, 2005（http://www.time.com/time/nation/article/0,8599,1103003,00. html［May 28, 2006］）.

＊33　前掲，スカンロン（Scanlon）氏へのヒアリング。

＊34　同上。

＊35　アンドリュー・L・ジャクソン（Andrew L. Jackson, Jr.）氏へのヒアリング（2005年3月25日）。

＊36　スコット・ガウデット（Scott Gandet）氏へのヒアリング（2005年3月31日）。

＊37　同上。

＊38　ジョージア危機対応チーム（Georgia Crisis Response Team）へのヒアリング（2005年3月29日）。

＊39　前掲，メラム（Mellum）氏へのヒアリング。

＊40　前掲，ジョージア危機対応チーム（Georgia Crisis Response Team）へのヒアリング。

　※　なお，本章は，米国務省主催の「2005年度　International Visitor Leadership Program」による成果の一部であることを付言しておく。

第6章

在外公館における危機管理

1. はじめに

2009年7月25日，社団法人　日本在外企業協会　海外安全センター主催の「第1回　海外安全・危機管理者　認定試験」が実施された。同試験の案内書によれば，「日本企業のグローバル化が進む中，海外における企業のリスク管理の重要性がこれまで以上に強く認識されるようになってきています。企業は海外でのリスクを回避するために，また万一リスクに遭遇した場合に被害を最小限にするために，リスク管理の責任者を配置するなど組織・体制を整備・強化することが不可欠です。そのための第1段階として，リスク管理能力の高い人材の育成が急務となっています」とあり，この認定試験が，「企業の海外安全・危機管理者の育成を側面から支援し，企業のレベルアップに貢献することを主眼に計画したもの」であることがわかる[1]。

そして，同協会は，この認定試験用のテキストとして，『海外安全・危機管理標準テキスト』を刊行している。このテキストは，「海外における安全対策や危機管理に携わる企業や団体等の担当者が，海外安全や危機管理の概要について，理解を深めるための手引書である」と同時に，「企業の海外駐在員とその家族，出張者，あるいは広く一般旅行者が，海外において安全対策や危機管理を行う際のガイドラインである」と記されている[2]。

こうした「海外安全・危機管理者　認定試験」制度がスタートしたり，そのためのテキストが刊行される背景には，海外在留邦人数の増加を指摘することができる。外務省領事局政策課の「海外在留邦人数調査統計—平成21年速報版—」によれば，2008年10月1日現在の海外在留邦人総数は，111万6,993名となっている[3]。図6-1からも明らかなように，ここ20年ほどのあいだにかぎっても，海外在留邦人の数は，一貫して，増加傾向にあることがわかる。このうち，「永住者数は，361,269人（全在留邦人数の32.34％）と，約21,500人増加（前年度は11,400人増加）している。増加数で見ると，昨年と同様北米地域が10,313人増（前年度5,943人増）でトップ」となっており，以下，「アジア地域の4,509人増（同2,764人増），大洋州地域が3,683人増（同3,242人増），

第6章 在外公館における危機管理

図6-1 海外在留邦人数推移

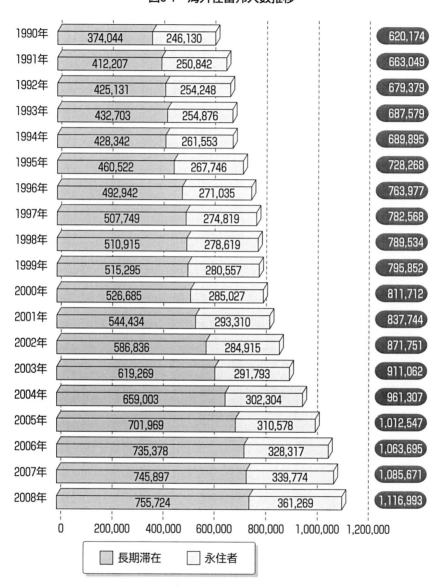

出所：外務省領事局政策課「海外在留邦人数調査統計―平成21年速報版―」（2009年9月），10頁
（http://www.mofa.go.jp/mofaj/toko/tokei/hojin/09/pdfs/1.pdf〔2009年9月20日〕）。

西欧地域3,631人増（同1,915人増）と続く」[*4]。他方，「長期滞在者の総数は755,724人で，1万人弱の増。上げ幅は前回調査の1万5百人増から若干減少したものの，ほぼ同率の上昇となっている」[*5]。

つぎに，これを地域別でみてみよう。地域別でいえば，「昭和60年以降連続して北米地域がトップ（39.08％）である。近年，アジア地域の割合が増え，北米地域が年々減少する状況が続いていたが，今回の集計では，中国が頭打ちから減少に転じ，北米地域が0.2ポイント増，アジア地域が0.25ポイント減となった。南米地域では，永住者の高齢化に伴う減少傾向は変わらず，前年比0.26％減となっている」。

さらに，国別の内訳でいうと，第1位が，米国の38万6,328名で，これに，中国の12万5,928名，オーストラリアの6万6,371名，イギリスの6万3,017名とつづく[*6]。これを長期滞在者数でみると，米国：25万294名，中国：12万4,480名，イギリス：4万8,598名，タイ：4万3,195名の順となっている。

つづけて，都市別の在留邦人数に着目してみよう。都市別の人数の多さでは，ロサンゼルス（6万4,734名），ニューヨーク（4万9,659名），上海（4万8,179名），バンコク（3万2,283名）の順となっている。これが長期滞在者数だけになると，順位はいれかわり，上海（4万8,065名），ニューヨーク（4万1,246名），ロサンゼルス（3万8,326名），バンコク（3万1,643名）となる。

ところで，このように，海外在留邦人の数がふえてくるにつれて，これまで以上に，「外務省では，国民の海外での円滑な活動と安全・安心を確保することが重要との認識の下，国民のニーズを踏まえた支援に積極的に取り組んでいる」ようである。具体的には，「国民一人一人が『海外では自分の身は自分で守る』という意識を持つよう啓発に努めつつ，海外の事件・事故，自然災害，鳥・新型インフルエンザ等の新興感染症，広域化・複雑化するテロ・誘拐等の危険・脅威に関する情報を機動的に発信するとともに，実際に国民が被害に遭遇した際の支援及びその体制・基盤の強化に一層取り組んでいる。また，海外での日本人の生活と活動基盤を支える基礎的なサービス業務として，旅券（パスポート）や各種証明の発給，日本人学校・補習授業校

第6章　在外公館における危機管理

への支援，医療・保健関係情報の提供，在外被爆者への便宜の提供等を行っている。さらに，こうした分野におけるサービス向上のため，IT技術を活用した情報発信体制の強化や電子届出手続の改善を図るとともに，世界各国の日本国大使館・総領事館における危機管理体制の強化・拡充を推進している」という[7]。

　そこで，本章においては，在外公館の危機管理体制について言及する。その折り，総務省が実施した「在外邦人の安全対策等に関する行政評価・監視」の結果に着目したい。これによって，36在外公館の危機管理体制の特徴の一端が明らかとなるからだ。くわえて，この行政評価・監視の結果をとりあげた（再）質問主意書とそれに対する答弁書の内容を紹介する。さらに，外務省本省として，在外公館の危機管理体制の状況をどのようにとらえていたのかを探るために，「外務省政策評価書」のなかの記述を年度ごとに検討してみたい。つぎに，ケース・スタディとして，在ボストン日本国総領事館の危機管理体制について考察をくわえる。そして最後に，在外公館の危機管理体制に関して，若干の私見を述べてみようと思う。

2. 在外公館の危機管理体制
―「在外邦人の安全対策等に関する行政評価・監視」を中心に―

2009年版の『外交青書』には，つぎのような記述がみられる[8]。

　　外務省では，そうした国民のニーズに対応して的確な支援を行うため，在外公館の閉館時にも24時間緊急連絡が可能となる体制の構築を進めるとともに，海外の大規模災害に機動的に派遣できるよう外部専門家を含む人員，資機材などの確保，整備を進める等，支援体制の強化を図っている。また民間との連携によるセーフティーネットの構築を進め，連絡協議会などを定期的に開催している。在外公館では，現地日本人組織や民間代表者との間で安全対策に関する意見交換や情報共有を行い，連携

149

を深めているほか，留学やワーキング・ホリデーのため海外に滞在している日本人を対象に安全対策をテーマに説明会などを行っている。

　ちなみに，ここでいう在外公館とは，どのようなものをさしているのであろうか。前出の『外交青書』〔2009年版〕によれば，「在外公館は，海外において国を代表し，情報収集，邦人保護，関係促進などの分野で重要な役割を果たす外交力の源泉であり，外務省が組織としての基礎的な体力を強化するためには，その拡充を図ることが不可欠である」組織のようだ[*9]。

　また，外務省のホームページによれば，「在外公館は，外国と外交を行う上で重要な拠点です。現在，世界各地に大使館，総領事館，政府代表部がありますが，それぞれに異なる機能を備えています」とある。具体的にいうと，「大使館は，基本的に各国の首都におかれ，その国に対し日本を代表するもので，相手国政府との交渉や連絡，政治・経済その他の情報の収集・分析，日本を正しく理解してもらうための広報文化活動などを行っています。また，邦人の生命・財産を保護することも重要な任務です」とのことであり，「総領事館は，世界の主要な都市に置かれ，その地方の在留邦人の保護，通商問題の処理，政治・経済その他の情報の収集・広報文化活動などの仕事を行っています」。そして，「政府代表部は，国際機関に対して日本政府を代表する機関で，国際連合，ウィーンにある国際機関，ジュネーブにある国際機関と軍縮会議，OECD（経済協力開発機構），EU（欧州連合）に対する政府代表部があります」とのことだ[*10]。

　そして，その実館数は，2009年1月1日現在，大使館が127，総領事館が65，政府代表部が7となっている（合計：199）[*11]。なお，地域別の内訳をみると，アジアが38，大洋州が11，北米が22，中南米が27，欧州が55，中東が18，アフリカが28である[*12]。ところで，日本の大使館の数は，2009年度中に，あらたに5施設がもうけられることで，133となるが，この数字は，「ドイツの149，フランスの159，中国の166，米国の167と比べても依然として小さく，国力に見合う規模ではない」そうだ。そのため，「外務省としては，

150

第6章　在外公館における危機管理

組織力の強化という観点から，引き続き在外公館の増強に取り組む考えである」とのスタンスをとっている[13]。

(1)「在外邦人の安全対策等に関する行政評価・監視」

　では，実際に，在外公館の危機管理体制がどれほど充実しているかをみていくことにしよう。ここでは，その手がかりとして，2006年8月～翌2007年11月までのあいだに，総務省が実施した「在外邦人の安全対策等に関する行政評価・監視」の結果に着目したい。というのは，この行政評価・監視の目的が，「在外邦人の安全確保と海外子女の教育環境の整備を推進する観点から，在外公館や日本人学校等における安全対策の実施状況及び日本人学校等が行う教育への支援施策の実施状況を調査し，関係行政の改善に資する」ことにあったからだ[14]。

　なお，総務省の「行政評価・監視は，行政評価局が，行政内部にありながらも各府省とは異なる立場の行政評価・監視の専門組織として，政府の重要行政課題の解決促進や行政改革の推進・実効確保等を図るため，各府省の業務の実施状況について，合規性，適正性，効率性等の観点から調査を行い，その結果に基づき，各府省に対して勧告等を行うことにより，行政運営の改善を図るもの」である[15]。

（a）在外公館の休館時における連絡体制の整備に関して

　外務省海外邦人安全課が，2005年10月に作成した在外公館向けの「邦人保護事務の手引き」では，「在留邦人に対し，平素からの安全対策及び緊急事態への対応を記した『安全の手引き』を作成する」ことが求められている[16]。たとえば，在アメリカ合衆国日本国大使館のホームページに掲載されている「安全の手引き―スキのない心で安全な毎日―」をみると，そこには，「緊急事態への日頃の準備」として，最寄りの病院・警察・ホームドクターなどにくわえて，日本の大使館・総領事館の電話番号を準備しておくように記されている。そして，「緊急事態が発生したとき」の連絡先として，在米国日本大使館の代表電話番号，領事班の直通電話番号，大使館のFAX番号，ホー

151

ムページのアドレス，そして，Ｅメールアドレスが明記されている[17]。このように，「在外公館は，常時，在外邦人からの援護要請等に速やかに対応できる体制」を構築しているのだ[18]。

しかしながら，総務省の「在外邦人の安全対策等に関する行政評価・監視」によれば，調査対象の36在外公館中，１カ所（３％）で，「日本語を十分理解できない現地警備員が配置されているのみで留守番電話を設置していない」在外公館があったという[19]。これでは，「安全の手引き」に在外公館の連絡先が明記されていたとしても，意味を有さないこととなる。しかも，「外務省は，在外公館の休館日及び執務時間外の時間帯（以下『休館時等』という。）における在外邦人との連絡体制の整備について，『休館時等における在外公館の連絡体制』（平成14年10月24日付け外務省訓令領政合第24865号）等を定め，在外公館に対し，警備上の観点から館員等が24時間常駐している在外公館や現地の通信事情等から留守番電話の設置が困難又は効果的でない在外公館を除き，留守番電話により緊急連絡先（電話番号）等の必要なメッセージを流すよう指示している」のだ[20]。

さらにいえば，外務省による「『安全の手引き』作成にあたってのガイドライン」では，「大使館（総領事館）については，代表に加えて領事部直通，執務時間外，休祭日，緊急時の連絡の取り方」に関しても，「安全の手引き」のなかに，もりこむように定められている[21]。だが，「留守番電話を設置し緊急連絡先のメッセージを流す方式を採っている」在外公館のうち，「安全の手引き」に，緊急連絡用の電話番号を掲載していないものが，25％あった[22]。

くわえて，この「安全の手引き」の「改訂は少なくとも２年に一度を目処とする」とされているものの[23]，現実には，17％の在外公館において，２年以上，改訂されていないようだ[24]。

（ｂ）緊急事態に対応したマニュアルの整備に関して

外務省では，在外公館に対して，在留邦人向けの「安全の手引き」にくわえて，館員用として，「国及び地域の特殊事情を加味した『緊急事態対処マニュアル』」を作成するよう，命じている。前出の「邦人保護事務の手引き」に

よれば,「緊急事態における邦人保護」を目的とした,同マニュアルは,2年に一度改訂することが求められているうえに,「平素から同マニュアルに基づき,必ずシミュレーションを行うことが重要である」との認識も示されている[25]。

この「緊急事態対処マニュアル」を作成していない在外公館が,1カ所（3％）存在した。また,「作成後2年から長いもので約4年経過しているが,その間一度も改定されていない」マニュアルを使用している在外公館が20％におよんだ[26]。しかも,もっとも深刻であるのは,それらの在外公館のうち,「当該マニュアル作成後,旅客船と貨物船の衝突事故や大規模地震,同時多発爆弾事件等が発生し,在外邦人の安全確保に関する貴重な経験を有しているにもかかわらず,これらの経験がマニュアルに反映されていないもの」が,71％もあるという事実だ[27]。より充実した危機管理体制を構築していくためには,過去の教訓を蓄積していくことがきわめて重要であるにもかかわらず,それが実践されていないというのは,大問題といわざるを得ない。

しかも,「緊急事態対処マニュアル」を策定している在外公館のうち,調査対象の3年9カ月（2003年4月1日〜2006年12月31日）のあいだに,一度も緊急事態対処訓練を実施していないものが37％となっている[28]。さらに,緊急事態対処訓練をおこなっているケースについて詳細にみると,「緊急事態対処マニュアル」にもとづいて緊急事態対策本部をたちあげたうえでシミュレーションをおこなっている在外公館は,半数しかない[29]。しかも,その半数のうち,半年あるいは1年ごとに定期的なシミュレーションをおこなっている在外公館は,55％しかない[30]。

（c）在外邦人との連絡体制の整備に関して

外務省では,「緊急事態の発生時に,在留邦人の安否確認,在留邦人に対する治安情勢等に係る情報の提供や安全確保上の注意事項の伝達等を速やかに行う」ことを目的として[31],「日本人会,商工会,日本人学校,観光業者,県人会等が既に作成している連絡網と大使館（総領事館）とを連結したもの」など,「基本的に全ての在留邦人を網羅する」緊急連絡網の作成を指示して

153

いる[32]。

　総務省の調査によれば，１つの在外公館で，有線電話による連絡網が未整備であった。しかも，連絡網が整備されていると回答した在外公館のうち，３カ所（９％）では，緊急連絡網が有効に機能していないことが明らかとなっている[33]。

　さらに，緊急連絡網に関しては，「定期的に（現地事情にもよるが３カ月に１回程度）運用テストを行い，常に機能する状態を確保する」よう，「邦人保護事務の手引き」に明記されているが[34]，調査対象期間内に，一度も情報伝達訓練がおこなわれていない在外公館が，56％もあった。そのうち，３年以上ものあいだ，訓練を実施していない在外公館が１カ所（３％），１年以上３年未満，訓練をおこなっていないところが４カ所（11％）あった[35]。

　また，館員同士の情報伝達訓練について，一度も実施されていないものが25％にもたっしていた[36]。

　しかも，問題であるのは，外務省の本省が，「緊急マニュアルで示した緊急連絡網の整備に関する在外公館における励行状況を十分把握していない」という点である[37]。

（ｄ）緊急用無線通信機器の使用訓練の励行に関して

　「邦人保護事務の手引き」によると，「通信事情が一般的に良好な国であっても，自然災害，大規模なテロ等により一時的に通常回線が使用不可能になる可能性も否定できないため，緊急時の連絡及び安否確認が電話のみに依存することがないよう注意する」として，「無線，非常用ＦＭ放送機，衛星電話，電子メール，在外公館ホームページ等」をくみあわせた連絡体制の構築を求めている[38]。

　そのため，1997年度から，緊急時の避難場所となる日本人学校や日本人会の代表者に対して，短距離無線機が貸与されているという[39]。しかしながら，現実には，31％の在外公館で，貸与がおこなわれていない。その理由に関して，「緊急事態が発生し電話が使用できなくなった時点で貸与するなど」をあげるケースもあるが，「平時から貸与し使用訓練をしておかないと，緊急

154

第6章　在外公館における危機管理

時の連絡を適切に行うことができない可能性が高い」ことに留意する必要が
あろう[*40]。

　しかも，無線機を貸与している場合（19在外公館）であっても，そのうち
の33%の在外公館では，使用訓練が一度もおこなわれていない[*41]。

　また，「無線網を整備した在外公館においては，在留邦人との連絡にかか
わる部分については，領事・警備担当官のみならず，館員全員が基本的な使
用方法を熟知し，機器の整備と訓練の実施に努める」ことが，「邦人保護事
務の手引き」に記されているものの，外務省本省が指示するようなかたちで，
月1回程度の使用訓練をおこなっている在外公館は1カ所（3%）しかなく，
調査対象期間中，一度も訓練を実施していない在外公館が44%にものぼっ
た[*42]。

（e）外務省が講じた改善措置状況

　総務省による「在外邦人の安全対策等に関する行政評価・監視の結果に基
づく勧告」を受けた外務省では，2008年10月10日に，同勧告にともなう改善
措置状況を回答した。まずはじめに，「在外公館の休館時における連絡体制
の整備」に関して，「閉館時において日本語のできない現地職員が対応して
いるとの指摘のあった」在外公館において，「平成20年度から閉館時の緊急
電話対応業務の外部委託を導入し，日本語による対応を可能とした」とされ
ている。さらに，「閉館時の緊急電話対応体制について実態調査を実施した」
結果，「閉館時の緊急電話対応体制が不十分であった12在外公館に対し」て，
「必要な改善措置を講ずるよう指示した」という。さらに，「『安全の手引き』
に緊急連絡先の掲載がないとの指摘のあった5在外公館に対し」ては，「『海
外邦人安全対策（在留邦人向け「安全の手引き」の改訂）』（平成19年12月12
日付け外務省指示電報領安第148768号）により，同手引きを改定し緊急連絡
先を掲載するよう指示した」ところ，「当該在外公館すべてで，手引きに緊
急連絡先が掲載された」ようだ[*43]。

　つぎに，「緊急事態に対応したマニュアルの整備」については，2007年12
月5日付の「マニュアル整備指示電報」によって，「『緊急事態対処マニュア

ル』や『安全の手引き』を適切に作成していないとの指摘のあった12在外公館に対し，早急にマニュアル等を整備するよう指示した。この結果，当該在外公館すべてで，『緊急事態対処マニュアル』や『安全の手引き』を作成あるいは改定した」という。くわえて，「緊急事態対処訓練を実施していないとの指摘のあった13在外公館に対し，平成19年度内に緊急事態対処訓練を実施するよう指示した。この結果，当該在外公館すべてで訓練等を実施した」そうだ。また，「『緊急事態対処マニュアル』等の適切な作成及び緊急事態対処訓練の励行については，平成20年内に領事業務を行っている全在外公館に指示する予定である」とされている[44]。

　つづいて，3番目の「在外邦人との連絡体制の整備」という点についてみてみよう。まず，「在留邦人との間の緊急連絡網が未整備又は機能しない状態にあるとの指摘のあった4在外公館に対し」ては，「現地事情に即した適切な連絡体制を整備するよう指示した」結果，「当該在外公館すべてで，在留邦人数や有効な通信手段等の現地事情を考慮した連絡体制が整備された」。また，「在留邦人との間の緊急連絡網の情報伝達訓練を1年間以上実施していないとの指摘のあった25在外公館に対し，平成19年度内に訓練を実施するよう指示した」ところ，16の在外公館において，情報伝達訓練が実施されたそうだ。ただ，「残る9在外公館では，情報伝達訓練としては行っていないものの，在留邦人に対する連絡において普段から緊急連絡網を利用しており，同連絡網が有効に機能することを確認した」という[45]。

　最後に，「緊急用無線通信機器の使用訓練の励行」に関する回答をみると，「邦人への無線機の貸与が行われていないとの指摘のあった8在外公館に対し，未貸与の理由及び貸与の可否について報告を求めた。この結果，地形等による電波到達距離の制約があること，あるいは，代替連絡手段（衛星電話）が確保しうることから，いずれの在外公館も，貸与は緊急時のみとし，平時は在外公館で管理・保守することを基本としていた」としたうえで，「今後は，電波到達距離の制約を克服するため無線機更新時に出力増強を図る，新たに代替連絡手段（衛星電話）を活用するなどにより，在留邦人との緊急連絡網

第6章　在外公館における危機管理

の構築を更に検討する」と応じている。また，「邦人貸与無線機については，訓練が未実施との指摘のあった6在外公館のうち，3在外公館で日本人会，日本人学校等との間で訓練を実施し，残る3在外公館では，訓練としては行っていないものの，日本人学校等との間で普段から使用しており，無線機が適切に使用し得る状態に整備されていることを確認した」とされている。くわえて，館員用の「無線機の使用訓練が行われていないとの指摘のあった在外公館に対し，訓練未実施の理由等について報告を求めた。この結果，館員用無線機については，訓練が未実施との指摘のあった16在外公館のうち，6在外公館で訓練を実施し，残る10在外公館では，訓練としては行っていないものの，在外公館主催のレセプションや日常業務において普段から無線機を使用しており，無線機が適切に使用し得る状態に整備されていることを確認した」と記されている[46]。

　以上，外務省が講じた改善措置の状況を紹介したが，本省からの指示によって，これほどまでに，迅速な対応がとれるのであれば，どうして，それまでの時点で，おのおのの在外公館は，適切な危機管理策を講じてこなかったのかという疑問がのこる。

(2)「在外公館の災害時における安全確保等在留邦人保護に対する体制に関する（再）質問主意書」

　前出の総務省による「在外邦人の安全対策等に関する行政評価・監視の結果に基づく勧告」をめぐっては，鈴木宗男・衆議院議員が，2度にわたって，質問主意書を提出している。そこで，あらためて，在外公館の危機管理に対する内閣（外務省）の認識を把握するため，ここで，同議員による質問主意書とその答弁書の内容を紹介したい。

　なお，鈴木議員の質問主意書とそれに対する答弁書をみるまえに，質問主意書について，簡単に説明しておこう。ここでいう質問とは，「議員が議題と関係なく，国政一般について内閣に対し事実の説明を求め，又は所見をただす行為をいう」[47]。国会法第74条によれば，「各議院の議員が，内閣に質

157

問しようとするときは，議長の承認を要する」（第1項）こととなっており，その場合，「質問は，簡明な主意書を作り，これを議長に提出しなければならない」（第2項）とされている。そして，「議長又は議院の承認した質問については，議長がその主意書を内閣に転送」（第75条第1項）し，「内閣は，質問主意書を受け取つた日から七日以内に答弁をしなければならない」（第2項）ときめられている。また，国会法第75条第2項には，「その期間内に答弁をすることができないときは，その理由及び答弁をすることができる期限を明示することを要する」とも明記されている。

（a）「在外公館の災害時における安全確保等在留邦人保護に対する体制に関する質問主意書」

2007年11月21日，「在外公館の災害時における安全確保等在留邦人保護に対する体制に関する質問主意書」が，提出された[48]。ここでは，さきにも問題視した「在外公館の休館時における連絡体制の整備」について，問うている。これに対しては，30日，「日本語を十分理解できない現地警備員が配置されているのみである」，「在インド日本国大使館閉館時の対応については，基本的に館員が交代で当番に当たり，日本語で電話があった場合，現地警備職員が直ちに当番に電話をつなぐこととなっていたことから，留守番電話の設置を行ってこなかったものであるが，より確実な緊急電話対応が行えるよう，日本語でも応対が可能となる閉館時の緊急電話対応システムの導入を検討しているところである」との回答がなされている[49]。

つぎに，「緊急事態対処マニュアル」に関する答弁書の記述をみてみると，唯一，「在南アフリカ共和国日本国大使館においては，館員向けのマニュアルは作成されていなかったが，緊急連絡先リストの作成等緊急時の対応について支障が生じていたわけではなく，在留邦人も含めた『在留邦人安全対策マニュアル』という形で整備されていたものである」とされている。くわえて，「マニュアル等の改定については，緊急事態に際して邦人援護が的確に行える体制の環境に変化が生じていない限り，改定しないこともあり，また，訓練の実施等については，現地事情及び在外公館の体制等に応じて，その実

施の要否及び頻度並びに形態が異なることもあるが，いずれにせよ，今次勧告の指摘も踏まえつつ，今後とも確実な邦人援護が行い得るよう在外公館の緊急事態対応体制の強化を図っていく考えである」との認識が示されている[*50]。

つづく第3の論点である「在外邦人との連絡体制の整備」に関しては，「御指摘の在留邦人との緊急連絡網の作成及び右を通じた情報伝達訓練の実施については，現地の在留邦人数及び通信事情によっては，全在留邦人個々の連絡先を網羅する緊急連絡網の作成及び訓練の実施が必ずしも有効でない場合もあり，例えば，在ベルギー日本国大使館では，現地日本人社会との協力及び電子メール等可能な手段を通じた緊急情報の伝達体制を構築しているところである。いずれにせよ，今次勧告の指摘も踏まえ，緊急時の情報伝達体制のより一層の改善に努めていく考えである」と応じている[*51]。

さらに，鈴木議員は，こうした「『在外公館』の体制の不備は，在留邦人保護の観点から適切であるか。外務省の見解如何」「『在外公館』の体制の不備に対しては，誰が責任を負うべきか」「責任者に対して，外務省は然るべき処分を行う考えはあるか。ないのなら，その理由を明らかにされたい」と，厳しい質問をなげかけているが，答弁書では，「お尋ねについては，現地の特殊事情に即した手段の検討が行われている場合もあり，一概にすべて御指摘のように『不備』と判断することは適切でないと考えるが，今次勧告により指摘された諸点については，邦人保護の観点から改善すべき点は改善していく考えである」と述べられるにとどまっている[*52]。

また，同議員は，「『在外公館』を含む全百九十六の我が国の在外公館は，土日祝日に開館し，業務を行っているか」「行っていないのなら，それは国際化が進み，海外渡航をする邦人が増えている現状を鑑みる時，適切な対応であるか。海外において邦人が盗難に遭う等の事件が増えている今，在外公館の領事業務については休館日を設けることなく行うべきであると考えるが，外務省の見解如何」とする興味深い質問をおこなっている。しかし，答弁書では，たんに，「我が国在外公館では，行政機関の休日に関する法律（昭和

六十三年法律第九十一号）に準拠し，かつ同法に規定されている行政機関の休日のうち，国民の祝日に関する法律（昭和二十三年法律第百七十八号）に規定する休日及び十二月二十九日から翌年の一月三日までの日について，来館者等の利便性等も考慮しつつ，在外公館所在国・地域の祝休日及び我が国の祝休日の中から，行政機関の休日に関する法律にて規定されている日数の範囲内で休館日を設定している。いずれにせよ，在外公館の休館時においては，邦人保護及び行政サービスの観点から，在外邦人の緊急の要請に適切に対応できる体制を整備している」とだけ，記されている[*53]。

（b）「在外公館の災害時における安全確保等在留邦人保護に対する体制に関する再質問主意書」

12月21日，鈴木議員は，11月30日に内閣からだされた答弁書をふまえて，再質問主意書を提出した。ここで，あらためて，「在外公館の休館時における連絡体制の整備」が争点となった。同議員は，総務省の勧告においては，「在インド大使館では留守番電話が設置されておらず，日本語を十分理解できない現地人警備員が対応にあたっているとの指摘がなされている」にもかかわらず，先述したように，「外務省が『基本的に館員が交代で当番に当たり，日本語で電話があった場合，現地警備職員が直ちに当番に電話をつなぐこととなっていたことから，留守番電話の設置を行ってこなかった』と答弁している」点を問題視し，「これまで在インド大使館において右の様な体制をとってきても，邦人保護に何の支障もきたしたことはなく，またこれからも支障をきたす可能性はないと外務省が認識しているからか」と質した。これに対して，「外務省としては，在留邦人及び邦人短期旅行者が多い国・地域並びに邦人援護件数が多い国・地域の在外公館において，閉館時の緊急連絡に一層的確に対応できるよう，緊急電話連絡への応対を日本語及び現地語で行い，緊急事案について的確に担当館員への通報を行う業務の外部委託を導入してきている。在インド日本国大使館についても，これまでの邦人保護事務に関し特段の支障が生じているとは考えていないが，近年の渡航者数及び援護件数の増加を踏まえ，業務の外部委託の導入を検討しているところである」と

第6章　在外公館における危機管理

応じた*54。

　ついで，鈴木議員は，「安全の手引き」を２年以上改定していない在外公
館の管轄地域の治安状況が，同手引きを「二年以上改定する必要がない程安
定して」いるのか，さらには，「安全の手引き」のなかに，防犯の手引きが
もりこまれていない「メキシコとコロンビアについては，『安全の手引き』
に防犯の手引きを盛り込む必要がない程同国において邦人が犯罪に遭遇する
可能性が低いと外務省が認識しているからか」と問いかけている。くわえて，
「『在外公館』のうちの十三の在外公館で緊急事態に備えた訓練が調査対象と
した期間に一度も実施されず，十一の在外公館では『緊急事態対処マニュア
ル』に基づいた緊急事態対策本部を立ち上げることもなく，警備訓練や退避
訓練など一部の訓練に留まっているのも，右の体制で邦人保護にこれまで支
障をきたしたことがなく，今後も支障をきたす可能性がないと外務省が認識
しているからか」とも質している。再質問主意書において，同議員がこうし
た質問をおこなったのは，さきの答弁書に，「マニュアル等の改定については，
緊急事態に際して邦人援護が的確に行える体制の環境に変化が生じていない
限り，改定しないこともあり，また，訓練の実施等については，現地事情及
び在外公館の体制等に応じて，その実施の要否及び頻度並びに形態が異なる
こともある」という文言があったからにほかならない*55。

　これに対して，答弁書では，以下のように述べられている*56。

　外務省では，渡航先の最新の治安情勢及び安全対策について，各国の
治安情勢と安全対策の目安となる「危険情報」及び限定された期間・場
所で生じた事件・事故などの情報に関する速報として「スポット情報」
並びに防犯・危険回避に役立つ各国・地域の基礎情報として「安全対策
基礎データ」等を適宜改訂の上発出し随時注意喚起を行っている。「安
全の手引き」については，かかる渡航情報は踏まえつつも，潜在的な危
険に対する生活上の安全対策を冊子として提供することを前提としてい
るため，渡航情報と比べればより一般的な情報となっていることから，

頻繁な改訂を行わなかったものである。また，在メキシコ日本国大使館
及び在コロンビア日本国大使館では，御指摘の項目が全く盛り込まれて
いないわけではなく，それぞれ作成する「安全の手引き」において，防
犯上の心得及び対策が盛り込まれている。

　緊急事態に備えた訓練については，現地事情及び在外公館の体制等に
応じて，その実施の要否及び頻度並びに形態が異なっていることは必ず
しも問題があるとは考えておらず，御指摘の在外公館において，これま
での邦人保護業務に関し特段の支障が生じているとは考えていない。外
務省としては，今後さらに，「緊急事態対処マニュアル」に基づく訓練
の在り方を含め在外公館の緊急対応体制の強化を図っていく考えである。

　つぎに，「在外邦人との連絡体制の整備」について，鈴木議員は，「二〇〇六
年十二月末の時点で，在留邦人との間のファックスや携帯電話を含む有線電
話による緊急連絡網」が，「整備されておらず，かつ情報伝達訓練も実施さ
れていないことが明らかにされている」[*57]在ベルギー大使館と「緊急連絡
網は整備されていながらも有効に機能しておらず，かつ情報伝達訓練も未
実施で」ある「在タイ，チェコ大使館並びに在上海総領事館」を問題視し
た[*58]。これに対して，答弁書では，「ベルギーにおける一般的な通信事情に
特段の支障はないが，在ベルギー日本国大使館では，在留邦人の受信手段等
通信上の便宜を勘案しつつ，ふだんより在留邦人への連絡に際しては，電子
メールの同大使館に登録されている電子メールアドレスへの一斉送信に加え，
日本人会及び日本人学校を通じた伝達依頼等を組み合わせて情報伝達を行っ
ている。同様に，在タイ日本国大使館及び在チェコ日本国大使館等において，
電話連絡網方式による伝達よりも在外公館からの電子メール一斉送信及び現
地日本人関係団体・企業等を通じた緊急情報の伝達手段を適宜組み合わせて
行う方が，多くの邦人により迅速に情報伝達が可能という点で有効である場
合もあると考えている。また，情報伝達訓練については，ふだんから在外公
館からのお知らせ等種々の情報伝達を行っており，実際の情報伝達において

これまで特段の支障は生じていない。外務省としては，御指摘の勧告の指摘を踏まえつつ，その訓練の頻度・在り方を含め，在外公館からの緊急情報伝達等がより一層有効的に機能するよう改善に努めていく考えである」とふれられている[59]。

(3) 外務省政策評価にみる危機管理体制

　このように，総務省の「在外邦人の安全対策等に関する行政評価・監視」の結果，在外邦人の危機管理体制には，さまざまな不備があることがわかった。それでは，これまでのあいだ，外務省本省は，在外公館がかかえるこうした問題点をどのようにみていたのであろうか。この問いに答えるため，外務省がこれまで実施してきた年度ごとの政策評価書の内容を紹介してみたい。ここでいう政策評価とは，2002年4月1日から施行された，いわゆる政策評価法（「行政機関が行う政策の評価に関する法律」）にもとづいておこなわれるものである[60]。

（a）「平成14年度外務省政策評価書」

　周知のように，「（2002年）5月8日，北朝鮮人5名が在瀋陽日本総領事館への入館を試み，中国の武装警察官に拘束・連行されるという」（カッコ内，引用者補足）在瀋陽日本総領事館事件が発生した[61]。この事件を受けて，外務省における危機管理体制の整備が，重点施策となったようだ[62]。とりわけ，危機管理の問題については，外務省改革に関する「変える会」がだした最終報告書（2002年7月22日）のなかでもふれられている[63]。そこでは，「外交政策と外務省の外交執行体制における領事業務と危機管理の政策優先順位を飛躍的に高める。その際，もっとも重要な任務が海外における邦人保護であることは言うまでもない」と明記されている[64]。このように，外務省は，「変える会」によって，在留邦人の保護を中核としつつ，「領事業務の理念と実践の確立のため，何から何を守るのか，それを具体的にどのように行うのか，について政策理念と実践原則を確立する」ことを求められたのであった[65]。

こうしたなかで，2002年度に，外務省は，「重大事件・事故に対応できる体制の整備」（各在外公館の緊急事態対応体制の再点検やテロ関連情報収集体制の強化など）につとめた。くわえて，外務省海外安全HPの改善，渡航情報の積極的な提供といった，「国民に対する海外安全情報の提供機会の拡充」をこころみた。その結果，海外安全HPへの「１カ月間の平均アクセス件数は前年比２倍の100万件超となり，より多くの国民に情報提供を行うことができた」ようだ。とはいえ，同省では，「海外安全HPの利用を増進するため，HPへのリンクを増やし，各種媒体・機会を使ってHPを紹介するなど，渡航情報の利用についてより積極的に広報する」ことを今後の課題としていた[66]。

（b）「平成15年度外務省政策評価書」[67]

2003年６月18日，外相の諮問機関である海外交流審議会（会長：熊谷一雄・株式会社　日立製作所特命顧問）が，「第一次とりまとめ」をおこなった。そこでは，具体的な提言として，「(1) 領事サービスの改善・強化（領事サービス担当の部署の設置，領事業務のIT化の促進，在留邦人・短期滞在者との意志疎通・連携の強化，生体情報導入を含む旅券の偽変造防止技術向上等発給管理面の強化，領事出張サービス充実，邦人の利益の保護・増進に関わる業務の強化，医療面での邦人支援），(2) 海外邦人安全対策の推進と危機管理能力強化（緊急展開機能の強化，24時間体制の充実，国民への情報提供・啓発の推進），(3) 領事の専門性の向上・研修の強化と適材適所の人事配置・育成（領事の人員体制の拡充，領事担当官の能力の向上，赴任前研修の徹底等，領事広域担当官の一層の活用，領事専門官の育成・権限強化及びキャリアパス，領事シニアボランティアの活用），(4) 在日外国人を巡る問題への対応（査証発給手続の適切な簡素化，在日外国人問題を専門に扱う体制の整備）」が指摘された[68]。

さて，「平成15年度外務省政策評価書」には，「増加・多様化する邦人保護事案に適切に対応するために，領事業務指針やメンタル・ケアのマニュアル等の作成，各種領事研修の強化等を通じて領事の援護能力を向上させると共に24時間緊急電話の導入等を通じて夜間・休館日における対応能力を強化し，

在外邦人から高い評価を得た」との記述がみられる[*69]。これは，前出の海外交流審議会による「第一次とりまとめ」のなかで言及された，「休館時の海外の日本人からの緊急案件に関する電話連絡・照会に即応するため，援護件数の多い公館を対象に実施している民間委託による24時間電話応対サービスの一層の充実を図る必要がある」との指摘を受けたものであった[*70]。

（c）「平成17年度外務省政策評価書」[*71]

2005年版の『外交青書』によると，「外務省は，国民に対する領事サービスの向上，海外における日本人の安全確保，緊急事態対応の強化等の目的を達成するための領事体制を強化するとの観点から，2004年8月1日の機構改革において，領事移住部を領事局に格上げした」そうだ[*72]。

さらに，2004年10月5日には，海外交流審議会が，「変化する世界における領事改革と外国人問題への新たな取組み」と題する答申を提出した。そこでは，3つの重要課題の1つとして，「海外における日本人の安全対策・危機管理」があげられた[*73]。ちなみに，前出の2005年版の『外交青書』には，「外務省としては，『海外交流審議会』の答申も踏まえ，海外における日本国民の安全確保を最重要課題の1つとして，各種安全対策や被害者・家族に対する支援をはじめとする事件・事故への対応の一層の強化を図る」とある[*74]。そこで，海外交流審議会が，どのような危機管理体制の構築を提言したのか，若干ながくなるが，同答申の当該箇所を引用したい[*75]。

【海外における日本人の安全確保及び緊急事態対応】

本審議会は，海外における日本人の安全確保及び緊急事態対応の強化のため，次の（イ）から（ホ）までのことを提言する。

（イ）危機に強い外務省を実現するために，在外公館においては24時間いつでも危機に対応できるような体制の強化を図る必要がある。また，世界各地の状況に応じた緊急事態対応を想定し，在外公館と海外における日本人との間で情報共有と連携が可能となるようなシステムを日頃から構築し，整備しておくとともに日本人会等関係団体とも協力しつつ，

必要に応じ可能な範囲でシミュレーションを行ったり，退避ルート等につき打ち合わせる。友好国との緊密な連絡の維持にも努める。

（ロ）邦人保護は政府の重要な任務であり，政府は，引き続きこれに全力を尽くしていかなければならない。しかしながら，主権の及ばない海外においては，日本政府や外務省ができることには自ずから限界があるので，国民一人一人が危険を十分認識し，可能な限り危険に遭遇しないよう慎重に行動する，あるいは自らの安全については自ら責任を持つとの自覚を保持することが重要である。このため，政府は，渡航情報や注意喚起が効果的に受け止められ，国民が自らの行動について適切に判断できるよう，情報の内容及び伝達手段について引き続き工夫をほどこし，国民自らが高い安全意識を持つことができるよう広報啓発に努める。

（ハ）外務省の邦人保護能力を高めるため，これまでに構築してきた現地及び国内の専門家（民間危機管理会社の専門家，法律家，メンタルケアの専門医，法医学・法人類学者，SARSのようなケースでは感染症専門医等）との関係を強化して，予防のためにも活用する。

（ニ）邦人援護件数の多い公館においては，民活を利用した民間委託による24時間電話応対サービスの充実を図ること等により，海外における日本人の援護要請や照会への即応能力を強化する。

（ホ）在外公館の遠隔地における治安に関する情報収集，発信や邦人保護のため，中央・地方政府機関や友好国の現地公館等との意見交換を進めるとともに，教育機関，友好関係団体，現地の日本人及び日系人等との人的ネットワークを整備する。また，遠隔地に領事を速やかに派遣できる体制を整える。

さて，領事局の発足や海外交流審議会の答申を受けた「平成17年度外務省政策評価書」をみると，「海外における邦人の安全確保の更なる強化」という目的を達成するための考え方として，「不幸にして事件・事故に巻き込まれた邦人に対しては，個々の状況に応じたより木目の細かな対応を行えるよ

う，領事担当官の研修の実施や24時間緊急電話サービスを実施する必要がある」「特に，大規模事件・事故に際しては，迅速かつ十分な支援が可能となるようマニュアルの整備等を進め体制を整える」といったスタンスが明示されている[76]。さらに，政策目的の達成状況については，「適時適切な情報発信に努めるとともに，情報の質的向上を図ったところ，『海外安全ホームページ』へのアクセス数が飛躍的に増加した（平成16年度は対前年比31.11％増）。また，海外において現地日本人会等の邦人組織と在外公館との間で治安情報，防犯・安全対策情報の提供や意見交換を行う『海外邦人安全対策連絡協議会』の設置数も急増（平成16年度中に54増加し，計194）した。内外各地で啓発のためのセミナーを企業の危機管理担当者や一般邦人向けに行い，安全対策・危機管理に関する講演を行った。このようなホームページへのアクセス数の増加及び連絡協議会の設置数の増大，講演会の実施は，海外における邦人の安全確保の更なる強化に役立った」「24時間緊急電話対応サービスの外部委託を行う在外公館を9公館増設し，計30公館とした。これにより，夜間や休日でも支援が必要な邦人に対し，迅速・円滑な初動対応ができる体制の整備が進み，海外における邦人の安全確保の更なる強化に役立った」と記されていた[77]。そして，「政策への反映」いう項目で，「海外邦人の安全に資する広報・啓発体制の強化」「24時間緊急電話対応サービスの拡充」といった事務事業は，「拡充強化」ではなく，「今のまま継続」と判断されていた[78]。

（d）「平成18年度外務省政策評価書」[79]

「海外邦人援護・危機管理体制の強化に向けた多様な取組」の欄では，「平成17年度においては，休館時の緊急電話対応サービスの拡充，緊急事態マニュアル等の更新，内外関係団体・機関との連携・協力の推進，多様なトラブルに巻き込まれた邦人への援護体制の強化などの取組等を踏まえ，総合的に勘案すると，海外邦人の援護・危機管理体制の強化に向けて進展があったと判断される」との評価をくだしている[80]。そして，今後とも，おのおのの事業におけるとりくみを「今のまま継続」していく方針がうちだされている[81]。

　このほかにも，「平成18年度外務省政策評価書」では，「安全対策・危機管

理意識の醸成・強化」「大規模緊急事態対応の強化」といった側面をも考慮
したうえで,「目標の達成に向けて相当な進展があった」との評価結果をみ
ちびいているのだ[82]。ちなみに,ここでいう「相当な進展」とは,「事前に
想定していたよりも,大きな進展があった場合」をさす[83]。

　また,同評価書のなかで,「2007年問題等平成18年には高年齢層の潜在的
な海外渡航人口が増加すること,及び想定以上の規模の自然災害,混乱する
国際・地域情勢を背景とするテロ等大規模緊急事態の多発傾向を受け,継続
的かつ早急な海外邦人安全対策・体制の強化を図る必要がある」と記されて
いることは,注目にあたいする[84]。

（e）「平成19年度外務省政策評価書」

　2006年度に実施された施策にかかる政策評価をまとめた,「平成19年度外
務省政策評価書」では,「特に,スマトラ沖大地震・インド洋津波以降の大
規模自然災害の被害及び世界各地で発生するテロの残酷さ等を背景に,緊急
事態への対応体制,安否確認システムの整備を確実に進め,また,危機管理
意識の高揚と共に,鳥・新型インフルエンザという新たな脅威に対しても,
各国政府及び関係機関等とも連携しつつ,対策を講じることができたことは
大きな進展であった」としたうえで,「平成18年度においては,海外邦人の
安全対策及び援護体制の各分野における施策を進め,全体としては相当な進
展があったと考える」との評価をくだしている[85]。そして,「今後の課題」
として,「海外における国民の安全と安心を強化するためには,アウトソー
シング化及びネットワーク化並びにIT化等を通じて既存の資源の効率化を
図りつつも,いつでもどこでも漏れのない邦人援護に必要な体制及びシステ
ムの整備・強化は早急に図る必要がある。特に,いつ出現するか予測が困難
な新型インフルエンザへの対策,休館時の緊急電話応対体制及び新たな高年
齢層をはじめとする短期渡航者の安全対策及び安否確認体制の強化は短期的
な課題であり,こうした強化に向けた検討を早急に行う必要がある」と指摘
している[86]。

　また,ここでは,河野毅・政策研究大学院大学助教授が,第三者の所見と

して，「海外における危機対応体制では，在外公館休館時における緊急電話受付業務のアウトソーシングを図るなど，危機対応の常時化が進められており高く評価するべきである」としているものの，現実は，「平成18年度には（予算の制約はあったものの）導入公館を平成17年度の40公館から1公館追加導入し，41公館に拡充するとともに，平成19年度予算において東南アジア地域への更なる拡充に向けた予算を確保した」だけにすぎないことに留意する必要があろう[87]。そのためであろうか，「在外公館援護体制の更なる強化」という事務事業評価では，「休館時緊急電話対応サービスの拡充」に関して，「夜間・休日等在外公館閉館時においても，海外邦人からの緊急連絡に可能な限り確実かつ的確に対応しうる」（傍点，引用者）とされている[88]。

くわえて，同評価書では，「在外公館の危機管理・緊急事態対応を強化すべく，平成18年5月，在外公館に対し，緊急事態対応マニュアルの作成・更新を促した。平成18年度においては66の在外公館が緊急事態対応マニュアルを更新した」との「緊急事態マニュアル等の整備状況」についての言及もみられる[89]。この緊急事態マニュアルの整備をふくむ「緊急事態対応の強化」とする事務事業評価においては，「拡充強化」の方向性がうちだされているのが注目される。その理由としては，「大規模緊急事態への対応は未だ緒に就いたばかりであり，世界いずれの地においても，機動的かつ確実に邦人保護業務を行いうるよう，人材の育成，安否確認システムの拡充，予算要求にも反映させる等拡充・強化を図って行く必要がある」とされている[90]。

（f）「平成20年度外務省政策評価書」[91]

「平成20年度外務省政策評価書」では，「海外邦人の安全確保に向けた取組」という施策について，「目標の達成に向けて相当な進展があった」との評価結果をだした[92]。そして，その理由として，以下の点があげられている[93]。

平成19年度においては，海外邦人の安全対策及び援護体制の各分野における施策を継続的に進めた結果，次のとおり，全体としては相当な進展があった。

①海外安全に対する情報発信機能の強化を図った。

②緊急事態に関しては，地震・洪水・ハリケーン等の大規模自然災害
への取組に加え，新型インフルエンザ等の新たな脅威に対しては，
専門家及び関係省庁との連携・協議を通じて対応策の検討を進めた。

③一般援護関係では，精神疾病発症及び高齢者問題等新たな課題への
取組において，在外公館の対応体制の改善，各国政府及び関係省庁・
機関並びに現地邦人社会との連携・協力体制の強化に向けた取組が
できた。

とはいえ，「現地における在外公館と在留邦人とのネットワークを強化す
ると同時に，国内携帯電話の国際ローミング化の動向にも留意したIT化等
を通じた短期渡航者への緊急情報発信システムの構築など，既存の海外安全
対策のための施策の効率化を図りつつ，漏れのない邦人援護体制及びシステ
ムの整備・強化が早急に必要である」としたうえで，「特に，感染力が強く，
また，いつ出現するか予測困難な新型インフルエンザについては，感染地か
らの邦人の避難など援護のために万全の準備と計画が必要である。さらに，
在外公館休館時の緊急電話応対への体制の拡充，及び高年齢層の海外長期滞
在を始めとする短期渡航者の安全対策及び安否確認体制の強化は喫緊の課題
である」との認識も示している[*94]。

さらに，「目標の達成状況」という欄では，「休館時緊急電話対応体制の強
化」として，「夜間・休日等在外公館閉館時などに時間的制約に関係なく，
海外邦人からの緊急連絡に対応し得るよう，在外公館休館時の緊急電話受付
業務のアウトソーシング化を推進し，平成19年度には導入公館を平成18年度
の41公館から27公館追加し，68公館に拡充したが，これを南西アジア地域及
び邦人渡航者の多い欧州公館において更に拡充すべく努めた」との現状報告
がなされている[*95]。

この背景に，「海外における事件・事故等のトラブルに遭遇する邦人は渡航・
在留人口の増加に伴い増加傾向にあり，平成19年に外務省が行った海外安全

に関する意識調査においては，海外旅行経験者の約7人に1人が何等かのトラブルに遭遇しているとの結果となっている。このような状況の下，在外公館の対応はますます困難になってきており，在外邦人からの緊急連絡を確実に受け，それぞれのケースの背景・環境に応じて迅速かつ的確に対応し得る体制の整備が必要となっている」との認識があることはいうまでもない[96]。

また，「施策の有効性」という項目では，「海外において不測の事件・事故あるいは災害等のトラブルに遭遇した国民に対して，在外公館閉館時や遠隔地であっても，可能な限り迅速かつ確実に，必要かつ十分な支援を行うために，外務本省及び在外公館における支援のための基盤の整備・強化が有効である」と記し，あらためて，閉（休）館時における在外公館の役割の重要性について言及している[97]。

この点に関しては，「第三者の所見」においても，「在外公館における緊急連絡24時間体制サービスの拡充（業者委託の推進）の努力は高く評価できるが，今後もこうしたサービスの拡充を一層進めるべきである」（河野准教授）との指摘がなされている[98]。

つぎに，事務事業レベルでの評価をみてみよう。「海外邦人の安全対策に向けた多様な取組」とする事務事業では，従来からあった「安全対策連絡協議会を200公館において設置し，平成19年度においては452回開催した」という事実にくわえ，「邦人の海外旅行における安全対策への取組を助長するため，旅行業界との意見交換の場である外務省・トラベルエージェンシー会合を設置し，平成19年度においては6回開催し，治安情勢等についての情報提供を行うとともに，意見交換を行った」ことについても明記されたのが，注目される[99]。というのは，もともと「外務省は，緊急マニュアルにおいて，在外公館に対し，日本人の利用の多い航空会社，旅行会社，ホテル等旅行業界の各社をリストアップし，緊急事態の発生時に迅速な安否確認のための協力が得られるよう，平素から良好な関係を維持しておくことを求めている」からである。にもかかわらず，総務省が実施した，「在外邦人の安全対策等に関する行政評価・監視」において，「現地の旅行業界との協力体制の整備が

不十分となっている状況がみられた」ため，同省では，「在外公館に対し，情報提供や協力要請の対象に現地旅行業者等を含めるなど，協力要請の対象機関，実施方法等を見直すよう指示すること」とする「所見」をだしていたのだ*100。

　ところで，この総務省による「在外邦人の安全対策等に関する行政評価・監視結果報告書」がだされたのは，2007年11月であり，「平成20年度外務省政策評価書」は，その後はじめておこなわれた政策評価の成果ということになる。こういう事情からであろうか，今回の政策評価では，前項で紹介した「緊急事態に対応したマニュアルの整備」や「緊急用無線通信機器の使用訓練の励行」に関連する記述もみられる。前者については，「在外公館の危機管理・緊急事態対応を強化すべく，領事研修や大使会議等の機会を通じて，在外公館に対し，緊急事態対応マニュアルの作成・更新を指示した。平成19年度においては29の在外公館が緊急事態対応マニュアルを更新した」と，また，後者に関しては，「緊急事態発生時，特に有線通信回線の崩壊時には不可欠となる緊急無線の有効的な運用・管理を図るため，平成19年度において各在外公館の保有台数の見直し及び新たな配備に関するガイドラインを策定し，在外公館に周知した」と記されている。しかしながら，これらの成果をふくむ「緊急事態対応の強化」とする「事業の総合的評価」では，「かかる大規模緊急事態への対応は未だ緒に就いたばかりであり，世界いずれの地においても，機動的かつ確実に邦人保護業務を行い得るよう，引き続き，人材の育成，安否確認システムの整備を図って行く必要がある」としつつも，「今のまま継続」との判断をくだしていることに留意する必要があろう*101。

（g）「平成21年度外務省政策評価書」

　「目標の達成状況」をみると，「閉館時緊急電話対応体制の強化」として，「夜間・休日等在外公館閉館時などでも時間的制約に関係なく，海外邦人からの緊急連絡に対応し得るよう，引き続き在外公館閉館時の緊急電話受付業務のアウトソーシング化を推進し，平成20年度には導入公館を平成19年度の72公館から6公館追加し，78公館に拡充し，邦人渡航者及び在留邦人の多い

172

中南米，欧州及び大洋州公館において更に拡充すべく努めた」とある[*102]。

　この点に関して，宮治せつ子・（社）海外邦人安全協会事務局長による「第三者の所見」では，「個別具体的には次の分野で更なる努力が必要である」として，「在外公館の24時間緊急事態即応体制構築のために進められている閉館時緊急電話対応サービスの導入については，アウトソーシング化の推進により着実に在外公館が増えてきているが，実際の対応が困難な中東・アフリカ又は中南米地域への導入は未だ十分図られておらず，更なる拡充が望まれる」とのコメントが記されている[*103]。

　つづいて，事務事業評価に目を転じよう。「在外公館援護体制の更なる強化」とする「事業の総合的評価」において，「以下の諸点について更なる拡充・強化を図って行く」とされている[*104]。すなわち，「(1) 閉館時の緊急電話対応サービスの拡充・強化。(2) 多様化した邦人援護案件に対応していくため，(イ) 遠隔地保護謝金や担当官の出張旅費等の予算確保，(ロ) 精神科顧問医や医務官等専門的知識を有する者との一層の連携強化。(3) 精神科顧問医契約のない公館に対し，精神障害者対応にも柔軟な対応が可能となるよう，医務官の活用や突発的に発生する精神障害案件に対応するための制度の拡充を図り，費用対効果や受益者負担の原則等も念頭におきつつ，制度の効果的かつ効率的な運用を検討。(4) 邦人海外渡航者の渡航形態の多様化に伴い，我が国在外公館の所在しない国や地域，又は遠隔地で邦人援護案件は増加していくと考えられることから，今後も必要な措置を講じる。また，在外公館相互の連携（円滑な応援出張等）にも意を用いる」となっている[*105]。

　なお，前年度の政策評価でももられていた，「緊急事態に対応したマニュアルの整備」に関連する記述に関しては，「在外公館の危機管理・緊急事態対応を強化すべく，領事研修や大使会議等の機会を通じて，在外公館に対し，緊急事態対応マニュアルの作成・更新を指示した。平成20年度においては75の在外公館が緊急事態対応マニュアルを更新した」と記されているにすぎない[*106]。

3. ボストン総領事館の危機管理体制

　米国には，ワシントンD.C.にある在米国日本国大使館にくわえ，15の総領事館（アトランタ，サンフランシスコ，シアトル，シカゴ，デトロイト，デンバー，ナッシュビル，ニューヨーク，ハガッニャ，ヒューストン，ポートランド，ボストン，ホノルル，マイアミ，ロサンゼルス）と２つの出張駐在官事務所（アンカレジ，サイパン）がある[107]。このうち，もっとも多い在留邦人を管轄しているのが，ニューヨーク総領事館で，その数は９万6,419名におよぶ。ついで，ロサンゼルス総領事館の８万8,170名，サンフランシスコ総領事館の３万7,405名，シカゴ総領事館の３万60名とつづく。逆に，管轄邦人数が少ないのは，アンカレジ出張駐在官事務所の686名で，以下，米国大使館の827名，サイパン出張駐在官事務所の1,079名，ハガッニャ総領事館の3,761名とつづく[108]。

　ここで，考察対象とするボストン総領事館は，メイン州，マサチューセッツ州，バーモント州，ニューハンプシャー州，ロードアイランド州，コネチカット州のニューヨーク総領事館管轄地域（フェアフィールド郡）以外を管轄地域としており[109]，その管轄邦人数は，１万7,457名におよんでいる[110]。その内訳をみると，長期滞在者が１万2,786名で，永住者が4,671名となっている。さらに，長期滞在者についてくわしくみてみると，同居家族をふくめて，民間企業関係者が2,531名，報道関係者が15名，自由業関係者が363名，留学生・研究者・教師が8,901名，政府関係職員が280名，その他が696名となっている。ちなみに，企業総数は，92社あるようだ[111]。

　なお，このボストン総領事館は，1980年２月１日に新設された。総領事館の所在地は，Federal Reserve Plazaという米連邦政府管轄のビルの14階である[112]。同館の設置理由について，当時の園田直・外相は，衆議院内閣委員会の場において，つぎのように説明している[113]。

　　ボストンは米国東北部の中心であり，その周辺を合わせ二千四百人の

第6章　在外公館における危機管理

邦人が在留しており，また，同市にある米国最高の学術研究機関との接触を深めるのは，今後の日米関係緊密化の上でも意義が大きいと存じます。

ところが，1979年版の『外交青書』に，「1979年度において本省関係では中南米局の設置，在外公館関係では，ボストン，フランクフルト及び広州にそれぞれ総領事館を新設し，また，スラバヤ及びメダンの領事館を総領事館に昇格させることを予定していたが，第87国会で関係法律案が成立しなかつたので実現に至つていない。しかし，できるだけ早い機会にこれらの実現を図ることと希望している」と書かれているように，ボストン総領事館は，難産のすえに，誕生したといえよう[114]。

さて，ボストン総領事館の危機管理担当者の話によれば，「危機」としては，「テロ，自然災害（水害，山火事，大地震），航空機事故などの大規模事故（鉄道事故），新型インフルエンザ，一般治安（邦人の危機管理）」の5つを想定しているという。だが，最後の一般治安に関しては，「去年，殺人事件67件のほとんどがギャング間のもので，在留邦人への脅威というものはほとんどない」そうだ。ただ，自然災害については，管轄地域の「北部では，ストームにより，電気がつかえなかったことがあった」という。くわえて，「ボストンでのテロの可能性は，このビル，ジョン・ハンコック，プルデンシャルくらい」として，「総領事館自体がテロの対象になる可能性がある」との認識のもと，「警備上の措置を物的にもやっている」ようだ[115]。

そして，これらの危機に対処するため，通常は，「ボストン市危機管理局（BEMA），マサチューセッツ州危機管理局（MEMA），FBI（米連邦捜査局），国務省，ボストン市警のインテリジェンス，道路・航空を管理しているMassportとの定期的なコンタクト」によって，情報収集につとめているという。そして，「警察，病院など，700人くらいをあつめておこなわれる，Massportの訓練にも定期的に参加している」とのことだ。だが，新型インフルエンザのようなあらたな危機が生じた場合，「マサチューセッツの公衆

衛生局の局長から情報を得る」というように，適宜，対応をとるようにもしているらしい。もっとも，新型インフルエンザの感染などは，またたくまに拡大することもあって，マサチューセッツ州の公衆衛生局にしても，少しでもはやく，状況の把握につとめたいとの思いをいだいている。そのうえ，日本人とのコミュニケーションは，「ことばの問題もあり，向こうもこちらをあてにしている」という[116]。しかしながら，シカゴ総領事館の危機管理担当者は，「外務省が，いま，大きく考えているのが新型インフルエンザ」であるにもかかわらず，「アメリカ側に問い合わせても無関心」であり，「もし発生したら，その温度差がこわい」とコメントしていたことが注目にあたいする[117]。こうした事実があるにもかかわらず，外務省による政策評価書には，「鳥・新型インフルエンザという新たな脅威への対策の策定に際して」，「在外にあっては，各国政府との情報共有を図りつつ，安全対策連絡協議会等を通じ現地の邦人社会との間で感染状況・防止策等の情報交換・共有を図った」（傍点，引用者）としたうえで，「海外における邦人の安全対策及び援護体制の強化に効果があったと判断される」と記されているのが，興味深い[118]。

　ところで，前節の総務省の行政評価・監視にもあった，在外邦人との連絡体制の整備に関しては，「緊急時の連絡体制の確保を定期的におこなっている」との回答を得た[119]。それでは，ボストン総領事館では，具体的に，どのようなかたちで，在留邦人との連携をはかっているのであろうか。ちなみに，先述したように，外務省の「『安全の手引き』作成にあたってのガイドライン」では，「緊急連絡先」の項目として，「大使館（総領事館）については，代表に加えて領事部直通，執務時間外，休祭日，緊急時の連絡の取り方」に関しても，「安全の手引き」のなかに，もりこむように定められている[120]。しかしながら，2009年4月に改訂された，ボストン総領事館の「安全の手引き」をみても，そこには，「在ボストン日本国総領事館　617-973-9772～4」と記されているだけで，どの電話番号が代表であるのか，また，領事部直通であるのかが不明確である。もっとも，同手引きの3番目の項目の「もし犯罪に巻き込まれたら」という部分では，「夜間や休日の総領事館の閉館時間

176

に緊急事態が発生した場合に備えて24時間対応の電話システムを導入しています」と書かれているが，「各種連絡先」の電話番号が最後の15番目の項目としてまとめられており，若干，利用しづらい印象を受ける[121]。

　つぎに，在留邦人との連携についてくわしくみてみたい。ボストン総領事館では，1996年10月24日に，「ボストン安全対策連絡協議会」を設置した。同協議会設立の目的は，「周辺地域在住の邦人等と安全対策についての意見交換及び情報交換を行い，在留邦人の安全対策に関し，官民協力を推進するため」とある[122]。その構成メンバーは，総領事館側のほかに，日本人会，ニューイングランド日系企業懇話会，ボストン日本語学校，アムハースト日本語補習校，JREX（The Japanese Resource Exchange：異業種交流会），日系旅行代理業者，ボストン日本人研究者交流会，JaRAN（Japanese Researchers Academic Network：ボストン日本人学術研究者ネットワーク），JAGRASS（Japanese Graduate Student Society of Greater Boston：グレーターボストン日本人大学院生協会），ハーバード日本人会となっている[123]。現在，年2回の会合がもたれているようだ[124]。

　関係者の話によれば，緊急時の連絡体制は，「これら組織の連絡網をつかってやる」とのことである。とりわけ，ボストン総領事館では，「電話は輻輳するので，ニューオーリンズのハリケーンでの安否確認で，メールでやるのが有効とわかった」ことから，電話よりも，メールでの緊急連絡に重点をおいているようである[125]。電子メールによる最新の緊急連絡伝達訓練は，2009年3月24日に実施された。参加団体は，総領事館保有の在留届から無作為に抽出した100名，ボストン日本人会の100名，西マサチューセッツ日本人会（アムハースト地域）の40世帯，ニューイングランド日系企業懇話会の16社，ボストン日本語学校の113世帯，JREXの182名，JAGRASSの88名，JaRANの228名の合計867件であった。今回の訓練で，注目されるのは，ボストン総領事館のホームページ上に，「緊急連絡伝達訓練の実施結果報告」が掲載されたことである[126]。というのは，これまでの訓練の結果に関しては，このようなかたちでは，公開されていなかったからだ。

177

さて，今回の訓練の結果，参加者からは，「訓練は有意義であるとの評価，今後も定期的に実施して欲しいとの反響」「今後は全員を対象に訓練を実施して欲しいというご意見」があった一方で，「受信者が迷惑メール扱いの設定をしていたため確認に時間がかかったケースへの対応，携帯電話，インターネット回線，パソコンが直ちに使用できない状況を想定した他の連絡方法を検討して欲しいと言った連絡網の一層の充実に関するご意見」もよせられたようだ。また，総領事館の側では，この緊急伝達訓練について，「今回は，敢えて大学や日本語学校の春休み期間中に訓練を実施し，どのくらいの返信率が得られるか注視しておりましたが，結果として，前回よりも高い返信率が得られました。また，返信までの時間も大幅に短縮されました。一方，在留届の登録情報より無作為に抽出した100名の方に連絡させていただきましたが，一部の方のメールアドレスが既に使用できない状況となっていることが判明しました。これは帰国や転居等の際に届け出がなされずに情報が更新されないままとなっている可能性が高いと考えられます。帰国，転出の際は『在留変更届』の提出をお願い致します」と総括していた。ここでは，「結果として，前回よりも高い返信率が得られました。また，返信までの時間も大幅に短縮されました」とあるものの，具体的な返答率や返信までに要した時間については，いっさい記されていないことに留意する必要がある[127]。

つぎに，過去の緊急連絡伝達訓練の結果について紹介しよう。あるときの緊急連絡伝達訓練では，総領事館からのメールの発信件数50件に対して，返信数は14件（28％）となっている[128]。このとき，参加者からは，「本当の災害等が発生した場合，本人がメール受信に気づくか（PCを立ち上げるか），電源が供給されているかが問題である」「緊急時にメールでのやり取りが本当に有益な方法であるかは疑問です。都市機能が麻痺している状況で，オンラインの状態のPCを確保し，メール連絡が速やかに行われるとは思えない」「ぱっと見て緊急メールということが分かり，かつ，迷惑メールと区別できるようにして頂きたい」などの意見がよせられた。これに対して，総領事館側は，「安否の確認の過程では勿論メールのみではなく，電話や避難所等へ

第6章　在外公館における危機管理

の訪問など可能なあらゆる手段を使い安否の確認を行います」とはしたものの，「大規模災害等緊急事態において当館としては在留邦人の支援（関連情報の提供や必要な場合の物理的支援など）と共に安否の確認を行いますが，安否の確認については当館としては，まず当館の緊急メール連絡網を使い安否の確認を行うと共に，日本人会，日系企業懇話会，日本語学校のご協力を得てそれぞれの連絡網を使い安否の確認を行います」（傍点，引用者）と応じている[129]。

　訓練の参加者からは，「電話連絡を頂いた方が，確実に伝わる」「メールでの安否確認だけではなく，電話，訪問を含め複数の方法で安否確認を行うことが状況により必要になるのでは？」といったように，電子メールへの懸念が示されていた[130]。こうした事実にもかかわらず，総領事館の側で，電子メールによる連絡を重んじるのは，先述したように，「ハリケーン・カトリーナの際にも明らかになったことですが，在留邦人の安否の確認作業を行うにあたりインターネットは大変有効に機能します（災害発生時又はその直後は物理的に可能でなくとも，落ち着いた時点で避難所等でインターネットを見る人が相当数いた）」（傍点，引用者）との考えがあるからであろう[131]。

　ここに，在留邦人と総領事館とのあいだで，緊急連絡伝達をめぐる認識のギャップがみてとれる。つまり，在留邦人としては，危機発生直後の段階で，「まず」，総領事館と緊急連絡をとりたいと考えているにもかかわらず，他方の総領事館側では，「落ち着いた時点で」，安否確認をできればいいと考えているのだ。これでは，「緊急事態発生に際して当館としては本国政府等からの支援や関連情報伝達などのため可能な限り速やかに外務本省への事故等の発生や在留邦人の安否などにつき第一報を報告すると同時に，総領事を本部長として緊急対策本部を総領事館（総領事館が発生した災害により使用できない場合には，総領事公邸）に立ち上げる」ことは，困難といわざるを得ない[132]。

　しかも，このときの訓練に関する総領事館側の総括をみると，そこには，つぎのように記されている[133]。

179

今回は災害発生直後の緊急連絡網の運用とその問題点の把握を主な目的として訓練を実施しましたが，ボストン地区の場合最も可能性の高いのはハリケーン等の自然災害であり，その場合は天気予報等であらかじめ発生日時や予想される被害の大きさが分かります。そのため事態発生前の準備体制の確立や事前連絡事項が重要となります。鳥インフルエンザのような場合も同様で事前連絡が重要となります。

残念なことに，この文言からは，危機意識の希薄さがみてとれる[134]。しかも，これ以外の緊急連絡伝達訓練では，総領事館からの電子メールが，「文字化けしており読むことができなかった」との指摘も，多数よせられているのだ[135]。くわえて，総領事館からの電子メールを受信したのち，会員関係者に転送し，その返信を受けたボストン日本人会では，参加者から「文字化けしたメールがもどってきた。つかっているソフトがちがう。総領事館に連絡しているが，その後，なしのつぶて」という批判もでている[136]。こうした総領事館側のスタンスのせいであろうか，「総領事館は，情報はほしがるけれども，自分たちにはくれないので，協力するときにやってくれといっても反感をかってしまう」といった声がボストン日本人会関係者の口から聞かれた[137]。

危機管理において，もっとも重要なのは，「公」と「私」のあいだでのふだんからの信頼関係である。その意味で，ボストン総領事館の対応は，大いに問題があるといわざるを得ない。

4. 結び

本章の冒頭で紹介した『海外安全・危機管理標準テキスト』のなかには，「海外生活における日常の安全対策」として，「緊急時を想定し，平常時から駐在員，現地社員等のみならず，事業会社，本社関係先，在外公館，日本人社会との連絡網を常に最新状態にしておくことが必要である」「現地治安機関，

在外公館，日本人会等とも常に連絡を保ち，情報入手と意見交換を行う」と記されている[138]。そのために，在外公館は，海外在留邦人の居住地を正確に把握しておく必要がある。それゆえ，同テキストにおいても，「3ヵ月以上の滞在が予定される場合は，必ず在外公館に在留届を提出する」義務があることが明記されている。しかも，「在留届を提出すると，在外公館から在留邦人向けに安全情報，緊急情報等の提供が行われる場合がある」とも書かれている[139]。しかしながら，現実には，旅券法第16条で，「旅券の名義人で外国に住所又は居所を定めて三月以上滞在するものは，外務省令で定めるところにより，当該地域に係る領事館の領事官に届け出なければならない」として，「外国滞在の届出」が義務づけられてはいるものの，その義務をはたしていない海外在留邦人が多いようである。現に，前出の「在外邦人の安全対策等に関する行政評価・監視結果報告書」には，「在外届等の提出は必ずしも励行されておらず，その提出を促進することが課題となっている」と記されているほどだ[140]。たとえば，ボストン総領事館の関係者の話によれば，在留届によって把握できている範囲では，「ニューイングランドの在留邦人は，1万7千人といわれている」が，現実には，「おそらく，2万数千人いる」とのことであった[141]。こうした事実をまえにして，われわれは，「在留届等が提出されていないため，緊急事態の発生時等に，安否等の確認ができなかった例や，安否等の確認までに長時間を要している例」が，調査対象の8在外公館中，11ケースにもおよんでいるという現実に，十分注意をはらわなければならないであろう[142]。

　ちなみに，2007年10月4日〜14日にかけて実施された「外交に関する世論調査」（内閣府大臣官房政府広報室）では，興味深い質問がなげかけられている[143]。すなわち，「あなたは，海外で交通事故，犯罪，病気，テロなどの事件や事故にあった日本人についての保護や支援について，どのように考えますか」との問いである[144]。この質問に対して，「個人または派遣元企業・団体が各自の責任で対応すべきである」と答えたのは，わずか7.5％にとどまっており，35.5％は，「できるだけ，個人または派遣元企業・団体が各自の責

任で対応すべきであるが，できないところは政府や大使館・総領事館が保護や支援をすべきだ」，26.2％は，「個人または派遣元企業・団体が各自の責任で対応できるような場合であっても，政府や大使館・総領事館が積極的に保護や支援をすべきだ」，そして，27.4％が，「いかなる場合であっても，政府や大使館・総領事館が保護や支援をすべきだ」と回答しているのである[145]。回答者はみな，日本国内在住者であるとはいえ，じつに，89.1％の者が，政府や大使館・総領事館の支援を当然視しているのだ。

　危機管理を考える場合，「自助」「共助」「公助」という3つのことばがある。日本国内にくらべ，危機の可能性のたかい海外で生活する場合，自助につとめることはもちろんであるが，どうしても，公助に依存せざるを得ない部分が多くなる。現に，「平成15年度外務省政策評価書」においても，「海外における邦人の生命・財産の保護は今後とも外務省の最も重要な任務の一つであり，さらに近年の外務省改革の中で邦人保護をはじめとする領事業務に対する国民の期待はいっそう増大している」と明記されている[146]。公助を求める以上，在留邦人は，在外公館に対して，すみやかに在留届を提出し，自分の居住地を知らせるという最低限の義務をはたすべきであろう。同時にまた，在外公館の側においても，危機が発生してから，在留邦人の居場所を調べるというのではなく，ふだんから，在留届の提出をうながす工夫が求められることはいうまでもない。その意味において，前出の「在外邦人の安全対策等に関する行政評価・監視」の結果，調査対象とされた3年9カ月ものあいだ，一度も，在留届提出者に対する在留状況の確認を実施していない在外公館が存在したということは，ゆゆしき事態といえよう[147]。

　とはいえ，外務省の側でも，在外邦人の危機管理体制の構築に尽力していないわけではない。たとえば，「平成20年度外務省政策評価書」には，「兼轄国及び遠隔地において，在外公館所在地から領事担当官が現地に赴くまでの間にも，援護を必要とする邦人への支援を迅速に行いうるよう，初動における協力者の支援を得るに必要な謝金及び管轄公館の領事担当官が可能な限り迅速に現場に赴くための旅費について，必要な措置を講じた」との記述がみ

られる[148]。さらに,「平成21年度外務省政策評価書」では,「平成20年度には領事担当官の兼轄国及び遠隔地への出張を36件実施した。また,領事担当官が直ちに対応できない案件等で現地協力者に対応を依頼し,右協力者に遠隔地邦人保護謝金を支出したケースは3件あった」との言及がなされている[149]。これは,「もともと割りあてられている在外職員旅費では,危機時に出張できない」ため,「予算面での危機管理対策はできていない」という,在外公館からの不満の声にこたえたものといえよう[150]。くわえて,外務省では,「外務省不祥事のあと,いわゆるプロフェッショナルをつくっていこうということ」で,邦人保護をになう領事専門官の養成にものりだしている。これによって,「プロ意識をもって,後進の育成にも役だてる」ことができているようだ。もっとも,この領事専門官は,「2年に一人認定作業をおこなう」ものの,2年まえの認定作業では,該当者はおらず,現在,「全外務省職員で,10人しかいない」という。この領事専門官の一人は,「邦人保護の仕事は,100％できてあたりまえ。一つミスしたら,おしまい」と語っていた[151]。今後は,こうした意識をもって,在外公館における危機管理体制の充実に,外務省全体で,尽力していってもらいたい[152]。

注

＊1　社団法人　日本在外企業協会　海外安全センター資料（2009年5月11日付）。

＊2　社団法人　日本在外企業協会　海外安全センター編『海外安全・危機管理標準テキスト』（社団法人　日本在外企業協会　海外安全センター,2008年）,1頁。

＊3　外務省領事局政策課「海外在留邦人数調査統計―平成21年速報版―」（2009年9月）,7頁（http://www.mofa.go.jp/mofaj/toko/tokei/hojin/09/pdfs/1.pdf〔2009年9月20日〕)。

＊4　ここでいう永住者とは,「原則として当該在留国より永住権を認められている者」である。ただ,「永住の意思はないが,長期滞在が可能な他の資格がないために永住権を取得した者や,在留国人と婚姻し永住権を持つがいずれ本邦に帰るので永住するつもりはない者といった場合には,自己申告を優先し,『長期滞在者』と分類した場合がある」ようだ。さらに,「在留国に永住制度がない場合においては,婚姻などにより永住の意思を以って生活の本拠（住所）をわが国から在留国に移した

者で，在留届に『永住』と届出があった者」もふくまれている（同上，3-4頁）。

＊5　この場合の長期滞在者とは，「3か月以上の在留者で永住者ではない邦人（3か月以上滞在の意思をもって在留する邦人であれば，調査の時点において滞在期間3か月未満であってもこれに含める）」をいう（同上，3頁）。

＊6　ちなみに，オーストラリアとイギリスの順位は，前年までの数字（オーストラリア：6万3,459名，イギリス：6万3,526名）から逆転している（外務省領事局政策課「海外在留邦人数調査統計―平成20年速報版―」，7頁〔http://www.mofa.go.jp/mofaj/toko/tokei/hojin/08/pdfs/1.pdf（2009年9月20日）〕）。

＊7　外務省編『外交青書』〔2009年版〕，190頁。

＊8　同上，193頁。

＊9　同上，212頁。

＊10　http://www.mofa.go.jp/mofaj/annai/honsho/sosiki/zaigai.html（2009年9月20日）。

＊11　外務省編，前掲書『外交青書』〔2009年版〕，212頁。

＊12　関係者への電話によるインタビュー（2009年10月5日）。ちなみに，外交使節団制度の端緒は，明治時代にあり，1870年10月2日，「外務大丞鮫島尚信を少弁務使，権大丞塩田篤信を権大記，権大録後藤常を権少記とし，イギリス・フランス・プロシア三国に駐箚を命じ，十月三日には，森有礼を少弁務使とし，アメリカ駐箚を命じた。これは少弁務使ら任命の始めである」とされている。また，その後，1872年4月25日に，「外務大輔寺島宗則を大弁務使としてイギリス駐箚を命じた。これは大弁務使任命の始めである」とのことだ（外務省百年史編纂委員会編『外務省の百年』〔上巻〕〔原書房，1969年〕，71-72頁）。

＊13　外務省編，前掲書『外交青書』〔2009年版〕，212-213頁。

＊14　総務省行政評価局「在外邦人の安全対策等に関する行政評価・監視結果報告書」（2007年11月），1頁。

＊15　http://www.soumu.go.jp/main_sosiki/hyouka/hyouka_kansi_n/index.html（2009年9月20日）。

＊16　総務省行政評価局，前掲「在外邦人の安全対策等に関する行政評価・監視結果報告書」，79頁。なお，この「安全の手引き」については，「在留邦人が行う平素からの安全対策と緊急事態の発生時への対応について，日本人会等と共同で作成することが望ましく，改定は少なくとも2年に一度をめどとし，『「安全の手引き」作成にあたってのガイドライン』を参照すること，また，作成した『安全の手引き』は，日本人会等を通じて在留邦人に配布するとともに，外務省の海外安全ホームページに掲載し，海外赴任予定者や出張者，留学予定者等の手引きとして活用されるようにする」となっている（同上，76頁）。

＊17　http://www.anzen.mofa.go.jp/manual/washington_dc.html（2009年9月20日）。

＊18　総務省行政評価局，前掲「在外邦人の安全対策等に関する行政評価・監視結果報告書」，41頁。

＊19　同上。

＊20　同上。

＊21　同上，44頁。

＊22　同上，41-42頁。

＊23　同上，79頁。

＊24　同上，77頁。

＊25　同上，78頁。

＊26　同上，76-77頁。

＊27　同上，77頁。

＊28　同上。

＊29　同上。

＊30　同上。

＊31　同上，30頁。

＊32　同上，32頁。

＊33　同上，30頁。

＊34　同上，32頁。

＊35　同上，30-31頁。

＊36　同上，31頁。

＊37　同上。

＊38　同上，50頁。

＊39　同上，47頁。

＊40　現に，貸与をおこなっていない在外公館のうち，「緊急事態の発生時に通常の電話（携帯電話を含む。）が極めてつながりにくくなり，児童生徒の安否確認等に関する在外公館との連絡を迅速に行うことができなかった例もある」ようだ（同上，48頁）。

＊41　外務省本省が指示する，月1回程度の使用訓練を実施しているのは，わずか1在外公館（3％）にすぎない（同上）。

＊42　同上，47-48頁。

＊43　http://www.soumu.go.jp/main_sosiki/hyouka/hyouka_kansi_n/pdf/081016_2.pdf（2009年9月20日）。

＊44　同上。

＊45　同上。

＊46　同上。

＊47　「議題について疑義をただす行為」は，質疑とよばれる（浅野一郎・河野久編『新・国会事典』〔第2版〕〔有斐閣，2008年〕，160頁）。

＊48　なお，前項の第4の論点である「緊急用無線通信機器の使用訓練の励行」については，鈴木議員の質問主意書ではふれられていない（http://www.shugiin.go.jp/itdb_shitsumon.nsf/html/shitsumon/a168254.htm〔2009年9月20日〕）。

＊49　http://www.shugiin.go.jp/itdb_shitsumon.nsf/html/shitsumon/a168254.htm（2009年9

月20日）およびhttp://www.shugiin.go.jp/itdb_shitsumon.nsf/html/shitsumon/b168254. htm（2009年9月20日）。

＊50　http://www.shugiin.go.jp/itdb_shitsumon.nsf/html/shitsumon/b168254.htm （20009年9月20日）。

＊51　同上。

＊52　http://www.shugiin.go.jp/itdb_shitsumon.nsf/html/shitsumon/a168254.htm（2009年9月20日）およびhttp://www.shugiin.go.jp/itdb_shitsumon.nsf/html/shitsumon/b168254. htm（2009年9月20日）。

＊53　同上。

＊54　http://www.shugiin.go.jp/itdb_shitsumon.nsf/html/shitsumon/a168350.htm（2009年9月20日）およびhttp://www.shugiin.go.jp/itdb_shitsumon.nsf/html/shitsumon/b168350. htm（2009年9月20日）。

＊55　http://www.shugiin.go.jp/itdb_shitsumon.nsf/html/shitsumon/a168350.htm （2009年9月20日）。

＊56　http://www.shugiin.go.jp/itdb_shitsumon.nsf/html/shitsumon/b168350.htm （2009年9月20日）。

＊57　http://www.shugiin.go.jp/itdb_shitsumon.nsf/html/shitsumon/a168254.htm （2009年9月20日）。

＊58　http://www.shugiin.go.jp/itdb_shitsumon.nsf/html/shitsumon/a168350.htm （2009年9月20日）。

＊59　http://www.shugiin.go.jp/itdb_shitsumon.nsf/html/shitsumon/b168350.htm （2009年9月20日）。

＊60　外務省の場合，たとえば，「平成14年度外務省政策評価書」をみると，「『外務省における政策評価の基本計画』（計画期間は平成14年から16年まで），外務省政策評価の『実施計画』（毎年定めるもので平成14年4月1日から15年3月31日まで）に従って政策評価を行った」とされる。くわえて，外務省では，「『政策目的を政策手段（施策等）がいかに達成しているか』を総合的に評価する」，「総合評価方式」を採用している。これは，「政策の目的が達成され期待した効果が得られているか（有効性），この政策目的を達成するための手段である施策が目的に照らして必要であったか（必要性），政策目的が国際社会における日本国・日本国民の利益の増進という観点から見て妥当であったか（妥当性），また投入した資源（予算・人員・時間等の政策コスト）は効率的に使用されたか（効率性）といった観点」にもとづいて実施されるやり方のことである（外務省「平成14年度外務省政策評価書」〔2003年5月〕，ⅰ頁）。

＊61　外務省編『外交青書』〔2003年版〕，31-32頁。ちなみに，この事件において，「日本は，中国の武装警察官が日本の同意なく同総領事館に立ち入ったことは公館の不可侵に反するものであるとして，強く抗議を行うとともに，入館を試みた5名の人道上の要請が満たされることが最優先であるとの申入れを累次にわたって行った。その結果，中国に拘束されていた5名の出国が認められ，5月23日，同5名はフィリ

186

第6章　在外公館における危機管理

ピンのマニラ経由で韓国へ出国した」のである（同上，32頁）。

＊62　外務省，前掲「平成14年度外務省政策評価書」，213頁。

＊63　周知のように，「2001年初頭の外務省をめぐる不祥事の発覚以来，外務省では，改革に向けた取組を積極的に進めてきた」わけであるが，その一環として設置されたのが，この外務省改革に関する「変える会」である（外務省編，前掲書『外交青書』〔2003年版〕，208頁）。

＊64　http://www.mofa.go.jp/mofaj/annai/honsho/kai_genjo/change/saishu_ap.html#11（2009年9月20日）。

＊65　同上。

＊66　外務省，前掲「平成14年度外務省政策評価書」，191-192頁。なお，在外公館の危機管理体制の充実は，「海外邦人安全対策」とする施策にふくまれるが，この施策に関しては，「改善・見直し」「廃止，中・休止」「その他」ではなく，「継続」という評価となっている（http://www.mofa.go.jp/mofaj/annai/shocho/hyouka/pdfs/h14_g.pdf〔2009年9月20日〕）。

＊67　なお，「平成15年度外務省政策評価書」によれば，「平成15年度から基本計画に基づき，学識経験者から成る『外務省政策評価アドバイザリー・グループ』を官房総務課長の下に設け，外務省の政策評価の在り方について助言を受けるなど客観的かつ厳格に政策評価を実施する措置を講じている」ようだ（外務省「平成15年度外務省政策評価書」〔2004年6月〕，i頁）。

＊68　http://www.mofa.go.jp/mofaj/annai/shingikai/koryu/matome_01.html（2009年9月20日）。

＊69　外務省，前掲「平成15年度外務省政策評価書」，399頁。なお，「海外邦人安全対策」という施策は，前年度同様，「継続」という評価になっている（http://www.mofa.go.jp/mofaj/annai/shocho/hyouka/hyoukasho15/pdfs/gaiyou.pdf〔2009年9月20日〕）。

＊70　http://www.mofa.go.jp/mofaj/annai/shingikai/koryu/matome_01.html（2009年9月20日）。

＊71　これは，2004年度に実施した政策にかかる政策評価書であり，これ以降，紹介する政策評価書は，すべて前年度の政策を対象としている。

＊72　外務省編『外交青書』〔2005年版〕，273頁。

＊73　このほかに，「国民の視点に立った領事サービス」と「外国人問題」が，重要課題としてかかげられている（海外交流審議会「変化する世界における領事改革と外国人問題への新たな取組み」〔2004年10月〕，2頁）。

＊74　外務省編，前掲書『外交青書』〔2005年版〕，275頁。

＊75　海外交流審議会，前掲「変化する世界における領事改革と外国人問題への新たな取組み」，6頁。

＊76　外務省「平成17年度外務省政策評価書[政策ごとの評価（評価シート）版]」（2005年8月）（http://www.mofa.go.jp/mofaj/annai/shocho/hyouka/pdfs/h17_s_1_1_15.pdf#02〔2009年9月20日〕）。

187

＊77　同上。

＊78　同上。なお，事務事業の評価では，このほかに，「内容の見直し」「縮小」「中止・廃止」という総合的評価がある（http://www.mofa.go.jp/mofaj/annai/shocho/hyouka/h17_s_3_1.html〔2009年9月20日〕）。

＊79　2006年2月17日に，改定・公表された「外務省における政策評価の基本計画」では，これまで，「外務省における政策評価は，『総合評価方式』を基本とする」となっていたものを「実績評価方式の手法を踏まえつつ，外交政策の特性を勘案し，総合評価方式の手法を取り入れた評価を行うものとする。また，これらに加えて，必要と認められる政策については総合評価方式等を用いた評価を行うこととする」としている（http://www.mofa.go.jp/mofaj/annai/shocho/hyouka/hyoukasho18/h18_g_1_1.html〔2009年9月20日〕）。

＊80　外務省「平成18年度外務省政策評価書［施策ごとの評価（評価シート）版］」（http://www.mofa.go.jp/mofaj/annai/shocho/hyouka/hyoukasho18/h18_s_1_1_15_2.html〔2009年9月20日〕）。

＊81　同上。

＊82　同上。

＊83　このほか，「（普通の）進展」は，「事前に想定していた通りの進展があった場合」，「部分的な進展」は，「事前に想定していたよりも少ない進展しか無かった場合」をさし示している。くわえて，評価の類型としては，「設定した目標を達成したと判断する場合」には，「目標を達成した」，また，「設定した目標に向けて進展しなかったと判断する場合」は，「目標の達成に向けて進展しなかった」とするものもある（http://www.mofa.go.jp/mofaj/annai/shocho/hyouka/hyoukasho18/pdfs/h18_s_3_3_1.pdf〔2009年9月20日〕）。

＊84　外務省，前掲「平成18年度外務省政策評価書［施策ごとの評価（評価シート）版］」。ちなみに，2007年問題とは，「団塊の世代の多くが定年を迎え潜在的な海外渡航人口に合流すること」をいう（外務省「平成19年度外務省政策評価書【評価シート版】」〔2007年8月〕〔http://www.mofa.go.jp/mofaj/annai/shocho/hyouka/pdfs/h19_hs.pdf（2009年9月20日）〕）。

＊85　このほか，「目標を達成した」「目標の達成に向けて進展があった」「一定の進展があった」「目標の達成に向けて進展しなかった」の4類型がある（外務省，前掲「平成19年度外務省政策評価書【評価シート版】」〔http://www.mofa.go.jp/mofaj/annai/shocho/hyouka/pdfs/h19_hs.pdf（2009年9月20日）〕）。

＊86　同上。

＊87　同上。

＊88　外務省「平成19年度外務省政策評価書【事務事業評価版】」（2007年8月）（http://www.mofa.go.jp/mofaj/annai/shocho/hyouka/pdfs/h19_jj.pdf〔2009年9月20日〕）。

＊89　同上。

＊90　このほか，「今のまま継続」「内容の見直し」「縮小」「中止・廃止」という評価が

ある（同上）。

＊91　なお，この評価書のなかで，「実施計画では，平成20年度予算概算要求から本格
　　化する政策評価と予算との連携（骨太2005等で言及。予算のPDCAサイクルを確立
　　し，政策評価の結果を予算編成に反映できるよう，政策評価の体系〔基本目標—施策〕
　　と予算書・決算書の表示科目〔項—事項〕を合致させる）を念頭に策定した」と明
　　記されている（外務省「平成20年度外務省政策評価書【施策レベル評価版】」〔2008
　　年8月〕，21頁〔http://www.mofa.go.jp/mofaj/annai/shocho/hyouka/pdfs/h20_
　　sl.pdf（2009年9月20日）〕）。

＊92　このほか，4つの類型があり，おのおの，「目標を達成した」「目標の達成に向け
　　て（普通の）進展があった」「目標の達成に向けて一定の進展があった」「目標の達
　　成に向けてほとんど進展が見られなかった」となっている（同上，23-24頁）。

＊93　外務省，前掲「平成20年度外務省政策評価書【施策レベル評価版】」（2008年8月）
　　（http://www.mofa.go.jp/mofaj/annai/shocho/hyouka/pdfs/h20_sl.pdf〔2009年9月
　　20日〕）。

＊94　同上。

＊95　同上。

＊96　同上。

＊97　同上。

＊98　同上。

＊99　外務省「平成20年度外務省政策評価書【事務事業評価版】」（2008年8月）（http://
　　www.mofa.go.jp/mofaj/annai/shocho/hyouka/pdfs/h20_jj.pdf〔2009年9月20日〕）。

＊100　総務省行政評価局，前掲「在外邦人の安全対策等に関する行政評価・監視結果報
　　告書」，19-20頁。

＊101　このほかに，「拡充強化」「内容の見直し・改善」「縮小」「中止・廃止」がある（外
　　務省，前掲「平成20年度外務省政策評価書【事務事業評価版】」）。

＊102　外務省「平成21年度外務省政策評価書【施策レベル評価版】」（2009年8月）（http://
　　www.mofa.go.jp/mofaj/annai/shocho/hyouka/pdfs/h21_sl.pdf〔2009年9月20日〕）。

＊103　くわえて，「在留届の提出対象となっていない短期渡航者等に対する安全情報の
　　提供や，緊急時の邦人保護をより確実に行うための施策の推進」「精神障害を発症
　　した邦人保護事案は，今後も増加し在外公館の負担が増加すると予測する。その対
　　応については，現地企業，日本人会等の現地日本人組織やツアーオペレーター等の
　　現地ツアー関係者を含めて，日頃からケース・スタディーを行う等の意見交換を通
　　じ，ネットワークの構築等連携を深めておくことが望ましい」との指摘もなされて
　　いる（同上）。

＊104　なお，今回から，「一般の事務事業の総合的評価に関し，5つの分類を維持している」
　　ものの，従来の「『中止・廃止』を『終了・中止・廃止』と変更し，事務事業とし
　　て完結した場合の選択肢として選びやすい表現になるよう工夫した」とのことだ（同
　　上）。

＊105　外務省「平成21年度外務省政策評価書【事務事業評価版】」（2009年8月）（http://www.mofa.go.jp/mofaj/annai/shocho/hyouka/pdfs/h21_jj.pdf〔2009年9月20日〕）。

＊106　また，「緊急用無線通信機器の使用訓練の励行」については，「緊急事態発生時，特に有線通信回線の崩壊時には不可欠となる緊急無線の有効的な運用・管理を図るため，平成20年度において各在外公館の保有台数の見直し及び新たな配備に関するガイドラインを策定し，在外公館に周知した」と述べられている（同上）。

＊107　http://www.mofa.go.jp/mofaj/annai/zaigai/list/n_ame/usa.html（2009年9月20日）。

＊108　外務省領事局政策課，前掲「海外在留邦人数調査統計―平成21年速報版―」，42頁。

＊109　http://www.us.emb-japan.go.jp/j/html/file/kankatsu.htm（2009年9月20日）およびhttp://www.anzen.mofa.go.jp/info/info4_S.asp?id=221（2009年9月20日）。

＊110　この数字は，全在外公館中，うえから19番目に位置している。米国の在外公館だけにかぎっていえば，8番目の数字である（外務省領事局政策課，前掲「海外在留邦人数調査統計―平成21年速報版―」，42頁）。

＊111　同上，43頁。

＊112　『ボストン日本人会　会報』第31号（1980年12月20日）。

＊113　『第八十七回国会　衆議院　内閣委員会議録　第八号』1979年4月19日，2頁。また，このとき，同外相は，中国の広州と西ドイツ（当時）のフランクフルトにも総領事館を設置予定である旨を述べている。前者に関しては，「広州は中国南部の要地で毎年広州交易会が開かれ，多数の邦人が訪問するところであります」との理由で，そして，後者については，「フランクフルトは，西独の金融，商工業の中心であるとともに，欧州の国際航空の中心の一つでもあり，周辺を合わせ七百五十人に上る邦人が在留しております」との理由をあげている（同上）。

　　　なお，同年12月4日の大来佐武郎・外相の説明では，設置理由はおなじままで，在外邦人の数が，2,200名となっている（『第九十回国会　衆議院　内閣委員会議録　第一号』1979年12月4日，2頁）。

＊114　『外交青書』〔1979年版〕，283頁。なお，「第八十七回国会は，発足したばかりの大平内閣が初めて臨む常会であったが，折から発覚した米国のダグラス，グラマン両社の海外不正支払い問題のために，ロッキード事件以来の航空機疑惑追及国会となり，二五日間の会期延長にもかかわらず，政府提出法案六八件のうち成立したものは四二件にとどまった」という（衆議院・参議院編『議会制度百年史―国会史―』〔下巻〕〔大蔵省印刷局，1990年〕，222頁）。

＊115　関係者へのインタビュー（2009年2月12日）。なお，「緊急事態の場合，たとえば，公館の火災，伝染病の発生等真に人命・公衆衛生などに対する重大かつ急迫した危険がある状況において，使節団の長の所在が不明などの場合，例外的に，接受国官憲は長の同意なく公館内に立入ることはできるものと了解されている」ことを付言しておく（渡邊信裕「外交使節団の公館」国際法学会編『国際関係法辞典』〔三省堂，1995年〕，101頁）。

＊116　関係者へのインタビュー（2009年2月12日）。

第6章　在外公館における危機管理

＊117　関係者へのインタビュー（2009年3月31日）。

＊118　外務省，前掲「平成20年度外務省政策評価書【事務事業評価版】」。

＊119　関係者へのインタビュー（2009年2月12日）。

＊120　総務省行政評価局，前掲「在外邦人の安全対策等に関する行政評価・監視結果報告書」，44頁。

＊121　http://www.anzen.mofa.go.jp/manual/boston.html（2009年9月20日）。

＊122　関係者の電子メールによる回答（2009年3月6日）。

＊123　関係者の電子メールによる回答（2009年2月25日）。

＊124　なお，「平成21年度外務省政策評価書」によれば，安全対策連絡協議会は，204公館において設置されており，2008年度には，総計で，628回の会合がもたれたようだ（外務省，前掲「平成21年度外務省政策評価書【事務事業評価版】」）。

＊125　関係者へのインタビュー（2009年2月12日）。この点については，「平成18年度外務省政策評価書」においても，「平成16年12月26日に発生したスマトラ島沖大地震・インド洋津波への対応の経験を踏まえ，同様な大規模災害に際して，邦人及びその家族等からの安全確認の問い合わせに確実に，効率よく対応できるよう，本省と在外公館との間の連携と情報共有を目的に，WEBサイト上でオンライン安否情報確認システムを構築したところ，平成17年8月の米国南部のハリケーン被害に際しては，本省及び在米公館との間で安否照会及び確認情報が的確に共有・交換でき，安否確認に非常に役に立つ結果となった」との文言がみられる（外務省，前掲「平成18年度外務省政策評価書［施策ごとの評価（評価シート）版］」）。さらに，「平成19年度外務省政策評価書」においても，「平成17年8月の米国南部のハリケーン被害に引き続き，平成18年5月のジャワ島中部地震に際しては，本省及び在インドネシア大使館との間で安否照会及び確認情報を共有・交換でき，安否確認を行う上で極めて有効であった」との記述がみられる（外務省，前掲「平成19年度外務省政策評価書【事務事業評価版】」）。もっとも，2006年9月8日には，外務省は，「全世界の約40％の海外邦人が在留・滞在し，緊急事態発生時の安否確認が最も困難となる北米地域」を対象に，「北米地域における邦人用災害伝言ダイヤルである『全米・カナダ邦人安否システム』をニューヨークベースで設置した」のである（外務省，前掲「平成19年度外務省政策評価書【事務事業評価版】」）。ちなみに，このシステムは，「平成19年には10月に南カリフォルニア地域で発生した大規模山火事に際し」，また，「平成20年9月に発生したハリケーンの米国南部への接近に際し稼働させ」ているようだ（外務省，前掲「平成20年度外務省政策評価書【事務事業評価版】」および外務省，前掲「平成21年度外務省政策評価書【事務事業評価版】」）。

＊126　http://www.boston.us.emb-japan.go.jp/ja/news/2009kinkyurenraku.html（2009年9月20日）。

＊127　同上。

＊128　このとき，日本人会では60％，日系企業懇話会では73％となっている。また，電話を使用した日本語学校では，36％を記録している（在ボストン日本国総領事館「安

191

全対策連絡協議会用資料」〔2006年10月26日付〕）。

＊129　同上。

＊130　同上。

＊131　同上。

＊132　在ボストン総領事館「緊急事態発生時における対応について」（2006年10月26日付）。ちなみに，北米地域は，「全世界の約40％の海外邦人が在留・滞在し，緊急事態発生時の安否確認が最も困難となる」そうだ（外務省，前掲「平成19年度外務省政策評価書【事務事業評価版】」）。さらに，こうした認識のズレは，「平成16年12月26日に発生したスマトラ島沖大地震・インド洋津波への対応の経験を踏まえ，同様の大規模災害に際して，邦人及びその家族等からの安全確認の問い合わせに確実に，効率よく対応できるよう，外務本省と在外公館との間の連携と情報共有を目的に，平成16年度にWEBサイト上でオンライン安否情報確認システムを構築し，以後，常時確実に使用し得るよう維持・管理を行った」（傍点，引用者）という記述にもみてとれよう（外務省「平成20年度外務省政策評価書【事務事業評価版】」）。

＊133　在ボストン日本国総領事館，前掲「安全対策連絡協議会用資料」。

＊134　べつの訓練においても，ほぼおなじ総括が，総領事館によってなされている（ボストン日本人会資料）。

＊135　同上。

＊136　関係者へのインタビュー（2009年3月10日）。

＊137　関係者へのインタビュー（2009年2月19日および3月10日）。

＊138　日本在外企業協会　海外安全センター編，前掲書『海外安全・危機管理標準テキスト』，8-9頁および11頁。

＊139　同上，11頁。

＊140　総務省行政評価局，前掲「在外邦人の安全対策等に関する行政評価・監視結果報告書」，2頁。

＊141　関係者へのインタビュー（2009年2月12日）。

＊142　総務省行政評価局，前掲「在外邦人の安全対策等に関する行政評価・監視結果報告書」，3頁。ところで，「平成18年度外務省政策評価書」には，「海外での大規模緊急事態に巻き込まれた際の安否確認は，在留届等を通じて行うことになるが，短期の個人旅行者については連絡先の把握が困難であり，また数も多いことから，既存の緊急連絡先に依らず災害関連情報を提供し，また本人と本邦家族との間で安否確認が円滑に行えることが重要であることから，右に向けた新たな取組を開始し，平成17年度では，平成18年度内に在留邦人及び渡航邦人の数も最大な米国における音声安否情報提供サービスを立ち上げられるよう予算要求に反映させた」と記されているが，このサービスによって，在留届の提出率の悪さという根源的な問題は解決されていないことに留意する必要がある（外務省，前掲「平成18年度外務省政策評価書［施策ごとの評価（評価シート）版］」）。

＊143　http://www8.cao.go.jp/survey/h19/h19-gaiko/index.html （2009年9月20日）。

*144 http://www8.cao.go.jp/survey/h19/h19-gaiko/3.html（2009年9月20日）。

*145 「その他」：0.2%，「わからない」：3.1%（http://www8.cao.go.jp/survey/h19/h19-gaiko/table/PH1908026.csv〔2009年9月20日〕）。

*146 外務省，前掲「平成15年度外務省政策評価書」，399頁。しかし，小島俊郎・日立製作所リスク対策部部長は，「危険情報を含めてすべての外務省情報は，基本的に参考情報として提供されるべきものであり，判断と行動は国民一人ひとりが，あるいは各企業が自らの自由で決められるのであり，安全確保は自己防衛が基本だということである」としたうえで，「国民は自己防衛意識が希薄で，信号機のようにストップ＆ゴーについて判断・指示して欲しいと要求してしまうことは，海外邦人安全対策を推進する上で深刻な問題である」と指摘している（外務省，前掲「平成14年度外務省政策評価書」，189頁）。

*147 総務省行政評価局，前掲「在外邦人の安全対策等に関する行政評価・監視結果報告書」，3頁。なお，前出の「邦人保護事務の手引き」では，「外務省は，在外公館に対し，毎年10月1日現在で実施する『海外在留邦人数調査』の際に，必要に応じて，在留届の提出者に対する所在確認を行うことを求めている」（同上，2頁）。

*148 外務省，前掲「平成20年度外務省政策評価書【事務事業評価版】」。

*149 外務省，前掲「平成21年度外務省政策評価書【事務事業評価版】」。

*150 関係者によれば，「昔はつかえた」ものの，「不祥事件あたりからつかえなくなった」ようである。しかし，「一方で，いかなくていいような経済事情調査などはいつでもいける」のが実状であるようだ（関係者へのインタビュー〔2009年3月31日〕）。

*151 関係者へのインタビュー（2009年3月31日）。

*152 現に，「平成20年度外務省政策評価書」のなかにも，「国民の安全と安心の確保は政府の最優先課題に掲げられており，海外における国民の生命・身体の保護その他の安全に関する努力は外務省の最重要任務の一つである。そのためには，限られた予算・人員の効率化に常に心がけ，効果の最大限化を図る必要がある」と明記されている（外務省，前掲「平成20年度外務省政策評価書【施策レベル評価版】」）。

※　なお，本章は，2009年度　日本政治学会における報告「在外公館における危機管理―ボストン総領事館の事例―」に，大幅な加筆・修正をおこなったものである。

　また，本章は，「2008年度　札幌大学留学研修制度」による成果の一部であることを付言しておく。

第7章

離島における危機管理

1. はじめに―問題の所在―

　2006年３月28日，内閣府がもうけた「災害時要援護者の避難対策に関する検討会」は，「災害時要援護者の避難支援ガイドライン」の改訂版をだした[*1]。ちなみに，同ガイドラインは，つぎの３点を前提として，作成された[*2]。

　①防災関係部局と福祉関係部局等の連携が不十分であるなど，要援護者や避難支援者への避難勧告等の伝達体制が十分に整備されていないこと
　②個人情報への意識の高まりに伴い要援護者情報の共有・活用が進んでおらず，発災時の活用が困難なこと
　③要援護者の避難支援者が定められていないなど，避難行動支援計画・体制が具体化していないこと

　そして，同ガイドラインは，①情報伝達体制の整備，②災害時要援護者情報の共有，③災害時要援護者の避難支援計画の具体化，④避難所における支援，⑤関係機関などのあいだの連携，といった５つの課題を提示している[*3]。
　これを受けて，総務省消防庁では，「平成18年３月には災害時要援護者の避難支援ガイドラインが改訂されたことを踏まえ，地域防災計画を見直し，所要の修正を行うこと」を各地方自治体に要請したのであった[*4]。総務省消防庁からの要請を受けて，各地方自治体では，災害時要援護者の避難支援に留意した防災対策の見直しに着手することとなった。
　そこで，本章においては，北海道が有する５つの離島（北方領土をのぞく）―礼文島，利尻島，天売島，焼尻島，奥尻島―を対象として，2006年度に実施したヒアリング調査をもとに，地方自治体の危機管理体制がどのように構築されているかについて，高齢者という視点から検討をおこなう。今回，離島をとりあげるのは，日本は，「本土５島（北海道，本州，四国，九州，沖縄本島）を除く6,847が離島であり，住民登録のある離島は314島」も存在す

るからであり*5，しかも，概して，これらの「離島地域は，本土に比べて高齢化が進行している」からでもある*6。

　なお，論述の順序としては，まずはじめに，「災害時要援護者の避難支援ガイドライン」の概要を紹介する。つぎに，これら5つの離島の特色を簡単に紹介したうえで，離島に存する自治体の防災担当者が，どのような事象を「危機」ととらえているのかについて考察する。さらに，それら離島にある地方自治体の地域防災計画を検証し，そのなかで，高齢者への支援がどのように位置づけられているかを分析する。そして，対象とした自治体において，高齢者に対して，講じられた具体策を検討する。最後に，離島における危機管理について，簡単な私見を述べてみたい。

2.「災害時要援護者の避難支援ガイドライン」の概要

　もともと，「災害時要援護者の避難支援ガイドライン」は，2005年3月に策定されていた。しかし，「当初のガイドラインは災害時の情報伝達や避難所への避難支援が中心であった」ため，2006年3月28日付で，あらたに改訂されたガイドラインでは，「避難所における支援，関係機関等の間の連携の2項目を追加するとともに，関係機関共有方式の積極的活用を盛り込むなど内容の充実」がはかられたのであった*7。

　ところで，ここでいう災害時要援護者とは，どのような人々をさすのであろうか。改訂版のガイドラインには，つぎのように明記されている*8。

　　　いわゆる「災害時要援護者」とは，必要な情報を迅速かつ的確に把握し，災害から自らを守るために安全な場所に避難するなどの災害時の一連の行動をとるのに支援を要する人々をいい，一般的に高齢者，障害者，外国人，乳幼児，妊婦等があげられている。

　　　要援護者は新しい環境への適応能力が不十分であるため，災害による住環境の変化への対応や，避難行動，避難所での生活に困難を来すが，

必要なときに必要な支援が適切に受けられれば自立した生活を送ること
が可能である。

　この「災害時要援護者の避難支援ガイドライン」では，こうした災害時要
援護者に対する避難支援の基本を「自助・地域（近隣）の共助」としたうえ
で，「要援護者に関する情報（住居，情報伝達体制，必要な支援内容等）を
平常時から収集し，電子データ，ファイル等で管理・共有するとともに，一
人ひとりの要援護者に対して複数の避難支援者を定める等，具体的な避難支
援計画（以下「避難支援プラン」と称する）を策定しておくことが必要であ
る」と断じている*9。
　そして，前出の5つの課題—①情報伝達体制の整備，②災害時要援護者情
報の共有，③災害時要援護者の避難支援計画の具体化，④避難所における支
援，⑤関係機関などのあいだの連携—それぞれについて，検討がなされてい
る。まずはじめに，第1番目の「情報伝達体制の整備」からみていこう。こ
のなかの「災害時要援護者支援班の設置」という項目では，「市町村は，福
祉関係部局を中心とした横断的な組織として『災害時要援護者支援班』を設
け，要援護者の避難支援業務を的確に実施すること」がうたわれている。「災
害時要援護者支援班」の位置づけとしては，「平常時は，防災関係部局や福
祉関係部局で横断的なPT（プロジェクト・チーム）を設置」し，「災害時は，
災害対策本部中，福祉関係部門内に設置」するというもので，平常時の業務
としては，「要援護者情報の共有化，避難支援プランの策定，要援護者参加
型の防災訓練の計画・実施，広報　等」が，他方の災害時の業務としては，
「避難準備情報等の伝達業務，避難誘導，安否確認・避難状況の把握，避難
所の要援護者班（仮称・後述）等との連携・情報共有　等」が想定されてい
る。なお，「避難支援体制の整備に関する取組を進めていくに当たっては，
社会福祉協議会，自主防災組織等の関係者等の参加を得ながら進めること」
が，念頭におかれているようだ。くわえて，「福祉関係者との連携に関し，
市町村は，各種協議会等を通じ，平常時から要援護者と接している社会福祉

協議会，民生委員，ケアマネジャー，介護職員等の福祉サービス提供者，障害者団体等の福祉関係者と災害時要援護者支援班との連携を深めること」につとめる一方，「福祉関係者は，ケアプランの策定時を含め，平常時の福祉サービス活動や避難支援プランの策定作業を通じて，要援護者や避難支援者への情報伝達方法についてきめ細かく把握すること」と「市町村の災害時要援護者支援班との連携を深めること」が明記されている。もちろん，「市町村は，福祉関係者に対する防災研修を定期的に実施するとともに，国は，福祉関係者が必要な防災研修や訓練を受講する仕組みについて検討すること」はいうまでもない[*10]。

つづく「避難準備情報等の発令・伝達」の項目では，「避難準備情報の発令」と「多様な手段の活用による通信の確保」について，ふれられている。前者では，「市町村は，『避難勧告等の判断・伝達マニュアル』に基づき，風水害時等における避難準備情報等の判断基準（具体的な考え方）を事前に定めた上，災害時に発令すること」が，そして，後者においては，「要援護者を支援するための専用の通信手段の構築やインターネット（電子メール，携帯メール等），災害用伝言ダイヤル『171』，災害用伝言板サービス（携帯電話を使用した安否確認サービス），衛星携帯電話，災害時優先電話，公衆電話，簡易無線機等の様々な手段を活用すること」に言及したうえで，聴覚障害者の場合，「インターネット（電子メール，携帯メール等），テレビ放送（地上デジタル放送も含む），いわゆる『見えるラジオ』の活用を想定するなど，「市町村，福祉関係者等は，要援護者の特性を踏まえつつ，要援護者の日常生活を支援する機器等の防災情報伝達への活用を進めること」が論じられている[*11]。

2番目の課題である「災害時要援護者情報の共有」に関しては，市町村を中心に講じられている3つのとりくみについての説明がなされている。第1が，関係機関共有方式とよばれるもので，「要援護者本人から同意を得ずに，平常時から福祉関係部局等が保有する要援護者情報等を防災関係部局，自主防災組織，民生委員などの関係機関等の間で共有する方式」のことをいう。

図7-1 集中豪雨時等における対応イメージ（避難準備情報発令の場合）

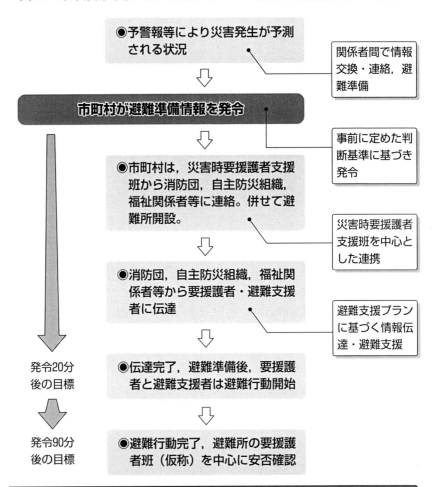

出所：災害時要援護者の避難対策に関する検討会「災害時要援護者の避難支援ガイドライン」（2006年3月），4頁（http://www.bousai.go.jp/hinan_kentou/060328/hinanguide.pdf〔2010年3月10日〕）。

この場合，「行政機関個人情報保護法」（「行政機関の保有する個人情報の保護に関する法律」）の第8条第2項との関連で，「本人以外の者に保有個人情報を提供することが明らかに本人の利益になると認められるとき」や「実施機関が所掌事務の遂行に必要な範囲内で記録情報を内部で利用し，かつ，当該記録情報を利用することについて相当な理由があるとき」といったように，「地方公共団体の個人情報保護条例において保有個人情報の目的外利用・第三者提供が可能とされている規定を活用して」いるわけだ。第2が，手上げ方式で，これは，「要援護者登録制度の創設について広報・周知した後，自ら要援護者名簿等への登録を希望した者の情報を収集する」やり方である。この方式には，「支援を要することを自覚していない者や障害等を有することを他人に知られたくない者も多く，十分に情報収集できていない」というデメリットが存在する。第3は，「防災関係部局，福祉関係部局，自主防災組織，福祉関係者等が要援護者本人に直接的に働きかけ，必要な情報を収集する方式」＝同意方式である。このやり方は，「要援護者一人ひとりと直接接することから，必要な支援内容等をきめ細かく把握できる」というメリットがある。いずれの方式をとるにせよ，「平常時からの要援護者情報の収集・共有が不可欠である」ことはいうまでもない*12。

　では，「要援護者情報の収集・共有へ向けた取組の進め方」は，どのようにすればよいのであろうか。まず，「対象者の考え方」に関して，同ガイドラインでは，介護保険の要介護度や障害程度などを参考に，「対象者の範囲についての考え方を明確にし，避難行動要支援者や被災リスクの高い者を重点的・優先的に進めること」が求められている。さらに，興味深いのは，「関係機関共有方式の積極的活用」について，「市町村では，関係機関共有方式を活用し，保有個人情報の目的外利用・第三者提供のために個人情報保護審議会の審議等を経ることについて消極的なところも多くみられるが，国の行政機関に適用される『行政機関の保有する個人情報の保護に関する法律』では，本人以外の者に提供することが明らかに本人の利益になるときに，保有個人情報の目的外利用・提供ができる場合があること」を明示したうえで，

「積極的に取り組むこと」がうたわれている点である。もっとも，「その際，避難支援に直接携わる民生委員，自主防災組織等の第三者への要援護者情報の提供については，情報提供の際，条例や契約，誓約書の提出等を活用して，要援護者情報を受ける側の守秘義務を確保する」必要があろう*13。

　また，同ガイドラインでは，「関係機関共有方式や同意方式を積極的に活用しつつ，市町村を中心に要援護者情報の収集・共有を図っていくことが重要である」として，「まず，関係機関共有方式により対象とする要援護者の情報を共有し，その後，避難支援プランを策定するために必要な情報をきめ細かく把握するため，同意方式により本人から確認しつつ進めること」を奨励している*14。

　つぎに，「災害時要援護者の避難支援計画の具体化」という，3番目の課題についてみてみよう。まず，「避難支援プラン策定の進め方」であるが，名簿や台帳といった個別計画を「共有した要援護者情報を基に作成すること」がうたわれている。そして，「その際，要援護者本人も参加し，避難支援者，避難所，避難方法について確認しておくこと」が付記されている（図7-2参照）。さらに，「個別計画は，要援護者本人とともに，避難支援者，要援護者本人が同意した者（消防団員・警察等の救援機関，自主防災組織等）に配布すること」を忘れてはならない*15。

　また，「市町村は，自助，地域（近隣）の共助の順で避難支援者を定め，地域防災力を高めること」が求められていることにくわえ，避難行動要支援者に関して，「関係機関（消防団員，警察の救援機関を含む），自主防災組織，近隣組織，福祉サービス提供者，障害者団体等の福祉関係者，患者搬送事業者（福祉タクシー等），地元企業等の様々な機関等と連携を図り，避難支援者の特定を進めること」が記されている*16。

　もっとも，個別計画が完成したからといって，それで終わりではなく，「社会福祉協議会，民生委員，福祉サービス提供者，障害者団体等の福祉関係者は，災害時要援護者支援班と連携しつつ，登録情報の更新，避難訓練への参加，要援護者等の理解促進を進めること」が必要となる。そのためにも，「平

第7章　離島における危機管理

図7-2　避難支援プラン・個別計画記載例

（表）

平成　　年　月　日

情報共有についての同意

○○市長殿

私は，災害時要援護者登録制度の趣旨に賛同し，同制度に登録することを希望します。また，私が届け出た下記個人情報を市が自主防災組織，民生委員，社会福祉協議会，在宅介護支援センター，消防署，警察署に提出することを承諾します。

自治区名		民生委員		TEL FAX	

災害時要援護者＜高齢要介護者・一人暮らし高齢者・障害者・その他（　　　）＞

住所			TEL FAX		
氏名		（男・女）	生年月日		

インターネット（電子メール，携帯メール等）も含めた情報伝達手段

緊急時の家族等の連絡先

氏名		続柄（　　）	住所		
氏名		続柄（　　）	住所		TEL

家族構成・同居状況等	居住建物の構造	木造二階建て，昭和○年着工。
妻と二人の老夫婦世帯。長男・次女はいずれも結婚して県外に居住…。	普段いる部屋	
	寝室の位置	

木造，鉄骨造，耐火造，着工時期等

特記事項
要介護度4で一人では歩行が困難。人工透析を受けている。聴覚障害もあり，手話通訳が必要

緊急通報システム（あり・なし）

避難支援者

氏名		続柄（　　）	住所	
氏名		続柄（　　）	住所	

肢体不自由の状況，認知症の有無，必要な支援内容等。特段の必要がなければ，プライバシーに配慮し，病名等を記入する必要はない。

（裏）

避難勧告等の伝達者・問合せ先
○○××さん（自治会副会長）。なお，○○介護センターからも伝達予定。
※聴覚障害のため，FAX・直接的な伝達が必要

避難所，注意事項等を記載し，利便性を高める

その他
担当している介護保険事業者名，連絡先等

避難所

避難支援者宅

避難支援者宅

避難所（集会所）

豪雨時等はマンホールに注意

冠水に注意

避難所の要援護者班：○○さん，△△さん，□□さん
福祉避難室：1階和室

出所：災害時要援護者の避難対策に関する検討会「災害時要援護者の避難支援ガイドライン」（2006年3月），10頁（http://www.bousai.go.jp/hinan_kentou/060328/hinanguide.pdf〔2010年3月10日〕）。

203

常時，市町村等は，避難支援体制の整備に向けた取組に活用するとともに，ハザードマップ，避難場所等を地図情報（GISを含む）と組合せ，現状と課題を視覚的に把握することが効果的なことにも留意すること」につとめ，「災害時に限られた人員を効果的に投入し，戦略的な避難支援を実施できるように整理しておくこと」が緊要である[*17]。

つづく「避難支援プランの策定を通じた地域防災力の強化」という項目では，「市町村や消防団，自主防災組織等は，防災だけでなく，声かけ・見守り活動や犯罪抑止活動等，地域における各種活動を通じて人と人とのつながりを深めるとともに，要援護者が自ら地域にとけ込んでいくことができる環境づくりに努めること」と「市町村や消防団，自主防災組織は，病院，福祉サービス提供施設，近隣ビルの高所等の一時的な避難場所への活用も促進し，要援護者の避難行動時間の短縮及び避難支援者への負担軽減を進めること」が求められている。とりわけ，危機管理において，つねに問題視される"縦割り行政"の弊害という観点から，市町村に対して，「部局・職種を問わない職員配置等を進めることにより，要援護者の避難支援に強い組織づくりに取り組むこと」や「防災訓練等を通じ，自主防災組織等の区域と消防，警察等の管轄区域等の差異を踏まえつつ，情報伝達，避難支援等についての連携を高めること」が求められている点は，注目にあたいする。くわえて，「自主防災組織や民生委員等は，任期終了等の際にきめ細かい引継を行い，避難支援プランや避難支援体制の継続に努めること」といった点にまで配慮がなされている。さらに，「特に市町村は，地域住民全体に対し，繰り返し説明する機会を設ける」として，災害時要援護者の問題を福祉・防災関係者に限定せず，地域全体で共有しようとしているのも，同ガイドラインの特色の1つである[*18]。

つぎに，4番目の課題である「避難所における支援」に目を転じよう。これは，「これまで避難所において，要援護者は必要な支援に関する相談等がしにくく，一方，避難所の責任者や市町村も，避難所における要援護者のニーズの把握や支援の実施が不十分となる傾向にあった」との反省にもとづいて，

改訂版で，あらたに追加された課題の１つである。このなかの「避難所における要援護者用窓口の設置」という項目のなかでは，「市町村の災害時要援護者支援班等が中心となり，自主防災組織や福祉関係者，そして避難支援者の協力を得つつ，各避難所に要援護者班（仮称）を設けること」が明記されている。そして，災害時要援護者の要望にこたえるため，「災害時に，要援護者班は，各避難所内に要援護者用の窓口を設置し，要援護者からの相談対応，確実な情報伝達と支援物資の提供等を実施する」役割をはたすのだ。とりわけ，「その際，女性や乳幼児のニーズを把握するため，窓口には女性も配置すること」が重要である。とはいえ，「大規模災害時，避難所のスペース，支援物資等が限られた状況」であることから，「避難者全員，または要援護者全員に対する機会の平等性や公平性だけを重視するのではなく，災害医療におけるトリアージのような発想を参考にしつつ，介助者の有無や障害の種類・程度等に応じて優先順位をつけて対応すること」についても言及がなされている。また，「その際，高齢者，障害者等の枠組みにとらわれず，『一番困っている人』から柔軟に，機敏に，そして臨機応変に対応すること」とのただし書きも付されている。もちろん，災害時要援護者に対してだけではなく，「避難所における要援護者支援に関する地域住民の理解を深めておくこと」が求められることはいうまでもない[19]。

　こうした避難所のなかでも，「要援護者のために特別の配慮がなされた避難所のこと」を福祉避難所とよぶが，この「福祉避難所の設置・活用の促進」について，「市町村は，避難支援プランの作成を通じて，福祉避難所への避難が必要な者の大まかな状況を把握する」など，「平常時から施設管理者等との連携の構築や，施設利用方法の確認，福祉避難所の設置・運営訓練等を進めておくこと」が，求められている[20]。

　さて，「市町村の福祉関係部局及び防災関係部局は，福祉サービス提供者との連絡を密に取り，積極的に支援していくこと」を明示した，「関係機関等の間の連携」とする５番目の課題も，改訂版であらたにもられたものである。そのなかの「災害時における福祉サービスの継続（BCP）」という項目で，

「市町村は，福祉サービスの災害時における運用方針等に関し，都道府県，国と緊密に連絡をとるとともに，地域防災計画等において災害時における福祉サービスの継続の重要性を明確に位置付け，福祉サービスの継続に必要な体制を確立すること」がうたわれている。その文脈において，「被災市町村は，発災後も可能な限り速やかに介護認定審査会を開催するなど，新規認定や要介護度の変更等をはじめ介護保険制度関係業務の継続を図ること」や「福祉サービス提供者もデイサービスの早期再開等を図ること」が必要となってくるのだ。しかし，万一，「福祉サービスの継続のために必要な人員や施設の確保が困難となる」場合，「市町村は，他の地方公共団体等からの広域的な応援派遣・受入も活用しつつ，発災後も福祉関係部局や福祉サービス提供施設に必要な人員を確保し，関係者と緊密な連携を図ること」が重要となるのはいうまでもない[21]。

　さらに，「保健師，看護師等の広域的な応援」とする項目では，「要援護者避難支援連絡会議」（仮称）といった組織をつくり，「避難所に応援派遣された保健師，看護師等を積極的に活用するとともに，これらの者が効率的かつ効果的な活動が実施できるように，十分な調整を実施すること」が求められている。なお，その際に，「直接的な支援活動をする者の後方支援（自らの衣食住，支援活動に必要な資機材等の確保等）を担当する者を確保すること」「基本的に1週間以上の活動期間とすること」「応援派遣された者に過度な負担がかからないようなローテーション勤務を実施すること」「応援派遣された者は活動記録をつけ，スムーズな交替等を実施すること」に留意しなければならないと付記されている[22]。

　そして，「要援護者避難支援連絡会議（仮称）等を通じた緊密な連携の構築」の項目においては，あらためて，「積極的に情報共有を図り，効率的かつ効果的な支援活動を各関係機関等が実施する」ために，同連絡会議がはたす役割の重要性が確認されている（図7-3参照）[23]。

　以上，本節においては，「災害時要援護者の避難支援ガイドライン」の概要をみてきたが，同ガイドラインを活用するにあたっては，つぎのような点

図7-3 要援護者避難支援連絡会議を通じた関係機関等の情報共有の一例

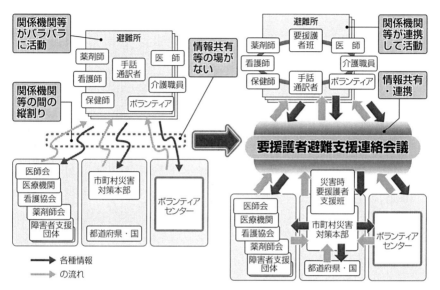

出所：災害時要援護者の避難対策に関する検討会「災害時要援護者の避難支援ガイドライン」(2006年3月), 20頁
(http://www.bousai.go.jp/hinan_kentou/060328/hinanguide.pdf〔2010年3月10日〕)。

に留意する必要があろう[*24]。

　本ガイドラインに沿った取組は，災害の態様に応じて支援の内容は異なり得るものの，基本的な枠組みはあらゆる災害に対して活用できるものであると考える。そのため，想定される災害等，各地域の実情に合わせて進めていくことが効果的である。加えて，国，都道府県，市町村をはじめ関係機関等は，要援護者の避難支援の担当部・課等を明確にする必要がある。

　今後，国，都道府県，市町村をはじめ関係機関等は，本ガイドラインの趣旨を十分理解して避難支援体制の整備に向けた取組を進める必要がある。

3. 「危機」に対する認識

(1) 5つの離島の概要

　では，ここで，今回，考察の対象とする北海道内の5つの離島の特色について，簡単に記しておこう。

　まずはじめに，日本最北端の島である礼文島である。同島は，周囲72キロメートル（南北：29キロメートル，東西：8キロメートル），面積81.33平方キロメートルからなり，稚内港から59キロメートル西の地点に位置している（同港からのフェリーによる所要時間：1時間55分）。1島1群1町の礼文町のおもな産業は，漁業と観光業である。2005年の国勢調査によると，礼文町の漁業への15歳以上就業者数の割合は，36.7％となっており，5年まえの当該調査よりも，0.9ポイント，アップしている。同町は，「すぐれた景観と貴重な高山植物による観光の町『花の浮島礼文』としても発展を遂げてきました」といわれるように[25]，「観光を水産に次ぐ地域経済活性化につながる産業と位置づけ，施設等の整備を進めている」[26]。そのため，町内には，ホテル・旅館・ペンションが15軒，ユースホステルが1軒，民宿が27軒あり，宿泊総定員は，2,074名におよぶ[27]。

　なお，2005年10月1日現在，礼文町の人口は，3,410名で，この数字は，前回の国勢調査よりも，11.6％（446名）減少している。ちなみに，「人口については，昭和30年頃ピークとして年々減少しており，これは，にしん漁の衰退の時期とも一致して」いるようだ[28]。また，2006年3月31日現在で，高齢化率は30.4％（道内で55位），後期高齢化率は16.2％（同36位）となっている[29]。町内の1,467世帯のうち，65歳以上の高齢単身者世帯数は159（10.8％），65歳以上の親族のいる世帯数が694（47.3％），高齢夫婦世帯（夫65歳以上妻60歳以上の1組の一般世帯）数は253（17.2％）となっている（2005年国勢調査）。そして，一般病院数は0，一般診療所数は3，歯科診療所数は2，医師の数は2，歯科医師の数は2，薬剤師の数は1となっている。

また，老人ホームの数は，1箇所しかない（2004年時点）。

　つぎに，稚内港から53キロメートルの距離をへだてた利尻島をみてみよう。面積182.15平方キロメートルの利尻島には，利尻町と利尻富士町の2町が存する。利尻島の西南部に位置する利尻町は，76.49平方キロメートルの面積を有している。稚内港からは，フェリーで，1時間40分の距離にある。同町のホームページによれば，「古くから，国内でも有数の魚田と豊富な資源に恵まれ，海とともに生きてきた『漁業の町』」であると同時に，「豊かな自然と最北への旅を求めて毎年多くの方々が訪れる『観光の町』」でもあるようだ[30]。そのため，同町には，定員170名の町営のホテルにくわえ，一般旅館，民宿などが9軒あり，合計で650名の収容定員をほこっている[31]。

　なお，2005年の国勢調査によれば，人口は2,951名で，5年まえの同調査よりも，人口が466名（13.6%）減少している。基幹産業の漁業への就業割合は，34.5%であるが，これは5年まえの数字より，5.5ポイントもダウンしてしまっている。また，利尻町の高齢化率は，2006年3月31日現在，34.8%で，道内でうえから11番目にたかい数字となっている。さらに，後期高齢化率は19.7%で，これは道内で4位である[32]。

　ちなみに，利尻町内には，1,323の一般世帯が存するが，そのうち，65歳以上の高齢単身者世帯数は165（12.5%），65歳以上の親族のいる世帯数が637（48.1%），高齢夫婦世帯数は252（19.0）となっている（2005年国勢調査）。そして，一般病院の数は1，一般診療所の数は1，歯科診療所の数は2，医師数は4，歯科医師数は2，薬剤師数は4となっている。また，老人ホームの数は，1箇所だけである（2004年時点）。

　つぎに，もうひとつの自治体である利尻富士町に目を転じよう。「北西10kmを隔てて礼文島と対している」同町は[33]，3,239名の人口を有している（2005年国勢調査）。2000年国勢調査のときの数値が3,536名であったことから，5年間で，人口は，8.4%減少したことになる。なお，同町の一般世帯数は，1,426世帯であるが，65歳以上の高齢単身者世帯数は183（12.8%），65歳以上の親族のいる世帯数が691（48.5%），高齢夫婦世帯数は270（18.9%）となっ

ている（2005年国勢調査）。また，同町の高齢化率は34.7％（道内で13位），後期高齢化率は19.5％（同6位）となっている[34]。ちなみに，同町の一般病院数は0，一般診療所数は4，歯科診療所数は2，医師の数は2，歯科医師の数は2，薬剤師の数は3となっている。そして，老人ホームの数は，1箇所しかない（2004年時点）。

同町の場合，「基幹産業は漁業であり，漁港・港湾・陸上施設など漁業の生産基盤の整備を推進するとともに，ウニ・昆布などの漁場底質改良，人工種苗，地先型増殖場造成，自然石投入事業，ヒラメ稚魚放流事業を行ないウニや活魚の価格安定高値を図り漁業に新たな活路を見出す意欲で活発な浜づくりに期待し取り組んで」いるようである[35]。その結果，同町での漁業への就業割合は，31.9％となっている（2005年国勢調査）。くわえて，「漁業と並ぶ産業である観光についても，豊かな自然と海の幸を求めて50万人を超える観光客が訪れるようになり」[36]，1,615名分の宿泊定員を要している[37]。

つづいて，羽幌町のなかにある天売島と焼尻島について言及しよう。同町のホームページによると，これらの2つの島は，「世界でも珍しい人と海鳥が共生する島『天売島』と，緑と原生花の島『焼尻島』」として紹介されている[38]。ちなみに，羽幌港から，天売島までは，高速船で60分，フェリーで1時間30分，他方の焼尻島へは，高速船で35分，フェリーで1時間かかるようだ。

さて，これら2つの離島をかかえる羽幌町全体の高齢化率は31.1％（道内で48位），後期高齢化率は15.4％（同47位）となっている[39]。2005年9月末時点での羽幌町の人口は，9,004名で，うち422名が天売島に，353名が焼尻島に居住していた[40]。2006年3月31日の段階において，5.50平方キロメートルの天売島の高齢化率は40.6％，後期高齢化率は21.6％となっていた[41]。一方の焼尻島（面積：5.21平方キロメートル）の高齢化率は51.3％で，後期高齢化率は30.6％となっている[42]。ここで，焼尻島の数字を北海道内のほかの市町村の高齢化率と比較してみると，高齢化率トップの夕張市の40.2％よりも11.1ポイントもたかく，後期高齢化率トップの神恵内村（20.7％）よりも9.9

ポイントもたかくなっていることがわかる[43]。したがって，焼尻島は，き
わめて多くの高齢者をかかえているというわけだ。

　最後に，奥尻島をとりあげる。周知のように，奥尻島は，1993年7月12日
の北海道南西沖地震の際に発生した津波により，大きな被害を受けた。この
とき，死者172名，行方不明者26名，重軽傷者143名をだし，被害総額は，じ
つにおよそ664億円にもたっしたとされる[44]。

　同町は，「北海道の南西端に位置し，檜山郡江差町から北西61km」の「日
本海に浮かぶ離島」となっている。「周囲84km，東西11km，南北27kmで長
い台形状をしており，道内では利尻島に次ぐ面積を誇る」。また，同町は，「地
理的に日本海に囲まれているため，その立地条件から第1次産業が主として
古くから栄えてきたが，近年のイカ漁等の回遊魚の不振により，これらに変
わるウニ・アワビなどの根付資源の育成が図られ，これらに関連する地場産
業の振興が期待されている」そうだ[45]。とはいえ，2005年国勢調査をみると，
奥尻町での漁業への就業割合は，10.6％と，ほかの離島よりもひくい数字と
なっている。同町でもっとも多くの人々が就業している産業は，建設業で，
18.4％である。そして，公務の17.9％とつづく。

　さて，「中央西部海抜584kmの神威山を中心として周囲に集落があり，主
として東海岸に点在して」いる同町の人口は[46]，2005年10月1日現在で，
3,643名であった。これを5年まえの数字とくらべると，7.1％（278名）の減
少ということになる。また，同町には，1,542の一般世帯があり，65歳以上
の高齢単身者世帯の数は180（11.7％），65歳以上の親族のいる世帯数が666
（43.2％），高齢夫婦世帯数は229（14.9％）となっている（2005年国勢調査）。
そして，一般病院の数は1，一般診療所の数は3，歯科診療所の数は1，医
師数は3，歯科医師数は2，薬剤師数は1となっている。また，老人ホーム
の数は，1箇所だけである（2004年時点）。また，2006年3月末時点での同
町の高齢化率は27.6％（道内で92位）で，後期高齢化率は13.2％（同93位）
であった[47]。

(2)「危機」に対する認識

　近年,「危機」ということばに対するイメージが多様化しているといわれる。たとえば,地方自治体を対象としたアンケート調査において,過去,実際に直面した「危機」の具体的内容について質問したところ,その回答は多岐にわたったという。具体的には,「大規模地震,大規模風水害,豪雨災害,土石流,地滑り,津波,異常渇水,タンカー重油流出事故,航空機墜落事故,トンネル崩落事故,劇毒物混入事件,Ｏ－157集団感染事件,集団赤痢,電話回線故障,市民情報システムダウン,海底ケーブル切断,長時間停電,知事襲撃事件,政治団体による妨害活動,贈収賄事件,食料費不適正執行問題,税収不足」であった[48]。

　このように,地方自治体は,「さまざまな危機に高い確率で直面している」と同時に,「危機内容の多様化に伴い,さまざまな状況を幅広く危機として認知する態度が広がりはじめている」といえよう[49]。

　それでは,本章で言及する各町の防災担当者は,離島における「危機」として,いかなるものを想定しているのであろうか。

　担当者は,「町民が危険におかされるとき」(利尻富士町役場)[50]「災害にかかわらず,事故でも住民に危害をもたらすものすべて」(奥尻町役場)[51]「生命,財産にかかわるものすべて」(羽幌町役場・天売支所)[52]を危機ととらえているようだ。これらの発言は,住民の命をあずかる行政機関の防災担当者として,当然のものといえよう。

　さらに,これらの発言を具体化すると,危機とは,「災害,地震による津波,テロ,紛争など」(礼文町役場)[53]「地震,津波といった災害,登山事故」(利尻町役場)[54]「災害。とりわけ,台風,地震」(羽幌町役場)[55]ということになろう。

　ここで,興味深い回答を紹介しよう。礼文町役場の担当者からは,「漁業関連の問題にはとりわけ注意をはらっている」との回答を得た[56]。これは,先述したように,漁業への就業割合が36.7%にたっしている同町では,当然のことといえる。

また，利尻町役場では，もっとも留意している問題の1つとして，「急患の輸送」があげられた。ちなみに，利尻町の場合，過去の救急患者の搬送業務の実績数（航空機をつかったもの）は，1998年度：6件，1999年度：13件，2000年度：11件，2001年度：11件，2002年度：6件，2003年度：10件，2004年度：8件，2005年度：7件となっている。数値自体は，けっして大きいものではないが，島内に大きな病院をもたない離島にとって，「子どもからお年寄りまでまんべんなく」対象となる救急患者の搬送は，依然として，重大な問題である[*57]。

利尻町のみならず，救急患者の搬送は，いずれの島においてもみられるものであり，礼文町では年に4～5回，奥尻町では年に十数回，搬送がおこなわれているという[*58]。したがって，各役場では，救急患者の搬送に関するマニュアルをつくっている。たとえば，羽幌町では，「天売島・焼尻島　救急患者搬送　マニュアル」（2003年12月26日策定）にもとづいて，救急患者の搬送をおこなっている。同マニュアルによれば，救急患者が発生し，ヘリコプターによる搬送が必要と判断した場合，まずはじめに，道立羽幌病院，旭川日赤病院，札幌医大病院のうちから，「診療所が搬送先として適当であると思われる病院」を選定したのち，「電話をして連絡・承認を得る」そうだ[*59]。

そして，診療所では，「搬送先が決定したら，『救急患者の緊急搬送情報伝達票』を防災航空室へFAXし，電話にて内容を伝達する。その後，正式要請をするため，役場支所へ伝達票を渡す」ことが義務づけられている。同票を受理した「役場支所は，記載内容に“不明な点や漏れなどがないか”を確認し，不明な点などがある場合は再度，診療所に問い合わせる」のだ。そして，同票の記載事項が確定した時点で，防災航空室に電話をかけ，ヘリコプター出動の正式要請をおこなうと同時に，同票を送信することになっている。このとき，万一，「ヘリが飛べない場合に備え，留萌海上保安部の巡視船を要請する」ことも想定されている[*60]。

ところで，調査対象の自治体の各担当者に対して，とりわけ，高齢者との

関連で，「危機」といったとき，どのような事態をイメージするかをたずねたところ，かえってきた回答は，「振り込め詐欺」「訪問販売」「高齢者の孤独死」などであった。これは，「年金生活をしている一人暮らしの高齢者が多い」という現状を反映しているといえよう[61]。その意味において，「島の半分以上がお年寄りであり，生活していくうえで，すべてが危機ととなりあっている」という羽幌町役場・焼尻支所で得たコメントには，考えさせられる点が多い。したがって，同支所では，「役場本来の業務はもちろん，精神面でも相談にのったりする」ことをこころがけているという[62]。

4. 地域防災計画にみる高齢者

　災害対策基本法第42条第1項によれば，「市町村防災会議（市町村防災会議を設置しない市町村にあつては，当該市町村の市町村長。以下この条において同じ。）は，防災基本計画に基づき，当該市町村の地域に係る市町村地域防災計画を作成し，及び毎年市町村地域防災計画に検討を加え，必要があると認めるときは，これを修正しなければならない」とされている。

　さらに，同条には，「当該市町村を包括する都道府県の都道府県地域防災計画に抵触するものであつてはならない」とのただし書きが付されており，北海道内の市町村地域防災計画は，『北海道地域防災計画』をもとに，作成されることとなっている。

　それでは，離島にある各町の地域防災計画のなかで，高齢者に関して，どのような記述がなされているかを概観しよう。

　まずはじめに，『礼文町地域防災計画』に注目する（図7-4参照）。1996年3月29日に発行された同計画は，7つの章と資料からなり，総頁数は904頁となっている（加除式）。「第5章　災害応急対策計画」の「第4節　避難救出計画」のなかには，避難誘導に関する避難の順位として，「避難させる場合には，老人，幼児，疾病者及び婦人を優先的に避難させる」と記されているものの[63]，その具体的な方法については，明記されていない。

第7章　離島における危機管理

図7-4　『礼文町地域防災計画』（1996年）の目次

第1章	総則
第2章	防災組織
第3章	災害情報通信計画
第4章	災害予防計画
第5章	災害応急対策計画
第6章	特殊災害対策計画
第7章	災害復旧計画
資料	

図7-5　『利尻町地域防災計画』（1992年）の目次

第1章	総則
第2章	防災組織
第3章	災害情報通信計画
第4章	災害予防計画
第5章	災害応急対策計画
第6章	特殊災害対策計画
第7章	災害復旧計画
資料編	

　これとまったくおなじ文言となっているのが，『利尻町地域防災計画』であり（図7-5参照），「避難させる場合には，老人，幼児，傷病者及び婦人を優先的に避難させる」となっている[64]。この文言が掲載されているのは，「第5章　災害応急対策計画」の「第4節　避難救出計画」であり，掲載箇所も礼文町のものとおなじ場所である。ちなみに，利尻町の地域防災計画は，1992年5月30日に発行されたもので，総頁数1,356頁の加除式である。構成は全7章と資料編からなる。

215

これら２町の防災計画と類似した文言は，『利尻富士町地域防災計画』においても登場する（図7-6参照）。利尻富士町の地域防災計画は，1998年４月に全面改定されたものの，上記２町と同様の文言がおなじ場所にもりこまれている[65]。ただ，同計画は，ほかの２町の地域防災計画と若干異なる点も有している。それは，地域防災計画の構成に関してである。利尻富士町の地域防災計画は，全７章の「利尻富士町地域防災計画」と全５章の「地震・津波等防災計画」の２つからなっている。とりわけ，後者の「地震・津波等防災計画」については，1993年の北海道南西沖地震の折りの津波による被害を目のあたりにした結果，もりこまれたようだ[66]。

その「地震・津波等防災計画」の「第３章　災害応急対策計画」の第５節に，「避難対策計画」があり，そこに，「避難誘導は町職員，消防職団員，警

図7-6　『利尻富士町地域防災計画』（1998年）の目次

~利尻富士町地域防災計画目次~

第１章	総則
第２章	防災組織
第３章	災害情報通信計画
第４章	災害予防計画
第５章	災害応急対策計画
第６章	特殊災害対策計画
第７章	災害復旧計画

~地震・津波等防災計画目次~

第１章	総則
第２章	災害予防計画
第３章	災害応急対策計画
第４章	災害復旧計画
第５章	大震・津波想定計画

察官，その他指示権者の命を受けた職員があたるが，避難立退きの誘導にあたっては，老人，病人及び婦女子等を優先的に行うこととし，避難誘導者は円滑な立退きについて適宜指導する」とある[67]。若干文言が異なるものの，基本的には，「利尻富士町地域防災計画」のほうの「第5章　災害応急対策計画」のなかの「第4節　避難救出計画」とおなじ内容となっている。なお，利尻富士町の場合，地域防災計画は，195頁のファイル式を採用している。

　さきに，北海道内の市町村地域防災計画を策定する折りには，北海道の地域防災計画をもとにすると述べた。うえでみた3町がモデルとしたのは，阪

図7-7　『北海道地域防災計画』の沿革

1964年　4月	北海道地域防災計画作成
1965年度修正	融雪災害予防計画，林野火災予消防計画 海難予防及び救助計画，地震災害対策計画作成
1967年度修正	危険物等保安計画編作成，防災演習計画作成
1968年度修正	港湾等防災対策計画編作成
1972年度修正	資料編作成
1972年度修正	石油コンビナート地区防災計画編作成
1979年度修正	火山噴火災害対策計画編作成
1981年度修正	一部修正
1983年度修正	一部修正
1986年度修正	原子力防災計画編作成
1988年度修正	一部修正
1990年度修正	地震防災計画作成
1991年度修正	一部修正
1997年度修正	事故災害対策計画作成
2001年度修正	一部修正
2004年度修正	一部修正
2006年度修正	一部修正

出所：http://www.pref.hokkaido.lg.jp/NR/rdonlyres/77D2F14F-3E12-4FD7-B421-8863386FAEB3/885735/ura.pdf（2010年3月10日）。

図7-8 『北海道地域防災計画』（本編）（1988年）の目次

```
第1章    総則
第2章    北海道の概況
第3章    防災組織
第4章    予防計画
第5章    災害応急対策計画
第6章    特殊災害対策計画
第7章    災害復旧計画
第8章    防災訓練計画
第9章    防災思想普及計画
参考資料
```

図7-9 『北海道地域防災計画』（本編）（1998年）の目次

```
第1章    総則
第2章    北海道の概況
第3章    防災組織
第4章    予防計画
第5章    災害応急対策計画
第6章    震災対策計画
第7章    火山災害対策計画
第8章    事故災害対策計画
第9章    災害復旧計画
第10章   防災訓練計画
第11章   防災思想普及・啓発計画
参考資料
```

神・淡路大震災後，全面的に改訂された『北海道地域防災計画』ではなく，震災以前に発行された『北海道地域防災計画』であったという点に留意する

必要がある（図7-7，7-8，7-9参照）。

　というのは，阪神・淡路大震災発生後の1995年7月18日に国の防災基本計画が，およそ24年ぶりに全面修正されたのを受けて，『北海道地域防災計画』も全面改定されたからだ。これは，「都道府県防災会議は，防災基本計画に基づき，当該都道府県の地域に係る都道府県地域防災計画を作成し，及び毎年都道府県地域防災計画に検討を加え，必要があると認めるときは，これを修正しなければならない」と定めた災害対策基本法第40条第1項の規定によるものであった。その後も，北海道の地域防災計画は，2001年，2004年，2006年と一部修正されている。

　なお，2006年の『北海道地域防災計画』では，「市町村等の避難計画」の策定にあたって，「市町村等は，住民，特に高齢者，障害者等の災害時要援護者が，災害時において安全かつ迅速な避難を行うことができるよう，予め避難計画を作成する」ことを求めている[68]。

　前出の3自治体と異なり，できるかぎり最新の「道の計画にあわせた」ものが，2005年5月13日に開催された羽幌町防災会議の場において，承認・決定された『羽幌町地域防災計画』である（図7-10参照）。同計画は，8章と資料から構成されており，771頁におよぶ。ちなみに，羽幌町役場のホーム

図7-10　『羽幌町地域防災計画』（2005年）の目次

第1章	総則
第2章	防災組織
第3章	災害情報通信計画
第4章	災害予防計画
第5章	災害応急対策計画
第6章	特殊災害対策計画
第7章	災害復旧計画
第8章	地震防災計画
資料	

ページによると，「羽幌町地域防災計画は，昭和45年に策定され，平成2年に一部修正されておりましたが，平成5年の北海道南西沖地震，平成7年の阪神・淡路大震災等，度重なる災害が発生している状況や，様々な特殊災害等に対応するための修正が必要となり，平成12年より避難場所の変更や，地震・津波対策及び流出油対策など，北海道地域防災計画と整合性を図ることを修正の基本方針とし，作業に取りかかりました」と，地域防災計画修正の経緯について，ふれている[69]。

担当者によれば，羽幌町の地域防災計画の改定のポイントは，ホームページにもあるように，「避難場所を現実にあわせた」点と「対策本部の設置基準があいまいだった」のを明確化した点にあった[70]。前者に関しては，1990年3月に一部改正された地域防災計画で避難場所に指定されていた学校が，閉校された現状をふまえたものである。また，後者の対策本部の設置基準については，これまで，以下のア〜ウのように，きわめて抽象的であった基準に，エ・オといった具体的な数値や文言がもりこまれたのである[71]。

ア　大規模な災害が発生する恐れがあり，その対策を要するとき。
イ　災害が発生し，その規模及び範囲から判断し，特に対策を要するとき。
ウ　気象，地象及び水象についての情報又は警報を受け非常配備の必要があるとき。
エ　町内に震度5弱以上の地震が発生したとき。
オ　北海道日本海沿岸北部に「津波」の津波警報が発表されたとき。

それでは，あたらしくなった『羽幌町地域防災計画』では，高齢者に関してどのような記述がなされているのであろうか。同計画「第5章　災害応急対策計画」の第4節に目をやると，「災害時要援護者への緊急支援計画」という項目がもられている（図7-11参照）。そこでは，「災害時には，高齢者や乳幼児，障害者等の『災害時要援護者』が迅速・的確な避難等の行動が取り

第7章　離島における危機管理

図7-11　『羽幌町地域防災計画』(2005年)のなかの「災害時要援護者への緊急支援計画」の目次

> 1　要援護者対策
> 2　社会福祉施設・災害時要援護者関連施設等に係る対策
> 3　高齢者及び障害者に係る対策
> 4　児童に係る対策
> 5　観光客及び外国人に係る対策

にくく，被害を受ける場合が多いことから，安全を確保するため地域住民の支援が必要である。このため，災害弱者に対し緊急連絡体制，避難誘導等必要な支援を適切に行う」ことが明記されている[72]。

　そして，「要援護者を発見した場合には，当該要援護者の同意を得て，必要に応じ」とられる措置として，「ア　地域住民等と協力して避難所へ移送すること」「イ　社会福祉施設等への緊急入所を行うこと」「ウ　居宅における生活が可能な場合にあっては，在宅福祉ニーズの把握を行うこと」があげられている。さらに，「要援護者に対するホームヘルパー，手話通訳者の派遣，補装具の提供等の福祉サービスの提供を遅くとも発災1週間をめどに組織的・継続的に開始できるようにするため，発災後2〜3日目から，全ての避難所を対象として要援護者の把握調査を開始する」ことにも注意がはらわれている[73]。

　これらは，「災害発生時には，平常時から福祉サービスの提供を受けているものに加え，災害を契機に新たに要援護者となる者が発生することから，これら要援護者に対し，時間の経過に沿って，各段階におけるニーズに合わせ，的確なサービスの提供等を行っていくことが重要である」との認識をふまえて実施される，要援護者対策の一端である[74]。

　また，社会福祉施設・災害時要援護者関連施設等の管理者に対しては，以下の3点が義務づけられている[75]。

　(1)　各社会福祉施設・災害時要援護者関連施設等の管理者は，あらかじ

221

め定めた避難誘導方法に従い，速やかに入所者・利用者の安全を確保する。

(2) 各社会福祉施設・災害時要援護者関連施設等の管理者は，日常生活用品及びマンパワーの不足数について，保健福祉部，市町村に対し，他の施設からの応援のあっせんを要請する。

(3) 各社会福祉施設・災害時要援護者関連施設等の管理者は，それぞれの施設で保有している資機材を相互に活用することにより，被災地の支援を行う。

さらに，ここでは，「高齢者及び障害者に係る対策」として，とくに，つぎの4点についてふれられている[76]。

(1) 被災した高齢者及び障害者の迅速な把握を行う。

(2) 掲示板，広報紙，パソコン，ファクシミリ等を活用し，また，報道機関の協力のもとに，新聞，ラジオ，文字放送，手話つきテレビ放送等を利用することにより，被災した高齢者及び障害者に対して，生活必需品や利用可能な施設及びサービスに関する情報等の提供を行う。

(3) 避難所等において，被災した高齢者及び障害者の生活に必要な車いす，障害者用携帯便器，おむつ等の物資やガイドヘルパー，手話通訳者等のニーズを把握する相談体制を設けるとともに，それらの物資の調達及び人材の派遣を迅速に行う。

(4) 避難所や在宅の高齢者及び障害者に対しニーズ調査を行い，ホームヘルパーの派遣や施設への緊急入所等必要な措置を講ずる。

ところで，羽幌町の場合，あたらしい『羽幌町地域防災計画』の全頁をホームページ上で公開して，住民の防災意識向上につとめているのが注目にあたいする[77]。

第7章　離島における危機管理

　このように，『羽幌町地域防災計画』は，きわめて詳細に高齢者に対する
対策をもりこんでいる。これは，過去のさまざまな災害で得られた教訓をも
とに，あたらしい地域防災計画が，作成された成果といえよう。

　つぎに，実際に，1993年7月12日の北海道南西沖地震の折りに発生した津
波によって，大被害を受けた奥尻町の地域防災計画について検証する。1996
年2月1日に発行された『奥尻町地域防災計画』は，「総則」「基本計画」「地
震対策計画」「その他の災害対策計画」の4編から構成されており，最後に
参考資料が付されている（図7-12参照）。総頁数は273頁で，冊子体となって
いる。

　まず，「第2編　基本計画」のなかの「第1章　災害予防計画」に，「第12
節　災害弱者予防対策計画」がもうけられているのが，目をひく。そこでは，
老人が「災害時において，最も助けを必要とする」災害弱者であるとの認識
のもと，災害予防対策がたてられている[*78]。

　そして，大きく3つの対策—社会福祉施設対策，在宅者対策，病院入院患
者等対策—について記されている。1つ目の社会福祉施設対策は，4項目か
らなっている。まず第1が，「防災設備等の整備」である。そこには，「社会
福祉施設の利用者は，寝たきり老人や心身障害者（児）等いわゆる『災害弱
者』であることから，施設そのものの災害に対する安全性を高めることが最
も重要である」としたうえで，「電気，水道等の供給停止に備えて施設入所
者が最低限度の生活維持に必要な食糧，飲料水，暖房熱源，医薬品類等の備
蓄を行うとともに，施設機能の応急復旧等に必要な非常用自家発電機，冬期
の非常用採暖器具・燃料等の防災資機材の整備を行う」とある[*79]。

　第2番目が，「組織体制の整備」である。「社会福祉施設の管理者は，災害
発生の予防や災害が発生した場合における迅速かつ的確な対応を行うため，
あらかじめ防災組織を整え，施設職員の任務分担，動員計画，緊急連絡体制
等を明確にしておく」ことが求められており，「特に，夜間における通報連
絡や入所者の避難誘導体制は，職員が手薄であることや，照明の確保が困難
であること等，悪条件が重なることから，これらの点を十分配慮した組織体

223

図7-12　『奥尻町地域防災計画』（1996年）の目次

第1編　　総則
　第1章　　総則
第2編　　基本計画
　第1章　　災害予防計画
　第2章　　災害応急対策計画
　第3章　　災害復旧計画
第3編　　地震対策計画
　第1章　　総則
　第2章　　地震災害予防計画
　第3章　　地震災害応急対策計画
　第4章　　津波対策計画
第4編　　その他の災害対策計画
　第1章　　風水害等対策計画
　第2章　　水防計画
　第3章　　急傾斜地防災対策計画
　第4章　　雪害対策計画
　第5章　　融雪災害対策計画
　第6章　　林野災害予消防計画
　第7章　　海難予防及び救助計画
参考資料

制を確保する」とある。また，「施設の管理者は町との連携のもとに，施設
相互間並びに他の施設，近隣住民及びボランティア組織との日常の連携が密
になるようつとめ，入所者の実態等に応じた協力が得られるよう体制づくり
を行う」こともももられている[80]。

　第3番目は，「緊急連絡体制の整備」である。社会福祉施設の管理者に対
して，「災害発生に備え，消防機関等への早期通報が可能な非常通報装置を
設置する等，緊急時における情報伝達の手段，方法を確立するとともに，施
設相互の連携協力関係の強化に資するため，町の指導のもとに緊急連絡体制

224

を整える」ことを求めている[81]。

　最後の「防災教育・防災訓練の充実」では，「社会福祉施設の管理者は，施設の職員や入所者が，災害等に関する基礎的な知識や災害時にとるべき行動等について，理解や関心を高めるため，定期的に防災教育を実施する」ことが明記されている。また，「施設職員や入所者が，災害等の切迫した危機的状況下でも適切な行動がとれるよう各々の施設の構造や入所者の判断能力，行動能力等の実態に応じた防災訓練を定期的に実施する」としたうえで，「特に，自力避難が困難な者等が入所している施設にあっては，職員が手薄になる夜間における防災訓練も定期的に行うようつとめる。この場合，職員の非常参集体制をあわせて整備する」こととなっている[82]。

　つぎに，「緊急通報システム等の整備」と「防災知識の普及・啓発」からなる，「在宅者対策」をみてみよう。前者においては，「町は，一人暮らし老人及び単身の障害者等の安全を確保するため，緊急通報システム等の整備につとめるとともに，在宅者の安全性を高める」とあり，後者では，「町は，災害弱者及びその家族に対し，パンフレット等を配布するとともに，地域の防災訓練等への積極的参加を呼びかけ，災害に対する基礎的知識等の理解を高めるようつとめる」と記されている[83]。

　現に，奥尻町では，震度4以上の揺れを察知した場合に，高台への避難をよびかける放送が屋外拡声器から，そして，各世帯に設置された個別受信機からも自動的に流れるシステムを構築している。これは，「正確な情報を役場から発信してあげる」との認識にもとづくものである[84]。また，カラーで，28頁からなる，「奥尻町　防災ハンドブック」を作成して，対象世帯に配布している（図7-13参照）[85]。

図7-13 「奥尻町　防災ハンドブック」の目次

はじめに―［奥尻町長］越森幸夫 ……………………………………… 2

天災は覚えていてもやってくる ……………………………………… 4

【地震】

　地震の被害は常に予測を上回る ………………………………… 6

　慌てず騒がず秩序ある行動があなたを救う ………………… 8

【津波】

　津波は容赦なくすべてを飲みこむ ………………………………… 10

　奥尻周辺は典型的な地震→津波の危険地帯 ……………… 12

【火災】

　地震国日本。家屋の多くは紙と木でできている ……………… 14

　火災の原因のほとんどが人災である ………………………… 16

【風水害】

　日本列島は台風のメインストリート ……………………………… 18

　わが家の風水害対策は万全か ……………………………………… 20

全町の地区別避難所 …………………………………………………… 22

全町の地区別避難所位置図 ………………………………………… 24

［防災メモ］―避難行動の備え

　シミュレーションはしすぎるということがない ……………… 26

［防災メモ］―日常の備え

　非常用持出品は厳選，軽量，コンパクトに ………………… 27

わが家の防災ノート ……………………………………………… 裏表紙

出所：奥尻町企画振興課「奥尻町　防災ハンドブック」(1995年３月)，５頁。

　そして，「病院入院患者等対策」としては，「病院・診療所等施設管理者は，入院中の寝たきり老人及び新生児，乳幼児，重症患者等自力で避難することができない患者等について，看護婦詰所に隣接した病室やできる限り低層階等の避難救出が容易な病室に収容するなど，特別な配慮をするようつとめなければならない」ことが定められている[86]。

　それでは，具体的な避難・救出計画については，どのように記されている

のであろうか。「第2章　災害応急対策計画」のなかの「第7節　避難救出計画」をみてみよう。そこでは、避難に際しての避難順序が記されており、「老人、幼児、疾病者心身障害者及び婦女子等の災害弱者を優先させるものとする」とある。この記述は、さきに紹介したいわゆる利礼3町（礼文町、利尻町、利尻富士町）のものとほぼ同一である。だが、奥尻町の地域防災計画がそれらと異なるのは、そのあとに、「自力で非難できないもの、病院の入院患者、社会福祉施設収容者子供等災害弱者及び避難の途中で危険がある場合等の避難については、車輌その他適宜な方法により移送を行うものとする」と、「移送の方法」が付されている点である[87]。

　さらに、奥尻町の場合、ここに、「医療機関、社会福祉施設等の利用は、傷病者、高齢者、心身障害者（児）等いわゆる『災害弱者』であることから、当該施設の管理者は、施設そのものの災害に対する安全性を高めるとともに、災害時にそなえて避難計画を作成し、災害時における避難・救出の万全を期するものとする」として、「この場合において、避難・救出対象者の能力、施設の地理的条件等を考慮し、避難の場所、経路、移送手段と所要時間、及び誘導法並びにその指示、伝達の方法、人員配置、緊急収集体制等を充分に検討しておく必要がある」と記し、前出の「災害弱者予防対策計画」とおなじ内容をくりかえし強調しているのが注目される[88]。

　さて、かつて、奥尻町役場が作成した、『北海道南西沖地震　奥尻町記録書』には、「北海道南西沖地震の唐突さ、規模、被害の大きさは日常のシミュレーションをはるかに上回る思いがけない展開を次々にもたらし、あらかじめ想定されていた奥尻町の防災体制をズタズタに寸断する破壊力を見せつけずにはおかなかった」とある[89]。これは、実際の被災者によることばでもあり、われわれとしても、考えさせられる部分が大きい。

　したがって、きわめて精緻化された地域防災計画を策定したとしても、現実の危機に直面した際に、地方自治体の職員がそれを十分活用できるかどうかは、はなはだうたがわしいということにもなろう。

　ここで、興味深い調査結果を紹介する。それは、地震災害時に災害対策本

部を設置した経験を有する市町村を対象におこなわれた,「災害応急対策システムに関する調査」であり,同調査によると,117市町村のうちの53市町村（45.3%）が,地震時に地域防災計画をもちいなかったと回答しているのだ[90]。

この原因として,地域防災計画を活用しなかった市町村は,「平常時の業務要領で十分間にあった」（50.9%),「発災時に役立つようには作られていなかった」（20.8%),「見ているいとまがなかった」（13.2%),「計画にはうたわれていない（想定していない）事態であった」（11.3%）などをあげている[91]。

現に,今回調査対象とした5町でも,「計画をみれないというような災害に直面したことがない」とまえおきしたうえで,地域防災計画は,「対策本部を設置するにあたっての資料としてもちいる」だけでしかないといった回答,「ケース・バイ・ケースで対処していくので,開かない」といった回答がなされた[92]。

そのため,都道府県や政令指定都市レベルでは,地域防災計画のエッセンスをもりこんだ,手帳サイズの職員用マニュアルを作成しているところもある[93]。だが,財政状態の厳しい地方自治体においては,「単純明快にしたものをつくるべきだと考えているが,なかなかできない」のが現実のようである[94]。そこで,利尻富士町役場では,地域防災計画を「職員一人ひとりがもっているので,自分の関係するところに印をつける」などの工夫をこらし,マニュアル的要素ももたせているようだ[95]。

たしかに,「めざすべき姿がすべて」網羅されている地域防災計画は,「要点をまとめていないので,わかりづらい」側面がないわけではない[96]。とはいえ,地域防災計画には,過去の経験にもとづく膨大なデータが蓄積されており,それらは危機管理において,必要不可欠なものである。そこで,奥尻町の場合,「災害の不幸は不幸としてしっかり受け止めつつ,今度,同じような災害が起こったらどうするかを,常に想定しておかなければならない」として,「奥尻という特殊条件を想定した」地域防災計画を策定したのだ。

それゆえ，「北海道南西沖地震という骨身にしみた経験がある」奥尻町の「マニュアル（＝地域防災計画）の内容は，おのずと他の地方のものとは，明確に違ってくる」（カッコ内，引用者補足）わけだ。『北海道南西沖地震　奥尻町記録書』によれば，これこそが，「多大な犠牲を払った我々に求められる，ひとつの義務」ということになる[97]。

　これまでは，幸いにして，災害による大きな被害を受けてこなかった礼文島，利尻島，天売島，焼尻島の危機管理を考えるときに，おなじ離島である奥尻島の経験は，かならずや有益な教訓となるにちがいない。だが，残念ながら，北海道内の離島同士においては，奥尻町での教訓に関する情報共有は十分なされていないのが現実である。奥尻町の防災担当者も，「後世に，教訓として伝えていく責任がある」と述べており[98]，今後，これら離島の防災担当者のあいだで，さらなるコミュニケーションの深化がみられることを期待したい。

　ここで，このような指摘をする理由は，ほかにもある。それは，地域防災計画を策定する場合，膨大な時間と労力が必要であるからだ。そのため，「道から指示があったが，防災計画の見直しに着手してこなかった」地方自治体もあるようだ[99]。幸いにして，「復興を語る最大のポイントは，義援金」であったとされる奥尻町では，全国から190億円もの義援金があつまったこともあり，「株式会社　シー・アイ・エス計画研究所」というコンサルタント会社が策定の実務をになったという[100]。しかしながら，奥尻町のように，コンサルタント会社へ地域防災計画の策定を委託できる町はまれで，今回，ヒアリング調査をおこなったほかの4町では，防災担当の職員が自前でその作業をおこなっていた。地域防災計画の策定にあたっては，「一言一句，精査しながら変えないとダメ」であり，「簡単には改正できるものではない」[101]。そのうえ，町レベルでは，防災担当職員は2名程度しかおらず，しかも，それらの職員はそのほかの業務も兼務しているのが実情だ。そのため，地域防災計画の改定に，十分な時間を割くことができず，改定作業をすすめていっても，「総論でしかつくれない」という事態も生じてしまっている[102]。

くわえて，地域防災計画の改定を「自前でやっているあいだに，あたらしい災害が発生してきて，なかなか作業がすすまなかった」との羽幌町役場の防災担当者のコメントもある。そのため，同町では，地域防災計画の修正に着手（2000年9月）してから，計画の承認（2005年5月）を得るまでに，4年8カ月もの歳月を要し，そのあいだに，担当者も4名変わったという[103]。

こうした現状をふまえて，各地方自治体は，住民との協働によって，地域防災計画の策定をすすめていくという方法も模索すべきであろう。現に，地域防災計画を所管する防災会議のメンバーにボランティアの代表をくわえた札幌市の例もある[104]。地方分権改革の流れもあり，現在，声高に住民参加が各地で叫ばれているが，危機管理の分野においても，この発想は，大いにとりいれていくべきものではなかろうか。

5．高齢者への対応

それでは，今後，高齢者に対して，どのような具体的対策を講じていけばよいのであろうか。かつて，米国でおこなったヒアリング調査では，異口同音に，訓練の必要性が指摘された[105]。

今回の離島における調査においても，すべての担当者が，防災訓練の重要性を説いていた。つまり，防災訓練によって，危機に対する高齢者の意識変革をもたらそうとしているのだ。それゆえ，いずれの自治体においても，時期や形態は異なるものの，1年に1回は，防災訓練を実施している。たとえば，「漁の切れ間の10月中旬に，1つの自治会を対象にやる」というところや「消防も入れて，台風に対する準備をととのえる」「津波を想定した訓練を9月1日におこなう」など，地域の特性にあった防災訓練がおこなわれているようだ[106]。

防災訓練に関しては，『北海道地域防災計画』のなかでも，「道，市町村及び防災関係機関等は防災の日や防災週間等を考慮しながら，水防協力団体，自主防災組機，非常通信協議会，ボランティア及び災害時要援護者を含めた

地域住民等と連携した訓練を実施するものとする」ときめられている[107]。

　だが，残念ながら，今回調査対象とした5町の地域防災計画の防災訓練の節では，高齢者という文言はみられなかった。現に，ヒアリングにおいても，「弱者というかたちでのガイドラインはできておらず，実際，まだ動いていない」との発言もあった。この点も，今後，改善が求められよう。ちなみに，奥尻町では，地域防災計画の次回改定のポイントとして，「災害弱者が中心」と述べていたことから，防災訓練の節にも，高齢者に関する文言がもりこまれる可能性がたかい[108]。

　ところで，本章の冒頭でもふれたように，内閣府が設置した「災害時要援護者の避難対策に関する検討会」は，2006年3月28日に，「災害時要援護者の避難支援ガイドライン」をだしている。ここで，あらためて，同ガイドラインの骨子についてみてみたい。

　もともと，同ガイドラインは，2005年3月に策定されたものであった。だが，「当初のガイドラインは災害時の情報伝達や避難所への避難支援が中心であった」ため，今回，あらたに改訂されたガイドラインでは，「避難所における支援，関係機関等の間の連携の2項目を追加するとともに，関係機関共有方式の積極的活用を盛り込むなど内容の充実」がはかられたのであった[109]。

　先述したように，あたらしいガイドラインの前提は，以下の3点であった。すなわち，「①防災関係部局と福祉関係部局等の連携が不十分であるなど，要援護者や避難支援者への避難勧告等の伝達体制が十分に整備されていないこと」「②個人情報への意識の高まりに伴い要援護者情報の共有・活用が進んでおらず，発災時の活用が困難なこと」「③要援護者の避難支援者が定められていないなど，避難行動支援計画・体制が具体化していないこと」である[110]。

　それでは，このガイドラインを受けて，5つの離島における災害時要援護者の避難対策は，どのように進展しつつあるのであろうか。

　まず，高齢者の居住場所を役場において的確に把握しているかどうかに関

してである。今回のヒアリング調査で得た回答では、「弱者優先の対応をとるのは当然」であり、「自治会、保健師、社会福祉協議会が、一人暮らしの人がどこに住んでいるかをフォローしている」というもの、「地区ごとの保健師は把握している」し、それについては「地区長、民生委員に対してもお願いしている」といったものがめだった。これらの考え方には、「防災に関して、行政でやれる部分は少ないよ。その分、地域でやってくださいね」という発想が色こく反映されている。このように記すと、行政が無責任であるかのような印象をあたえるかもしれないが、けっしてそうではない。役場の側でも、「町内の地図や名簿を管理している」ものの、実際の危機時には、「自治会単位で動く」ため、こうした方策をとっているというわけだ[*111]。

しかも、行政がこうしたスタンスをとる背景には、「小さいコミュニティだから、みんな親戚みたいなもの」であって、「地区の人は隣近所、わかっている」からとの前提がある。したがって、情報は「役場にもあるけれども、最新の現状は自治会の方が把握している」との判断、「名簿自体はシステム上、福祉のほうではできる状態になっている」ものの、「住民に参加をよびかけているときに、民生委員などにたのむ体制があったほうがよい」との認識がでてくる。つまり、これらの地域においては、住民同士の顔のみえるコミュニティがいまなお存在しており、そこでは"共助"の意識が根づいているというわけだ。もちろん、担当者も述べているように、そうした状況においても、「最終的には行政」が責任をもつべきであり、「自治会長も行政の判断をあおいでいる」ことに留意しなければならない[*112]。

では、ここで、羽幌町のとりくみについて紹介しよう。同町では、「危機時に、優先して要援護者を避難させる」ことを目的に、「羽幌町地域見守りネットワーク会議」をもうけ、2006年5月に第1回目の会合をもっている。ちなみに、同会議は、民生委員、方面委員、老人クラブ連合会の代表、社会福祉協議会の代表、身体障害者の代表、ボランティアの代表、役場の代表（天売支所長・焼尻支所長をふくむ）など、合計34名のメンバーから構成されている[*113]。

第7章　離島における危機管理

　羽幌町地域見守りネットワーク会議の第1回会合では，今後，要援護者の居住場所の把握とどのような援護が必要であるのかをひろいだす作業をすることが確認されたという[114]。これは，同町の地域防災計画に明記された「災害弱者の実態把握」を具体化するものであった。というのは，『羽幌町地域防災計画』には，「町は，災害弱者についてあらかじめ社会福祉施設及び災害弱者関連施設の管理者並びにホームヘルパー及び方面委員等の協力を得て，施設及び各町内会毎に，その実態を把握し，災害に支援を必要とする災害弱者のリストを作成して災害時の救助活動等に活用する。なお，掌握した名簿等を避難等防災対策に利用する場合でもプライバシーには十分留意するものとする」と記されているからだ[115]。

　したがって，焼尻島では，高齢者支援センターが中心となって，「デイサービスを利用している」家，「訪問ヘルパーがいっている」家，「緊急通報システムを設置している」家や「70歳以上の独居老人を図面におとしている」という[116]。

　だが，実際に，「民生委員の方がいっても，話をしてくれない場合もある」ようだ。こうした事態をまねいた最大のネックは，個人情報保護法の存在であろう。そのため，「当初，介護認定されていなくても，その後，介護認定を受けるようになった人」「若くても，障害をもった人」などの実態を正確に把握しづらいとのことであった[117]。とはいえ，地域防災計画で記されているように，「町は，災害弱者が災害発生時に迅速・的確な行動がとれるよう，地域の災害弱者の実態に合わせ，家族は勿論，地域ぐるみの協力のもとに災害弱者ごとの誘導担当者を配置するなど，きめ細かな緊急連絡体制の確立を図る」よう，つとめていかなければならないことはいうまでもない[118]。

　もちろん，居住場所を的確に把握できたとしても，奥尻町のように，「地区によっては高齢者ばかりの世帯」といったケースもあるようで，今後，こうした課題の解決策が模索される必要があろう。

　つづいて，防災関係部局と福祉関係部局との連携という点について考えてみたい。羽幌町のような組織だった動きがある一方で，今回，「あえて検討

233

会を開かなければならないというレベルではない」との回答も得られた。これは，「防災を担当した係の人が，福祉課にいったりもしているので，内容を把握してくれる」との判断からである[119]。こうした発想がでてくるのも，今回ヒアリングをおこなった地方自治体の職員数が，すべて200名未満であるという点とも大きく関係している。そのため，職員間の意思疎通が，日常からきわめてスムーズにおこなわれているというわけだ。

その意味において，「災害時要援護者の避難支援ガイドライン」が想定しているケースは，もう少し職員数の多い地方自治体ということになろう。では，実際，そうした規模の大きな地方自治体において，防災関係部局と福祉関係部局間の横断的な組織は，どれくらい設置されているのであろうか。毎日新聞社が，全国の802市区を対象に実施した調査によれば，そうした組織を設置していると回答したのは，わずか119団体（16.2%）しかなかった[120]。ちなみに，北海道内の35市でみると，設置ずみと答えたのは，釧路市，北見市，苫小牧市，富良野市，登別市，石狩市の6市のみであった[121]。

また，総務省消防庁が，2006年7月に北海道内の全市町村を対象におこなった調査では，「設置している」とした自治体が8団体，「年度内に設置予定」が5団体，「今後2年以内に設置を検討」が73団体，「設置予定なし」が94団体となっていた[122]。

6. 結び

本章において，5つの離島を対象とした考察をおこなった契機は，「災害時要援護者の避難対策に関する検討会」が，2006年3月28日にだした，「災害時要援護者の避難支援ガイドライン」の中身がどの程度，実践されているかを検証する点にあった。

これまでの分析をつうじて，現実には，一部の役場をのぞいて，今回考察の対象とした自治体では，同ガイドラインがうちだしているような防災関係部局と福祉関係部局とのあいだでの災害時要援護者に関する情報の共有はあ

まり進展していないことがわかった。

　だが，これはあくまでも，国が全国一律に定めたガイドラインを実現できていないだけであって，ヒアリング調査の対象とした離島は，人口規模も小さく，国のガイドラインが想定している自治体の規模とこれら離島の実情とが，合致していないこともまた，明らかとなった。しかも，離島においては，"共助"にもとづく地域のコミュニティ活動が活発であり，最新の高齢者の居住情報も町内会レベルで的確に把握されていたのだ。

　とはいえ，今回の地域防災計画の分析において，改定作業の速度や改定内容が不十分であったり，高齢者の存在を意識した防災訓練が想定されていなかったりなどの課題が浮き彫りとなってきたことも事実である。ここで留意しなければならないのは，これらの背景として，小規模な役場において，危機管理に割ける職員の人数と予算が不足しているという現実である。したがって，今後，これらの地域においては，コミュニティと行政とのあらたな関係の構築が模索されていくことを期待してやまない。

注

＊1　なお，もとの「災害時要援護者の避難支援ガイドライン」は，「集中豪雨時等における情報伝達及び高齢者等の避難支援に関する検討会」によって，2005年3月28日に公表されている（http://www.bousai.go.jp/3oukyutaisaku/youengosya/h16/index.html〔2010年3月10日〕およびhttp://www.bousai.go.jp/3oukyutaisaku/youengosya/h16/pdf/no7/03_shiryou1.pdf〔2010年3月10日〕）。

＊2　災害時要援護者の避難対策に関する検討会「災害時要援護者の避難支援ガイドライン」（2006年3月），1頁（http://www.bousai.go.jp/hinan_kentou/060328/hinanguide.pdf〔2010年3月10日〕）。

＊3　同上，1-20頁。

＊4　消防庁編『消防白書』〔2006年版〕，252頁。

＊5　http://www.nijinet.or.jp/qa/index.html（2010年3月10日）。

＊6　北海道「北海道離島振興計画（平成15年度～平成24年度）」（2003年4月）（http://www.mlit.go.jp/crd/chirit/pdf/keikaku/hokkaidou.pdf〔2010年3月10日〕）。

＊7　内閣府「『災害時の要援護者避難支援対策及び情報伝達に関する推進会議』議事概要について」（2006年6月30日）（http://www.bousai.go.jp/oshirase/

h18/060630_2gijigaiyou.pdf〔2010年3月10日〕）。なお，2005年3月策定版では，「情報伝達体制の整備」「災害時要援護者情報の共有」「災害時要援護者の避難支援計画の具体化」の3つの課題が提示され，それぞれの課題への対策として，「避難準備情報の発令，災害時要援護者支援班の設置　等」「同意・手上げ・共有情報方式による要援護者情報の収集・共有　等」「要援護者一人ひとりの避難支援プランの策定　等」がもられていた（内閣府資料「災害時要援護者の避難支援ガイドラインの概要」〔http://www.bousai.go.jp/chubou/17/setsumei-siryo11.pdf#search='災害時要援護者の避難支援ガイドラインの概要'（2010年3月10日）〕）。

＊8　災害時要援護者の避難対策に関する検討会，前掲「災害時要援護者の避難支援ガイドライン」，2頁。

＊9　同上，1頁。

＊10　同上，3-4頁。

＊11　同上，4-5頁。

＊12　同上，6頁。

＊13　同上，7頁。なお，ここで，「同意を得ることが困難な要援護者については，例えば，災害時における保有情報の目的外利用・第三者提供を一切拒否していることや，特定の者・団体に対する情報提供を拒否していることについての登録制度を設けておくことも検討すること」と付言されているのは，注目にあたいする（同上，7-8頁）。

＊14　同上，9頁。

＊15　同上，10頁。

＊16　同上，10-11頁。

＊17　同上，11-12頁。

＊18　同上，12-13頁。

＊19　同上，14-15頁。

＊20　同上，15-16頁。なお，「災害救助法が適用された場合において，都道府県又はその委任を受けた市町村が福祉避難所を設置した場合，おおむね10人の要援護者に1人の生活相談職員（要援護者に対して生活支援・心のケア・相談等を行う上で専門的な知識を有する者）等の配置，要援護者に配慮したポータブルトイレ，手すり，仮設スロープ，情報伝達機器等の器物，日常生活上の支援を行うために必要な紙おむつ，ストーマ用装具等の消耗機材の費用について国庫負担を受けることができることとされている」（同上，16頁）。

＊21　同上，17-18頁。

＊22　同上，18頁。

＊23　同上，19頁。

＊24　同上，1頁。

＊25　財団法人　北海道市町村振興協会編『北海道212インフォメーション（保存版）』（財団法人　北海道市町村振興協会，2004年），276頁。

＊26　地方公共団体研究会編『地方公共団体総覧』（ぎょうせい，加除式），529頁。なお，

第7章　離島における危機管理

　　　同総覧の礼文町に関する記述内容は，2004年10月1日現在である。
＊27　同上。
＊28　同上，527頁。
＊29　北海道庁資料「北海道の高齢者人口の状況」。
＊30　http://town.rishiri.jp/modules/picol/index.php?content_id=90（2010年3月10日）。
＊31　地方公共団体研究会編，前掲書『地方公共団体総覧』，532頁。なお，同総覧の利
　　　尻町に関する記述内容は，2004年8月1日現在のものである。
＊32　前掲，北海道庁資料「北海道の高齢者人口の状況」。
＊33　地方公共団体研究会編，前掲書『地方公共団体総覧』，533頁。なお，同総覧の利
　　　尻富士町に関する記述内容は，2001年4月1日現在のものである。
＊34　前掲，北海道庁資料「北海道の高齢者人口の状況」。
＊35　地方公共団体研究会編，前掲書『地方公共団体総覧』，535頁。
＊36　同上。
＊37　http://www.town.rishirifuji.hokkaido.jp/guide/hotel.html（2010年3月10日）。
＊38　http://www.town.haboro.hokkaido.jp/cgi-bin/odb-get.exe?WIT_template=AC020
　　　00&Cc=7D32C5E6A5&DM=&Tp=&IM=（2010年3月10日）。
＊39　前掲，北海道庁資料「北海道の高齢者人口の状況」。
＊40　なお，国勢調査の数字では，離島の人口がわからないので，ここでは，2005年の
　　　国勢調査実施日にちかい羽幌町独自の集計をもちいている（http://www.town.
　　　haboro.hokkaido.jp/Contents/7D246913BBD/data17.html〔2010年3月10日〕）。
＊41　前掲，北海道庁資料「北海道の高齢者人口の状況」。
＊42　同上。
＊43　同上。
＊44　奥尻町編『北海道南西沖地震　奥尻町記録書』（北海道奥尻町役場，1996年），
　　　230頁。
＊45　地方公共団体研究会編，前掲書『地方公共団体総覧』，296頁および298頁。なお，
　　　同総覧の奥尻町に関する記述内容は，2004年9月1日現在のものである。
＊46　北海道市町村振興協会編，前掲書『北海道212インフォメーション（保存版）』，
　　　84頁。
＊47　前掲，北海道庁資料「北海道の高齢者人口の状況」。
＊48　谷藤悦史「現代行政の危機認知と組織対応―行政の危機管理に関するアンケート
　　　を媒介に―」財団法人　行政管理研究センター監修・中邨章編『行政の危機管理シ
　　　ステム』（中央法規，2000年），94-96頁。
＊49　同上，96頁。
＊50　関係者へのインタビュー（2006年8月31日）。
＊51　関係者へのインタビュー（2006年9月14日）。
＊52　関係者への電話によるインタビュー（2007年1月31日）。
＊53　関係者へのインタビュー（2006年8月30日）。

＊54　関係者へのインタビュー（2006年8月31日）。

＊55　関係者への電話によるインタビュー（2007年1月18日）。

＊56　関係者へのインタビュー（2006年8月30日）。

＊57　関係者へのインタビュー（2006年8月31日）。

＊58　関係者へのインタビュー（2006年8月30日）および関係者へのインタビュー（2006年9月14日）。

＊59　「天売島・焼尻島　救急患者搬送　マニュアル」（2003年12月26日策定）。

＊60　同上。

＊61　関係者へのインタビュー（2006年8月30日），関係者へのインタビュー（2006年9月14日）および関係者への電話によるインタビュー（2007年1月18日）。

＊62　関係者への電話によるインタビュー（2007年1月30日）。

＊63　礼文町防災会議『礼文町地域防災計画』（1996年），525頁。

＊64　利尻町防災会議『利尻町地域防災計画』（1992年），730頁。

＊65　利尻富士町防災会議『利尻富士町地域防災計画』（1998年），81頁。

＊66　関係者へのインタビュー（2006年8月31日）。

＊67　利尻富士町防災会議，前掲『利尻富士町地域防災計画』（1998年），168頁。

＊68　北海道防災会議『北海道地域防災計画』（2006年），70頁。

＊69　http://www.town.haboro.hokkaido.jp/cgi-bin/odb-get.exe?WIT_template=AC02000&Tp=&Cc=7D5392DC23&DM=tjuf&IM=（2010年3月10日）。

＊70　関係者への電話によるインタビュー（2007年1月18日）。

＊71　羽幌町防災会議『羽幌町地域防災計画』（1990年），131頁および羽幌町防災会議『羽幌町地域防災計画』（2005年），131頁。

＊72　羽幌町防災会議，前掲『羽幌町地域防災計画』（2005年），425頁。

＊73　同上。

＊74　同上。

＊75　同上，426頁。

＊76　同上，426-427頁。

＊77　http://www.town.haboro.hokkaido.jp/cgi-bin/odb-get.exe?WIT_template=AC02000&Tp=&Cc=7D5392DC23&DM=tjuf&IM=（2010年3月10日）。

＊78　奥尻町防災会議『奥尻町地域防災計画』（1996年），47頁。

＊79　同上。

＊80　同上。

＊81　同上。

＊82　同上。

＊83　同上，48頁。

＊84　関係者へのインタビュー（2006年9月14日）。

＊85　奥尻町企画振興課「奥尻町　防災ハンドブック」（1995年3月）。

＊86　奥尻町防災会議，前掲『奥尻町地域防災計画』（1996年），48頁。

第7章　離島における危機管理

＊87　同上，104頁。

＊88　同上。

＊89　奥尻町編，前掲書『北海道南西沖地震　奥尻町記録書』，146頁。

＊90　日野宗門「地域防災計画の現状とその問題点」京都大学防災研究所編『地域防災計画の実務』（鹿島出版会，1997年），11-12頁および36頁。

＊91　同上，14頁。

＊92　関係者へのインタビュー（2006年8月30日）および関係者へのインタビュー（2006年8月31日）。

＊93　拙稿「地域防災計画の実態と問題点」行管センター監修・中邨編，前掲書『行政の危機管理システム』，80-83頁。

＊94　関係者への電話によるインタビュー（2007年1月18日）。

＊95　関係者へのインタビュー（2006年8月31日）。

＊96　関係者への電話によるインタビュー（2007年1月18日）。

＊97　奥尻町編，前掲書『北海道南西沖地震　奥尻町記録書』，164-165頁。

＊98　関係者へのインタビュー（2006年9月14日）。

＊99　関係者へのインタビュー（2006年8月31日）。

＊100　関係者へのインタビュー（2006年9月14日）。

＊101　同上。

＊102　関係者へのインタビュー（2006年8月31日）。

＊103　関係者への電話によるインタビュー（2007年1月18日）。

＊104　拙稿，前掲論文「地域防災計画の実態と問題点」行管センター監修・中邨編，前掲書『行政の危機管理システム』，75頁および77頁。

＊105　拙稿「米国における危機管理の現状と課題—ヒアリング調査を中心に—」『季刊行政管理研究』No.114を参照のこと。

＊106　関係者へのインタビュー（2006年8月30日）および関係者へのインタビュー（2006年8月31日）。

＊107　北海道防災会議，前掲『北海道地域防災計画』（2006年），250頁。

＊108　関係者へのインタビュー（2006年9月14日）。

＊109　内閣府，前掲「『災害時要援護者避難支援対策及び情報伝達に関する推進会議』議事概要について」。

＊110　災害時要援護者の避難対策に関する検討会，前掲「災害時要援護者の避難支援ガイドライン」，1頁。

＊111　関係者へのインタビュー（2006年8月30日），関係者へのインタビュー（2006年8月31日）および関係者へのインタビュー（2006年9月14日）。

＊112　関係者へのインタビュー（2006年8月31日）および関係者へのインタビュー（2006年9月14日）。

＊113　関係者への電話によるインタビュー（2007年1月18日）。

＊114　同上。

＊115　羽幌町防災会議，前掲『羽幌町地域防災計画』（2005年），391頁。
＊116　関係者への電話によるインタビュー（2007年1月30日）。
＊117　関係者への電話によるインタビュー（2007年1月18日）。
＊118　羽幌町防災会議，前掲『羽幌町地域防災計画』（2005年），391頁。
＊119　関係者へのインタビュー（2006年8月30日）および関係者へのインタビュー（2006年8月31日）。
＊120　『毎日新聞』2006年12月3日，1面および3面。
＊121　http://www.mainichi-msn.co.jp/shakai/jiken/etc/saigai/01.html（2007年1月14日）。
＊122　北海道総務部危機対策局防災消防課資料「市町村における災害時要援護者の避難支援計画策定状況等」。

　※　なお，本章は，「2006年度　北海道高齢者問題研究協会調査研究事業」による成果の一部であることを付言しておく。

市町村合併と危機管理

1. はじめに

　いわゆる「平成の大合併」によって，日本の市町村数は，3,232（1999年3月31日時点）から，1,727（2010年3月31日現在）まで減少した。この過程において，市の数は，670から786に増加したものの，町の数は，1,994から757へと，そして，村の数は，568から184へと減少した[*1]。町と村の減少率は，おのおの，37.96％と32.39％である。

　「平成の大合併」がすすんだ背景には，「旧合併特例法」（「市町村の合併の特例に関する法律」）と「合併特例法」（「市町村の合併の特例等に関する法律」）が，大きな役割をはたしたことはいうまでもない。前者は，「平成11年から平成17年までは合併特例債や合併算定替の大幅な延長といった手厚い財政支援措置」をもりこんだもので，後者は，市町村合併を「国・都道府県の積極的な関与により，推進」するというものであった[*2]。とりわけ，前者の「旧合併特例法」は，「合併後のまちづくりに必要な公共施設の整備や，自治会活動や地域行事など地域振興に必要な基金積み立ての費用について，合併後10年間に限って調達できる借金」＝「合併特例債」を認める内容で，しかも，「対象事業費の95％まで借り入れが可能で，そのうち70％は国から来る地方交付税で賄える」というものであった[*3]。

　しかし，当初，国の思惑とは裏腹に，この"アメ"はうまく機能せず，法律のタイム・リミットが，2005年3月31日に設定されていたものの，市町村合併の動きは，緩慢であった。そこで，2004年5月26日，「平成17年3月31日までに市町村が議会の議決を経て都道府県知事に合併の申請を行い，平成18年3月31日までに合併を行ったものについては，現行合併特例法の規定を適用する」という内容の法改正がなされた[*4]。このころ，合併の有する負の側面への関心が，全国的にたかまりつつあり，"合併ブーム"も若干，熱が冷めかけていたところであった。だが，このようなタイミングで，期限の延長をうちだしたことによるインパクトは，きわめて大きかった。そのため，財政状態の悪化に苦しむ多数の地方自治体が，財政上の恩恵を享受すべく，

"駆け込み合併"をおこなったのだ。かくして，最終局面において，「合併特例債」という"アメ"が，市町村合併の動きに拍車をかけたことはまちがいない。

ところで，『政策法務事典』によれば，「地方自治法上，市町村合併とは，『廃置分合』（7条1項）であり，組織および運営の合理化を目的とした『規模の適正化』（2条15項）の営みの一環である。これは，自治体を構成する3要素のひとつの『区域』に関することであり，自治の根本的かつきわめて重要な事項」（傍点，引用者）とされる[*5]。

そのため，「市町村長は，現行法では予定していない合併の可否等そのものについてのアンケートや住民投票を実施し，住民の意向を確認しようとすることが多い」ようだ。現に，合併を考えた自治体のうち，1999年度から2005年度までの7年間に，「住民アンケートは1,685件，条例に基づく住民投票が305件行われている」のである。この場合，「条例を根拠とするものであっても，現行の二元代表制を前提とする首長の決裁権や議会の議決権の関係から，アンケートや投票の結果が首長や議会の判断を直接拘束することはない」ものの，「合併の賛否のアンケートで合併賛成が上回ったもののうち約7割強が合併に至り，合併反対が上回ったもののうち7割以上が未合併と，約7割がアンケート結果通りとなっている」ことは，注目にあたいする[*6]。

そこで，本章においては，まずはじめに，日本での市町村合併の歴史を概観する。つぎに，とりわけ，「平成の大合併」の論議において，危機管理という側面がどのようにあつかわれたのかに注目したい。というのは，1995年1月17日の阪神・淡路大震災以降，「危機管理」ということばが声高に叫ばれるようになったにもかかわらず，市町村合併の議論において，残念ながら，危機管理の側面が軽視されていたような印象をぬぐえないからである。具体的には，北海道内の北見市と名寄市の事例を検証することで，市町村合併の過程において，危機管理の問題がどのように論じられてきたのかを整理してみたい。そして最後に，市町村合併と危機管理の関係について簡単な私見を述べようと思う。

243

2. 市町村合併の動向

(1) 市町村合併の歴史

　先述したように，いわゆる「平成の大合併」によって，市町村の数は1,727
となった。ちなみに，1999年3月31日の時点で，全国に3,232あった市町村
が，「旧合併特例法」の経過措置終了期限であった2006年3月31日までには，
1,821（内訳：777市，846町，198村）へと減少した[*7]。

　表8-1をみればわかるように，わが国では，これまで市町村合併がくりか
えしおこなわれてきた。なかでも，「明治の大合併」と「昭和の大合併」の
折りに，市町村合併は劇的にすすんだといえる。前者は，「近代的地方自治
制度である『市制町村制』の施行に伴い，行政上の目的（教育，徴税，土木，
救済，戸籍の事務処理）に合った規模と自治体としての町村の単位（江戸時
代から引き継がれた自然集落）との隔たりをなくすために，町村合併標準提
示（明治21年6月13日　内務大臣訓令第352号）に基づき，約300～500戸を
標準規模として全国的に行われた町村合併」であり，「結果として，町村数
は約5分の1に」なった[*8]。

　また，後者の「昭和の大合併」は，「戦後，新制中学校の設置管理，市町
村消防や自治体警察の創設の事務，社会福祉，保健衛生関係の新しい事務が
市町村の事務とされ，行政事務の能率的処理のためには規模の合理化が必要
とされた」ことを契機として，「昭和28年の町村合併促進法（第3条「町村
はおおむね，8000人以上の住民を有するのを標準」）及びこれに続く昭和31
年の新市町村建設促進法により，『町村数を約3分の1に減少することを目途』
とする町村合併促進基本計画（昭28年10月30日　閣議決定）の達成を図った
もの」であった。ちなみに，「約8000人という数字は，新制中学校1校を効
率的に設置管理していくために必要と考えられた人口」であり，「昭和28年
から昭和36年までに，市町村数はほぼ3分の1に」なった[*9]。このように，
「昭和の大合併」では，「広域社会に対応する地方自治の能率化と経費節約の

ために町村合併促進法による強力な指導が行われ，市町村数は3分の1に減少した」（傍点，引用者）のであった[10]。

表8-1　市町村数の変遷

年月	市	町	村	計	備考
1888年	―	(71,314)		71,314	
1889年	39	(15,820)		15,859	市制町村制施行（1889年4月1日） （1888年4月17日　法律第1号）
1922年	91	1,242	10,982	12,315	
1945年10月	205	1,797	8,518	10,520	
1947年8月	210	1,784	8,511	10,505	地方自治法施行 （1947年5月3日　法律第67号）
1953年10月	286	1,966	7,616	9,868	町村合併促進法施行 （1953年10月1日　法律第258号）
1956年4月	495	1,870	2,303	4,668	新市町村建設促進法施行 （1956年6月30日　法律第164号）
1956年9月	498	1,903	1,574	3,975	町村合併促進法失効 （1956年9月30日）
1961年6月	556	1,935	981	3,472	新市町村建設促進法一部失効 （1961年6月29日）
1962年10月	558	1,982	913	3,453	市の合併の特例に関する法律施行 （1962年5月10日　法律第118号）
1965年4月	560	2,005	827	3,392	市町村の合併の特例に関する法律施行 （1965年3月29日　法律第6号）
1975年4月	643	1,974	640	3,257	市町村の合併の特例に関する法律の一部を改正する法律施行 （1975年3月28日　法律第5号）
1985年4月	651	2,001	601	3,253	市町村の合併の特例に関する法律の一部を改正する法律施行 （1985年3月30日　法律第14号）
1995年4月	663	1,994	577	3,234	市町村の合併の特例に関する法律の一部を改正する法律施行 （1995年3月29日　法律第50号）
1999年4月	671	1,990	568	3,229	地方分権の推進を図るための関係法律の整備等に関する法律一部施行 （1999年7月16日　法律第87号）
2002年4月	675	1,981	562	3,218	地方自治法等の一部を改正する法律一部施行 （2002年3月30日　法律第4号）
2004年5月	695	1,872	533	3,100	市町村の合併の特例に関する法律の一部を改正する法律施行 （2004年5月26日　法律第58号）
2005年4月	739	1,317	339	2,395	市町村の合併の特例等に関する法律施行 （2004年5月26日法律第59号）
2006年3月	777	846	198	1,821	市町村の合併の特例に関する法律 経過措置終了
2010年3月	786	757	184	1,727	2010年3月23日時点の見込み

出所：http://www.soumu.go.jp/gapei/gapei2.html（2010年5月30日）。

表8-2 『朝日新聞』にみる「町村合併」の推移（戦後）

1945年度	1件	1967年度	5件	1996年度	89件
1949年度	1件	1968年度	2件	1997年度	272件
1952年度	2件	1970年度	3件	1998年度	220件
1953年度	21件	1974年度	1件	1999年度	361件
1954年度	20件	1984年度	6件	2000年度	816件
1955年度	7件	1985年度	6件	2001年度	1,850件
1956年度	10件	1986年度	18件	2002年度	3,899件
1957年度	7件	1987年度	7件	2003年度	3,292件
1958年度	3件	1988年度	22件	2004年度	2,508件
1959年度	1件	1989年度	32件	2005年度	1,209件
1960年度	1件	1990年度	29件	2006年度	874件
1961年度	1件	1991年度	33件	2007年度	632件
1962年度	1件	1992年度	33件	2008年度	347件
1963年度	2件	1993年度	38件	2009年度	296件
1964年度	3件	1994年度	76件	合計	17,155件
1966年度	4件	1995年度	94件		

注：ヒット件数のない年度は，省略してある。

　表8-2からも明らかなように，こうした市町村合併の動向は，その当時の新聞記事の件数にほぼ比例している[*11]。

　ここで，「平成の大合併」にかぎって，『朝日新聞』の記事件数をみてみると，2002年度がもっとも多く，その数は，3,899件におよんでいる。この数字は，前年度（2001年度）にくらべて，2,049件も増加している（2.11倍）。もっとも，2002年度をピークとして，「町村合併」に関する記事は，減少傾向に転じている。とはいえ，2003年度も，3,292件の記事が掲載されるなど，「町村合併」への注目は，依然としてたかかったということができよう。

　要するに，『朝日新聞』の記事件数からは，2002年度，2003年度のころに，市町村合併への関心がたかまったということがわかる。通例，市町村合併の議論がスタートし，さまざまな紆余曲折をへたのち，あたらしい自治体が誕

生する。それゆえ，2004年5月時点で，3,100市町村（内訳：695市，1,872町，533村）あったものが，翌2005年4月には，2,395市町村（内訳：739市，1,317町，339村）に，そして，2006年3月には，1,821市町村（内訳：777市，846町，198村）にまで減少しているのだ。これは，先述したように，2006年3月31日という，「旧合併特例法」の経過措置終了期限をめどとして，2002年度，2003年度のころから，全国の地方自治体において合併論議がおこってきたことを示す証左といえよう。

くわえて，2002年3月29日には，片山虎之助・総務相が，動きのにぶい「市町村合併を促すために，全国の市町村長・市町村会議長宛てに異例の『私信』を送りつけた」のであった。その「私信」には，「市町村の合併の特例に関する法律は時限立法であり，その期限は平成一七年三月となっております。残された期間はあと三年」「このことを踏まえれば，私としては，皆様にできるだけ早い時期に合併協議会を設置していただきたいと考えています。平成一四年度は，極めて大事な一年であり，いわば正念場の年であると思っています」などと記されていた[*12]。

このように，数多くの地方自治体が，市町村合併をすすめた理由は，「合併特例債」という，うえからの“アメ”がかくされていた事実が大きい。

しかし，その後，「合併特例法を引き継ぐ形の合併新法は05〜09年度の時限立法だが，合併特例債の恩恵は受けられない」こともあり，市町村合併の論議は低調気味になってしまった。ただ，「都道府県に合併推進の介添え役を務めさせている」こともあり，「都道府県は合併組み合わせなどを盛り込んだ構想を策定」するなどして，「市町村に合併協議会の設置などを勧告できる」ようになった[*13]。そのため，市町村合併をすすめるかいなかの判断は，各都道府県知事に課せられることとなったのだ。

ところで，市町村合併を所管する総務省によれば，「市町村合併の背景と効果」として，以下のような点があげられていた[*14]。

1. 地方分権の推進

平成11年，地方分権一括法。自己決定・自己責任のルールに基づく行政システムの確立。

→地方公共団体の自主性に基づく地域間競争

→個性ある多様な行政施策を展開するためには，一定の規模・能力（権限，財源，人材）が必要。

2. 少子高齢化の進展

今後，本格的な少子高齢化社会の到来は必然。市町村が提供するサービスの水準を確保するためには，ある程度の人口の集積が必要。

3. 広域的な行政需要が増大

人々の日常生活圏が拡大するに従い，市町村の区域を越えた行政需要が増大しており，新たな市町村経営の単位が求められている。

4. 行政改革の推進

国・地方を通じて，極めて厳しい財政状況にある中，国・地方とも，より一層簡素で効率的な行財政運営が求められており，公務員の総人件費改革等，更なる行政改革の推進が必要。

5. 昭和の大合併（昭和30年前後）から50年が経過→時代の変化

例えば，交通，通信手段の飛躍的発展に対応して新たな市町村経営の単位が求められている。

これらの課題に対処していくためには，「基礎自治体である市町村の行財政基盤を強化する必要」があり，「そのための手段として」，市町村合併がみちびきだされるというわけだ[15]。

ただ，市町村合併をめぐっては，「市町村の行財政能力は大きくなる」といった側面がある一方で，「反面では市町村と住民の距離が遠くなり，議会の議員定数も減少するので，市町村の政治・行政と住民とを結びつける仕組みが必要となり，町内会・部落会の役割が問題になってきた」との指摘があることにも留意する必要がある[16]。このように，市町村合併には，プラスの側

面とマイナスの側面があるのだ。

とはいうものの，どちらかといえば，「平成の大合併」をめぐっては，そのマイナス面を強調する論調のほうが多いようだ。たとえば，うえからの市町村合併という点に着目し，「自治の営みを無視して，国が一方的に合併を押しつけるやり方は，まさしく地方自治の本旨に逆行することといわなければならない」としたうえで，「住民自治に反する強制的市町村合併ではなく，基礎的自治体への税源と権限の移譲を前提とした地方交付税制度の改革こそ，柔らかい分権化を実現し，国・地方を通ずる財政危機を打開するために選択すべき道である」との批判がなされている[17]。また，「市町村合併の直接のねらいは行政の効率化にあると思われます」が，「統合して規模を大きくしても，山村部の集落の中心になってきた役場がなくなれば，その地域の過疎化はますます促進されます。中心部への集中と効率化はすすみますが，周辺部の過疎化はすすみます。今大切なことは，山村部を含めて，国土の保全，地域産業の振興，農業の持続的な発展をどのように実現していくのかということです。市町村合併の促進は，こうした方向とは逆に山村部の過疎化をますます促進させることになります」と論じる識者もいる[18]。

こうしたなかで，市町村合併を拒絶する地方自治体もあらわれてきた。その好例が，2001年10月31日に，「市町村合併をしない矢祭町宣言」をおこなった，福島県矢祭町である。同宣言では，「独立独歩『自立できる町づくり』を推進する」決意が，つぎのように記されている[19]。

　　国は「市町村合併特例法」を盾に，平成17年3月31日までに現在ある全国3,239市町村を1,000から800に，更には300にする「平成の大合併」を進めようとしております。

　　国の目的は，小規模自治体をなくし，国家財政で大きな比重を占める交付金・補助金を削減し，国の財政再建に役立てようとする意図が明確であります。

　　市町村は戦後半世紀を経て，地域に根ざした基礎的な地方自治体とし

て成熟し，自らの進路の決定は自己責任のもと意思決定をする能力を十分に持っております。

地方自治の本旨に基づき，矢祭町議会は国が押し付ける市町村合併には賛意できず，先人から享けた郷土「矢祭町」を21世紀に生きる子孫にそっくり引き継ぐことが，今，この時，ここに生きる私達の使命であり，将来に禍根を残す選択はすべきでないと判断いたします。

よって，矢祭町はいかなる市町村とも合併しないことを宣言します。

このように，うえからの市町村合併に反発をし，《合併》ではなく，《自立》という道を選択する地方自治体も出現した。こうしたなかで，国の思惑どおりに，合併は進展しなかった。そのため，うえで述べたようなかたちで，政府は，2005年4月1日から2010年3月31日までの5年間の時限法を整備したものの，その進捗状況は，けっしてかんばしいものではなかった。

(2) 北海道における市町村合併の動向

北海道では，ながらく，212市町村（内訳：34市，154町，24村）の状態がつづいた。ところが，2006年3月31日の段階で，市町村の数は，180（内訳：35市，130町，15村）にまで減少し，2009年10月5日時点で，179市町村（内訳：35市，129町，15村）となった。その過程で，あらたに誕生した市町村は，合計9市13町である（表8-3参照）。

北海道で市町村合併が一段落した2006年4月1日の時点で，全国の市町村数は，1,820であった。このうち，北海道の市町村は，およそ1割をしめていることになる。この数字は，北海道において，市町村合併があまりすすまなかった事実を示している。現に，北海道における市町村の削減率は，15.1％で，この数値は全国で4番目にひくいものであった（全国平均：43.7％）[20]。なお，「平成の大合併」の第1ステージでは，「広島や愛媛，長崎など減少率の高い県は西日本に集中し西高東低の傾向が顕著」にみられた（広島県：73.3％，愛媛県：71.4％，長崎県：70.9％）。この点に関して，総務省の分析では，「昭

第 8 章　市町村合併と危機管理

表8-3　北海道の市町村合併の状況

合併期日	新市町村名	合併関係市町村名	合併形態
2004.12.1	函館市	函館市・戸井町・恵山町・椴法華村・南茅部町	編入
2005.4.1	森町	森町・砂原町	新設
2005.9.1	せたな町	大成町・瀬棚町・北檜山町	新設
2005.9.1	士別市	士別市・朝日町	新設
2005.10.1	遠軽町	生田原町・遠軽町・丸瀬布町・白滝村	新設
2005.10.1	石狩市	石狩市・厚田村・浜益村	編入
2005.10.1	八雲町	八雲町・熊石町	新設
2005.10.11	釧路市	釧路市・阿寒町・音別町	新設
2006.2.1	北斗市	上磯町・大野町	新設
2006.2.6	幕別町	幕別町・忠類村	編入
2006.3.1	伊達市	伊達市・大滝村	編入
2006.3.1	日高町	日高町・門別町	新設
2006.3.5	北見市	北見市・端野町・常呂町・留辺蘂町	新設
2006.3.20	枝幸町	枝幸町・歌登町	新設
2006.3.27	岩見沢市	岩見沢市・北村・栗沢町	編入
2006.3.27	名寄市	名寄市・風連町	新設
2006.3.27	安平町	早来町・追分町	新設
2006.3.27	むかわ町	鵡川町・穂別町	新設
2006.3.27	洞爺湖町	虻田町・洞爺村	新設
2006.3.31	大空町	東藻琴村・女満別町	新設
2006.3.31	新ひだか町	静内町・三石町	新設
2009.10.5	湧別町	上湧別町・湧別町	新設

出所：http://www.pref.hokkaido.lg.jp/ss/cks/gappei.htm（2010年5月30日）。

和20～30年代の昭和の大合併の時に西日本であまり進まなかったため」とされている[21]。

　そして，「平成の大合併」が終わった2010年3月31日の時点では，全国の市町村数は，1,730となった。とりわけ，合併がもっともすすんだのは，長崎県で，その割合は，73.4％にもたっした（以下，広島県の73.3％，新潟県の73.2％とつづく）。逆に，もっとも合併が進展しなかったのは，大阪府で，その割合は，わずか2.3％でしかない（以下，東京都の2.5％，神奈川県の10.8％とつづく）。北海道の場合，減少率は15.6％で，ワースト4位という結果となった。全国平均が，46.5％であることからも，北海道の減少率がいか

にひくいかがわかる。しかも，1万人未満の団体がしめる割合は，62.6％と，全国でもっともたかい数値を示している（以下，高知県の55.9％，長野県の51.9％とつづく。ちなみに，全国平均は，26.5％）[*22]。

したがって，北海道においては，「合併特例債」という"アメ"の効果はあまり大きくなかったといえる。その理由として，「本州と比べて面積の広い市町村が多いため，合併しても規模の利益が出にくいと判断されたこと」を指摘することができよう[*23]。また，北海道庁によれば，「一つの合併協議に参加した市町村が少なかったこと」をその原因としてあげている。道庁の分析によると，「合併に関係した市町村の数は，北海道を除く全国の平均が3.6団体であるのに対し，北海道の平均は2.5団体でした。また，全国では2団体による合併は全体の約4割であったのに対し，北海道では21地域中14地域と約7割を占めていました」とのことである。くわえて，「解散した法定協議会を含めても，道内の法定協議会の平均構成団体数は2.7団体と少なく，始めから少数の団体による合併協議が多かったと言えます」としている[*24]。

こうした教訓をもとに，2006年7月，北海道庁は，「北海道市町村合併推進構想」を発表し，北海道内におけるさらなる市町村合併を模索しはじめた。同構想では，「本道は，面積，人口密度，市街地間の距離などの地理的条件に関して，他府県にはない特徴を有しており，市町村合併を推進するに当たって，一定の配慮を行うべきとの意見が少なからずあります」と述べられたのち，「時間距離おおむね80分以内という基準は，『合併による効果的なまちづくり』や『周辺地域の寂れを生じさせないための配慮』という観点から，面積，人口密度，市町村間の距離といった本道の地理的特性について分析を行った結果得られたもの」が，「構想対象市町村の組合わせ」として提示されている[*25]。

だが，現実には，北海道庁が考えたような市町村合併は，進展しなかった。ここで，ある興味深い調査結果を紹介しておこう。それは，2006年4月に，朝日新聞社が北海道内の180市町村を対象に実施した調査（回答率：94.4％）である。同調査によれば，市町村合併に関して，「積極的に検討」

とする回答は，わずか9％にとどまり，たんに，「選択肢の一つに検討」が，40％にもおよんだという（「迷っている」：7％，「合併予定なし」：28％，「その他」：16％)[26]。この調査結果からも明らかなように，ちかい将来においても，北海道内では，劇的な市町村合併が展開される可能性はかなりひくいとみてよかろう。

3. 市町村合併と危機管理

(1) 北見市の事例

（a）新市誕生までの議論－危機管理の側面を中心に－

　北見市は，2006年3月5日に，北見市・端野町・常呂町・留辺蘂町の1市3町の合併により，あらたに誕生した。新北見市の「面積は1427.56㎢あり，これまで北海道で一番大きかった足寄町の1408.09㎢を抜いて1位となっている。これは，香川県の77％に相当し，全国でも第4位の広さであり，また，石北峠からオホーツク海まで東西に延びる道路の距離は東京駅から箱根までの距離にあたる約110㎞で日本一」となっている[27]。なお，今回の合併によって，北見市の人口は129,365名となった（旧北見市地区：110,715名，旧端野町地区：5,469名，旧常呂町地区：4,781名，旧留辺蘂町地区：8,400名〔2005年国勢調査〕)[28]。

　さて，北見市は，どのような過程をへて，1市3町の合併にいたったのであろうか。「新しい『北見市』誕生のあゆみ」によれば，2003年10月4日に，「北見・端野・常呂・津別任意合併協議会」が設置されている。その折り，以下の5項目が確認されている[29]。

　1. 新しいまちづくりのあり方などに関する協議を進めることとし，合併の方向性が確認されるまでは「合併ありき」の議論を行わないこと。
　2. 合併特例法の期限である平成17年3月を留意し，実効性のある協議

に努めるとともに，協議の内容や経過については，住民へ積極的な情報提供を行うこと（傍点，引用者）。

3. 設立時から参加できない他の自治体に関しては，それまで協議決定した事項を尊重の上，本協議会を構成する市町の合意により参加できること。

4. 本協議会の経費は，構成市町において，その2分の1を均等割で，残り2分の1を各構成市町の人口で按分した割合で負担すること。

5. 本協議会は，平成15年10月4日に設立し，別に定める規約などによりその運営にあたること。

ところで，危機管理に関する議論が提起されたのは，公表された資料をみるかぎり，2004年2月8日の第5回任意合併協議会の場が，はじめてである。だが，その折りには，「地域防災計画及び防災会議を初めとする23件の重点協議項目について説明がされ」とふれられただけにすぎない[30]。

この任意合併協議会は，都合9回の会合をもったのち，2004年7月7日に，解散をした。そして，31日に，第1回目の「オホーツク圏北見地域合併協議会」（法定）が開催されている。これによって，「合併関係市町村の建設に関する基本的な計画（新市まちづくり計画）の作成と合併に関する協議」が本格化することとなった[31]。この「オホーツク圏北見地域合併協議会」の場において，危機管理に関する議論が登場したのは，第3回目の会合（2004年10月31日）においてであった。当日の議事録によれば，危機管理（消防防災関係事業）について下記のような説明がなされている[32]。

○　防災組織（体制）につきましては，災害の発生については予測不可能でありますところから，迅速に対応できる体制が必要であり，調整方針といたしましては，新市における情報伝達系統や指揮命令系統，配備規準，配備体制につきましては一元化して対応をするとともに，各地域に現状の防災組織を基本とした防災・災害担当部門を設け，防

災業務に当たることとして，合併時に再編することといたしました。

○　災害対策本部につきましては，特に常呂町におきまして，漁港を抱えておりますことから，水防，水難に対する配備体制，指揮命令系統を明確にした体制を整備することについて，御意見をいただいたところであります。

　　調整方針といたしましては，災害発生時におきましては本庁に本部を，地域には，仮称でありますけれども，地方本部を設置し，指揮命令系統が一元化されるよう，体制を構築して対応することといたしました。

○　地域防災計画及び防災会議につきましては，新地域防災計画につきましては，新市発足後，速やかに策定することとして，合併後に再編とされました。

　　防災会議につきましては，新市発足時に防災会議条例を制定する。

　　また，雌阿寒岳火山防災会議協議会については，これは津別町さんだけが現在入っておりますが，新市においても引き続き加入するものとして，いずれも合併時に再編することといたしました。

○　災害時の相互応援支援協定・消防事務委託につきましては，各市町の現行の支援協定及び広域的な協定については，新市発足時に継続することで協定を結び，合併時に再編することといたしました。

○　救急業務に関することにつきましては，合併後におきまして，救急車の配置や担当区域などを見直すこととして，合併後に再編することといたしました。

○　消防通信体制に関することにつきましては，119番の受信につきましては，現行方法で存続することといたしましたが，無線通信につきましては，合併時に許可される予定の周波数で統合することといたしました。

　　また，通信指令体制の一元化及び消防用無線のデジタル化対応につきましては，合併後におきまして調整協議を行い，効率的な消防行政

を目指して，再編することとしたところであります。

　議事録をみるかぎり，この説明に対しては，なんの質問もでないまま，協議が終わっている。もっとも，「オホーツク圏北見地域合併協議会」に議題が提出される以前の段階で，小委員会がもうけられており，そこで実質的な議論がなされているという事情も考慮しなければならないのはいうまでもない。だが，「協議会から付託された事項について調査及び審議をする」（「オホーツク圏北見地域合併協議会小委員会設置規程」第2条）小委員会（「第10回協定項目検討第1小委員会」：2005年2月18日）の議事録をみても，「消防防災関係事業について」の説明に関しては，「『異議なし』と呼ぶ者あり」となっていて，議長も，「御異議なしと認めます，よって提案のとおりの調整方針とし，審議を終了いたします」と記されているにすぎない[33]。このように，合併論議のプロセスにおいて，「公」の場で，危機管理に関する徹底的な議論がかわされた形跡はない。

　そして，こうした経過をへて策定された「新市まちづくり計画」では，「新市の基本目標・施策」のなかの6つの基本目標の1つである「オホーツク中核都市にふさわしい都市基盤の創造」の柱として，以下のような文言がもられた[34]。

【防災・消防救急対策などの推進】
　地域防災計画を踏まえた防災体制の強化・充実や消防・救急体制の充実を図り，災害，火災，事故などへの迅速な対応を強化します。
　さまざまな自然災害による被害をくい止めるため，治山・治水事業を進めるとともに，市街地の防災対策の充実を図るなど，災害に強いまちづくりを進めます。

　だが，周知のように，北見市では，新市発足後，2007年1月18日から19日にかけて，ガス漏れ事故が発生し，さらに，同年6月23日には，およそ

第8章 市町村合併と危機管理

5万8千世帯への断水がおこった。もちろん，危機的な状況がおこること自体は，不可避の側面がないわけではない。しかし，北見市の場合，そうした問題に対して，適切な危機管理をできなかったという事実に留意する必要があろう。

（b）地域防災計画をめぐる議論

そこで，以下において，北見市の危機管理の根幹である地域防災計画がどのような経緯をへて，つくられたのかを検証し，同市がかかえる課題を浮き彫りにしてみたい。

北見市役所の場合，市町村合併と地域防災計画の関係について，北海道庁から，どのような指示を受けていたのであろうか。この点に関しては，「網走支庁地域政策部地域政策課長」名で，「各市町村防災主管課長・各合併協議会事務局長」あてにだされた「市町村合併に伴う地域防災計画の作成について」と題する通知のなかに，下記のような文言がみられる[35]。

　市村合併も全道各地において協議が進められているところですが，新市町地域防災計画の作成時期等について，別添のとおり基本的な考え方について北海道総務部危機対策室防災消防課長より通知がありましたので，合併協議の中で検討していただきたいと思います。
　道内においては，現在までのところ大きな災害等は発生しておりませんが，今後，台風の時期を迎え大雨による風水害が懸念されるほか，地震，火山も油断できないところから，災害発生時の初動体制に万全を期すようお願いします。

ところで，ここでいう別添の「市町村合併に伴う地域防災計画の作成に当たっての基本的な考え方」とは，どのようなものなのであろうか。そこには，「市町村の地域防災計画は，原則として合併した新市町が発足した時点で新市町の地域防災計画が策定され運用されることが望ましい」としつつも，「新地域防災計画が運用されるまでには，道との事前協議が必要であり，平成17

257

年3月までとなると期日が切迫していることから，合併時までに新地域防災計画の策定困難である状況が見られる」とのただし書きが付されている。そして，「新地域防災計画が策定されるまでの間は，応急的措置として旧地域防災計画を運用することとするが，災害発生時の対応に万全を期するため，次の項目については，合併協議会において調整を行い，新市町発足までに整備すること」と明記されている。その項目としては，①防災担当部門，②防災会議，③災害対策本部，④情報伝達方法（部内・関係機関），⑤避難施設，の5点があげられている[*36]。つまり，北海道庁の側においても，市町村合併の論議において，人命にかかわる危機管理分野をあまり重視していないことがわかる。

　それでは，北見市の場合，「市町村合併に伴う地域防災計画の作成に当たっての基本的な考え方」を十分にふまえた地域防災計画づくりがすすめられたのであろうか。2005年8月26日開催の総務教育常任委員会に提出された資料によれば，地域防災計画案の策定は，10月からスタートし，翌2006年1月末までに完了する予定であった。そして，その作業と並行して，2005年12月中旬から2006年1月中旬にかけて，防災機関との事前協議をおこなう手はずとなっていた。また，地域防災計画案策定後すぐに，網走支庁と事前協議に入り，3月末までにそれを終え，つづいて，6月末までの期間，北海道庁と事前協議をおこなうスケジュールがくまれていた。そしてそれが終わった段階（7月）から，網走支庁・北海道庁と1カ月間，本協議をおこない，8月に入ってから，地域防災計画を施行するという段どりであった[*37]。

　だが，実際には，2006年5月30日に，第1回目の防災会議が開催され，6月19日から北海道庁との事前協議に入っている。その後，本協議に入るのは，なんと，2007年5月末になってからのことであった。つまり，当初のスケジュールよりも1年ほど，作業が遅れているわけだ。もちろん，このあいだに，2006年8月18日から翌19日にかけての大雨による被害や佐呂間町での竜巻（11月7日）の被害状況を受けて，北海道庁から地域防災計画を修正するようにとの指摘がなされたり，先述したように，北見市において，ガス漏れ

事故（2007年1月18日〜19日）が発生するなど，予期せぬ事態＝危機が生じたことによって，本協議の開始が遅れてしまったという側面がないわけではない。だが，こうした事情を勘案したとしても，北海道庁との本協議がスタートした時点で，ほぼ1年もの遅れがでていたという事実は無視できない。

そして，『北見市地域防災計画』が策定されたのは，新市誕生から467日目にあたる6月15日のことであった。このように，北見市においては，合併後1年3カ月以上たって，ようやく，危機管理の柱である地域防災計画が策定されたのだ。

では，なぜ，これほど大幅に，地域防災計画の策定作業がずれこんだのであろうか。1つには，本協議に入るまでの段階で，「時間をあけると，思わないような変更がでてくる」ことにくわえ，「時間の経過とともに，ことばの表現が変わってきている」といった側面もないわけではない*38。そのために，絶えず，地域防災計画の内容を更新しなければならず，なかなか素案がまとまらなかったようだ。だが，北見市の地域防災計画が，1998年の改定を最後に放置されたままとなっていたことからも明らかなように，北見市において，危機管理に対する意識が希薄であった事実は否定しがたい。現に，災害対策基本法第42条には，「毎年市町村地域防災計画に検討を加え，必要があると認めるときは，これを修正しなければならない」（第1項）と定められており，各市町村は，あらたな危機に対応して，毎年，地域防災計画のバージョンアップをしていくことが求められているのだ。

にもかかわらず，これまで，「北見は避難勧告をだしたことのないような町だった」との関係者のことばが端的にさし示しているように，北見市の場合，市町村合併の議論の過程において，いつ発生するかわからない危機に対処するための地域防災計画の策定作業の優先順位は，きわめてひくかった。このことは，上述の合併協議会での議論をみても明らかであろう。

伊勢湾台風による甚大な被害を受けて制定された災害対策基本法第42条には，「市町村防災会議（市町村防災会議を設置しない市町村にあつては，当該市町村の市町村長。以下この条において同じ。）は，防災基本計画に基づき，

当該市町村の地域に係る市町村地域防災計画を作成し，及び毎年市町村地域防災計画に検討を加え，必要があると認めるときは，これを修正しなければならない。この場合において，当該市町村地域防災計画は，防災業務計画又は当該市町村を包括する都道府県の都道府県地域防災計画に抵触するものであつてはならない」（第1項）と明記されており，地方自治体の危機管理において，地域防災計画がいかに重要であるかがうたわれている。この点に関連して，「災害に関する情報を迅速かつ正確に把握することは，災害応急対策を適切に実施するに当たって，最も重要なことであるため，市町村長をはじめとする災害応急対策責任者（災害対策基本法51）の責務とされている。また，災害に関する情報の収集及び伝達については，法令又は防災計画の定めるところにより実施することとされており（同法51），災害時に情報が迅速かつ正確に収集・伝達され，的確な応急対策を実施するためには，災害情報の収集・伝達体制について市町村地域防災計画に綿密かつ具体的に定めておく必要がある」との見解もあるほどだ。さらに，①災害に関する予報および警報の伝達ならびに警告の方法に関する事項，②災害時における災害に関する情報の収集に関する事項，③災害時における広報宣伝に関する事項，④災害時における通信計画に関する事項が，「地域防災計画において，災害応急対策上重点を置くべき事項」とまでされている[39]。

　これほどまでに重要な地域防災計画が，なかなか策定されなかった問題は，北見市議会の場でもとりあげられている（2006年12月13日）。たとえば，菅野勝美議員は，神田孝次・市長に対して，「地域防災計画について伺いますが，合併協定項目確認書の中で位置づけをしている地域防災計画及び防災会議の中で，合併時に再編とし，新市発足後速やかに地域防災計画を策定することになっておりますが，いまだに示されておりません。どのようになっているのか，緊急を要しますので，お聞きいたします」との質問をなげかけている[40]。これに対して，神田市長は，「新市の地域防災計画の作成についてでありますが，合併前の昨年10月から旧1市3町の各防災会議から幹事を派遣し，新北見市地域防災計画素案策定幹事会を組織し，素案の検討と作成をい

ただきました。新市発足時の新市の防災会議条例を制定し，この条例に基づき新市発足後，北見市防災会議委員45人の委嘱を行い，本年5月30日に北見市防災会議を開催し，素案をもとに各委員からご意見をいただき，北見市地域防災計画案をご決定いただいたところであります」としたうえで，「市町村の防災計画につきましては，都道府県と協議して定めることが必要でありますことから，本年6月に本市防災会議で決定した北見市地域防災計画案を北海道に送付いたしたところであります。去る12月5日付で北海道から計画案に記載されている情報連絡系統図の北海道の担当部の名称変更，指定公共機関の取り扱いの変更のほか，基準改正により新たに盛り込んだ方がよいと思われる事項等について検討箇所の通知があったところがあります。今後は，再度防災会議を開催し，これら検討事項等を協議，決定いただき，北海道と再協議の上，防災計画が確定する運びとなる予定でございます。また，防災計画が確定するまでの間は合併協議会における合併時の調整方針におきまして，地域防災計画案をもって対応することといたしているところでございます」との答弁をしている[41]。

だが，地域防災計画について，神田市長は，2006年6月の第1回定例会の場において，「協議終了後の9月中旬を目途に再度北見市防災会議を開催し，正式な北見市地域防災計画が決定する見込みとなってございます」と明言していたのである[42]。

しかも，2007年3月の第1回定例会においても，おなじ菅野議員が，地域防災計画について質問をおこなっている。これに対して，佐藤周一・総務部長は，「北海道から示された検討箇所に加え，本市のたび重なる避難勧告により避難計画の見直しをする必要があり，避難計画全体の修正について事務を進めているところであります。今後は，修正終了後に再度防災会議を開催し，これら検討事項等を協議，決定いただき，北海道と本協議の上，防災計画が確定する運びとなる予定であります」（傍点，引用者）と答えているのだ[43]。

ここで留意したいのは，2005年11月1日から翌2006年3月31日にかけて，

「北見のものをベースとして，札幌の業者をつかって，3町の必要なものを抽出して付加して」いくプロセスをとった北見市の地域防災計画案の策定にあたり*44，じつに196万3,500円もの経費がかかっているということだ*45。地域防災計画の素案づくりについて，およそ200万円もの経費をかけて，外部のコンサルタント会社に委託したにもかかわらず，その途中で，不備が露呈したというわけである。この点に関連して，地域防災計画の策定は，「どうせやらなきゃならないもの」であるし，「合併によって，お金がでる」ことによって，コンサルタント会社をつかって，「やろうということになった」ようで，まさに，「合併がいい機会になった」と関係者が発言しているのは，注目にあたいする*46。

　なお，神田市長によれば，「北見市では災害の未然防止に努めるとともに，災害発生時には迅速，的確に対応し，被害の抑止と軽減を図り，市民の負託にこたえるため全庁統一的な即応体制の整備を目指しまして，本年（2007年）4月1日に防災対策・危機管理室を設置した」（カッコ内，引用者補足）とのことであるが*47，約5万8千世帯への断水時の対応をみるかぎり，防災対策・危機管理室を設置した目的は，まったくはたされていないといっても過言ではなかろう。

　この文脈において，新市発足後に発生したガス漏れ事故や断水時の情報伝達の遅れは，はからずも北見市が地域防災計画の重要性を認識していなかった結果といえなくもない。また，こうした危機管理の失敗を将来の教訓とするためにも，調査報告書の開示が必要不可欠であるが，「北海道北見市ガス漏れ事故原因技術調査　最終報告書」については，経済産業省のホームページで公開されているだけで*48，管見のかぎり，北見市役所のホームページには掲載されていない。また，断水時の報告書については，「北見市水道水の断水に関する原因技術調査委員会報告書」が市役所のホームページに掲載されてはいるものの，あくまでも要約版しか公開されておらず，その内容もハード面での検証に終始している*49。関係者によれば，ソフト面での報告については，「議会等の特別委員会の資料として提供した」ものであり，「マ

スコミに配付したことによって、ひろく住民にも知れわたっている」との見解が示された[*50]。だが、こうした意識こそ、危機時に迅速に対応できない最大の要因であるように思えてならない。

さて、再度、情報共有という観点から考えてみたい。2007年2月の臨時会において、神田市長は、「今後の安全対策といたしましては、ガス管の埋設箇所を危機管理の面から把握するため、北海道ガスとガス管網図関係の情報の共有化が必要であるとの確認をいたしているところでございます」[*51]「避難所の運営に当たりましては、議員ご指摘のとおり対策本部事務局と避難所相互の情報連絡が十分図れなかった、そういった面も多々あり、今後情報連絡員を指定するなど円滑な対応を図れるよう対策マニュアルを作成するなど意を用いてまいりたいと考えております」[*52]と答弁している。

そして、北見市と北海道ガスは、「二度と同様な事故が起こらないように、安全対策の情報共有、市民への情報提供、冬期間の安全対策などについて連携・協力する」ことを目的として、「北見市都市ガス安全対策連絡会議」を設置し、以下のことを課題とした[*53]。

○　安全対策について情報の共有化を図ります

北見市は、北海道ガス（株）が実施するガス漏れ事故の再発防止対策の「ねずみ鋳鉄管」から「ポリエチレン管」への入れ替えや漏えい検査などの経年管対策、天然ガス転換作業など安全対策について情報の共有化を図ります。

○　市民へ情報の提供を行います

北見市は、北海道ガス（株）と共有した安全対策について、広報きたみや市ホームページなどを活用し、市民への情報提供を行います。

○　冬期間の安全対策などに取り組みます

北見市と北海道ガス（株）は、厳寒地としての地域的特性を踏まえた冬期間の安全対策や緊急時対応の連携強化などについて取り組みます。

さきに紹介した「市町村合併に伴う地域防災計画の作成に当たっての基本的な考え方」のなかには，「災害及び事故は，いつ発生するかわからず，災害発生時には，迅速・的確に対応しなければならない」と明記されており，「災害発生時には，職員の緊急参集や関係機関からの災害に関する情報が災害対策にかかせないことから，新市町における情報伝達系統の作成，防災関係機関との連絡方法の確認（図式化）など職員に周知徹底を図る」ことが強調されていたはずだ[*54]。にもかかわらず，ガス漏れ事故のあとにおこった断水の折りにも，「職員への情報の周知につきましては，情報の共有や一元化を図ることができなかった」と，市長は議会の場で，率直に認めている[*55]。このように，北見市の場合，合併論議の過程で，人命にかかわる議論がかなり軽視されてきた印象をぬぐえない。

（2）名寄市の事例

（a）新市誕生までの議論－危機管理の側面を中心に－

名寄市は，「北・北海道の長流天塩川が形成する名寄盆地のほぼ中央に位置し，東は雄武町と下川町，西は幌加内町，南は士別市，北は美深町と接しています。その市域は，東西に約30km，南北に約35kmの四角形に近い形となっており，535.23km²の行政面積を有して」おり[*56]，合併によって，人口は31,628名となった（旧名寄市地区：26,590名，旧風連町地区5,038名〔2005年国勢調査〕）[*57]。

名寄市と風連町の合併は，複雑な過程をへてきた。というのは，2002年9月の時点では，北海道庁の案にしたがって，「名寄・風連・下川」「美深・音威子府・中川」の3自治体ごとに，おのおの研究会をつくったからであった。その後，2003年6月30日には，名寄市をのぞく，風連，下川，美深，音威子府，中川の5町村で任意協議会が設置されている。その3カ月後の9月30日には，名寄市が任意協議会に参加するという経緯があった。だが，2004年1月22日には，上川北部6市町村任意合併協議会が解散するにいたった。そこ

で，4日後の26日，名寄市が風連町と下川町に合併の協議を申しいれたのであった。そして，3月3日には，名寄市と風連町が，合併協議に同意したものの，下川町は，住民アンケートなどの結果を受けて，合併協議にくわわらないことを決定した（3月8日）[58]。こうした紆余曲折をへて，ようやく，名寄市と風連町との合併に向けての動きが加速することとなった（2004年4月16日：第1回風連町・名寄市合併協議会）[59]。

　では，合併協議のなかで，危機管理に関する論議がかわされたのは，いつごろであろうか。公表された資料によれば，第4回目の風連町・名寄市合併協議会（2004年11月9日）における新市建設計画（案）に関する議論のなかで，わずかに，「災害に強いまちづくりを総合的に進める」「広域連携防災体制の充実に努める」との説明がなされたにすぎない[60]。また，「風連町・名寄市合併協議会（以下「協議会」という。）の円滑な運営に資する」ことを目的に設置された，「新市建設計画小委員会」の第3回会合（2004年5月27日）の場でも，「これは消防・防災となっておりますけれども，3年か5年確率で，かなり増水することがありますから，主要河川の保全管理も大事かなと思ってございます」との説明もみられるものの，「消防・防災につきましても，これにつきましてもお決まりの内容でございますので，説明は省略させていただきまして」とあり，合併協議における防災＝危機管理分野に対する職員の意識のひくさがかいまみられる[61]。ちなみに，「地域防災計画」ということばが，合併協議のなかではじめて登場したのは，第7回新市建設計画小委員会（10月29日）の場においてであるが，資料説明のなかで，「消防無線のデジタル化，地域防災計画の策定，防災情報システムの整備，消防施設・設備整備，救急業務高度化整備ということでございます」とふれられただけにすぎない[62]。

　もちろん，こうした背景には，風連町・名寄市合併協議会が，2004年6月に，「風連町・名寄市住民の市・町の現状評価，合併協議の認知度や将来像についての意向等を把握し，新市建設計画策定に向けた検討資料を得るとともに，市町村合併に対する住民の関心を高めることを目的に実施した」，「市

町村合併に関するアンケート調査」の結果，「重点的に取り組むべき施策」として，「消防・防災対策」をあげた回答がわずか3.6％にすぎなかったこととも関係があるかもしれない[63]。こうした住民の意識も手伝って，「合併協議会の委員レベルで，防災に関する議論が深まったことはなかった」ようだ[64]。とはいえ，ひとたび危機的な状況がおきると，その責任は，行政機関にふりかかってくる。したがって，危機管理に対する名寄市の意識のひくさは問題視されなければならない。

　いずれにせよ，こうした経緯をへて成立した『新名寄市総合計画（第1次）』では，「基本構想」のなかの「自然と環境にやさしく快適で安全なまちづくり（生活環境・都市基盤）」の一環として，「災害から市民の生命と財産を守るため，市民一人ひとりの防災意識を高め，名寄市地域防災計画を着実に推進するとともに，造林を進めて山地の保水力を高め，河川整備を促進して洪水による被害の発生を未然に防ぎます」との文言がもられた[65]。さらに，「基本計画」の部分においては，「防災対策の充実」として，以下のような記述がなされている[66]。

【現状と課題】
○　本市では近年，大規模な洪水は発生していませんが，短時間集中豪雨型の局所的な大雨被害や台風や低気圧による強風被害が増える傾向にあります。
○　市内での地震の発生は極めて少なく，地震による被害はこれまで皆無と言えますが，全国的には大規模地震が多発する傾向にあり，災害への備えと市民の防災意識の高揚が求められます。
○　災害から地域を守り，安全で安心なまちづくりに向けて，気象情報など必要な防災情報を迅速に入手して市民に知らせる情報伝達システムの整備や防災訓練の継続的実施，災害弱者の安全な避難対策など，きめ細かな防災対策を講じていかなければなりません。
○　山林では伐採や農地の開墾などによる荒廃状態の箇所が見受けられ

ることから，山地の保水力を高めるために緑化を進めなければなりません。

○　洪水防止のために護岸工事や樋門へのポンプ場設置などの河川整備が行われてきましたが，ダムや護岸，築堤等の整備，河道の掘削など，さらなる整備が求められています。

【施策の基本的な考え方】

○　防災対策の充実に向けた具体的な取り組みは，名寄市地域防災計画に盛り込まれた内容を着実に実施していくことが基本になることから，計画内容の進行管理を適切に行う中で効果的・計画的な防災対策を実施していきます。

○　荒廃状態にある山地の造林を推進するとともに，河川整備を継続的に実施し，洪水による被害を未然に防ぎます。

　ところで，当初，名寄市では，北見市同様，「担当者がコンサルに入ってもらって，あたらしい計画をつくるという想定だった」ようだ。だが，その費用が百数十万円かかることにくわえて，「理事者としては，防災・法制をおいたので，自前でやりなさいと考えた」というのだ。しかも，「担当も2名配置となった」ことからもわかるように，島多慶志・市長の防災＝危機管理を重視する姿勢をかいまみることができる。現に，市長自身，筆者のインタビューにおいて，危機管理の重要性を指摘し，とくに，「地域のことをわかっている職員が地域防災計画を策定することの意義」を訴えていた[*67]。このことばどおり，市長は，2006年度市政執行方針においても，「安全な市民生活を確保するために，水害等の災害に備えた名寄市独自の地域防災計画を今年度中に策定いたします。策定に当たりましては，名寄市防災会議条例に基づき，旧市町及び北海道の地域防災計画を踏まえつつ，防災関係法令の改正等に対応した内容となるよう取り進めます」と明言していたのであった[*68]。

　しかしながら，北見市同様，名寄市においても，地域防災計画の策定作業

は，当初の予定よりも遅れた。2006年7月7日におこなわれた第1回目の名寄市防災会議の場にだされた，「名寄市地域防災計画作成スケジュール（案）について」によれば，2006年10月の第2回防災会議の場で，原案を検討し，翌2007年1月の第3回防災会議の場において，原案をとりまとめたのち，パブリックコメントを実施（2月）し，3月にひらかれる，第4回目の防災会議の場で，「名寄市地域防災計画」を決定するという段どりであった[*69]。ところが，北海道庁に事前協議の依頼をおこなったのは，2007年3月12日になってからで，本協議をスタートさせたのは，その約3カ月後の6月15日のことであった。関係者によれば，「3月の年度内に本協議に入れるかと思った」ものの，「なにかの事情があったのか」，それとも，「こちらのほうのなおしが多かったのか」，「一般のケースよりも暇がかかったみたい」であったようだ。いずれにしても，6月26日には，北海道庁から「名寄市地域防災計画の作成に係る本協議について」，「異議はありません」との回答が届いたのであった[*70]。かくして，名寄市は，2006年3月27日の合併から458日後の2007年6月28日に，あたらしい「名寄市地域防災計画」の策定にこぎつけた。北見市と同様に，名寄市においても，新市誕生後，1年3カ月も経過したのち，ようやく地域防災計画がつくられた。

（b）地域防災計画をめぐる議論

では，名寄市において，なぜ，地域防災計画の策定作業が遅れたのであろうか。先述したように，「事情があったのか，一般のケースよりも暇がかかったみたい」との関係者の発言にあるように，北海道庁の対応の緩慢さがその一因としてあげられよう。だが，同時に，「河川の氾濫による水害，台風は現実にあるので，対策をしなければならない」としつつも，「実質的には，防災計画がなくても，やってきた。不都合はない」との関係者の意識が，地域防災計画策定の遅れに影響をおよぼしたように思えてならない。おそらく，その背後には，「現実は，ニーズがたかければ対応しなければならないが」，これまで「上川北部では，震度4になったことがない」との発想があることは否定できない[*71]。

第8章　市町村合併と危機管理

　関係者が述べているように，名寄市では，「あたらしい防災計画がないことについて，議会からもいわれた」とのことだ[72]。ここで，具体例を紹介しよう。2006年度の第3回定例会の場において，「災害というものは，想定外のものが必ず来て災害ですから，その間のすき間というのはあってはならないわけです。そのためにもこの計画について今までどうしておくれているのか，ぜひ御答弁をいただきたいと思います」との質問が，宮田久議員からだされた[73]。これに対して，石王和行・総務部長は，「合併協定書が成立した時点から新市の計画づくりに着手していたら，新市誕生後速やかに計画を作成して，スタートできたのではないかとの御意見につきましては，確かにそうした考えも成り立つかと思われますが，実際問題としては地域防災計画の作成主体となる名寄市防災会議の設置条例制定や同会議委員の委嘱，同会議の開催等は当然のことながら新市になってからでなければならないわけでございまして，そうした中で合併後1年かけて計画づくりを行うこととしたものでございますので，御理解をいただきたいと思います」と答弁している[74]。くわえて，同総務部長は，「計画が存在しないからといって防災対応ができなかったわけではございません」とも述べている[75]。

　これはまさに，さきほど紹介した関係者の発言―「実質的には，防災計画がなくても，やってきた。不都合はない」―とおなじ認識である。したがって，名寄市においては，「災害基本法に基づいて上位計画としてつくらなければ，計画を樹立しなければならぬ条件下にある」地域防災計画の意義をたかく評価していないとの指摘を受けても仕方のない状態であった[76]。この点に関連して，再度，宮田議員から，「市の職員だけが防災をやるという話にはならない。あなたの言葉は過ぎていると思います，住民に対して。住民もこぞって，みんなでこのことをいろいろマップや何かつくったり，計画つくってやるということです。あなたの今の答弁でいくと，どちらかというと計画書なくてもちゃんとやるよというがごとくここで御答弁いただいたのですけれども，本当にそういうことでいいのですか。少なくてもいろんな計画書をつくった中で，住民がこぞってやる，市の方々はサポート役をやる，主

269

役は住民であるという，市民であるというコンセプトからいったら，どうしても今の発言については納得いかないのですけれども，何か説明ございますか」との質問がなげかけられた。これに対して，石王総務部長は，「私も計画書は必要でないとは言っておりません。一日も早く新市としてのそれらの計画があることは望ましいということで考えているところでございます。いずれにいたしましても，今年度中に策定をするということで鋭意協議会を立ち上げながら，その計画づくりに取り組んでいるところでございます」と応じなければならなかった[77]。だが，結局，さきに述べたように，名寄市の地域防災計画が策定されたのは，2007年6月28日になってからのことであった。

　ところで，2006年10月7日と8日にわたって，大雨が名寄市をおそった。そのときの市役所の対応が議会でとりあげられ，「今回の初動態勢の反省点として，夜間及び休日における課レベルの職員連絡体制及び名寄庁舎と風連庁舎との連携体制の不備が明らかになった」（石王総務部長）[78]。このときの答弁において，石王総務部長は，「初動態勢の庁内体制等々についてお答えをさせていただきますけれども，あいにく災害のあった7日，8日は土曜日，日曜日ということで閉庁日でありました」と述べているが[79]，危機は，平日のみに生じるものではない。したがって，どのような場面において，危機が生じようとも，職員間の情報共有がスムーズにいくための方策を講じておかなければならないことはいうまでもない。ここからも，危機管理に対する認識のあまさの一端がみてとれる。

　このように，合併論議の過程における危機管理のとりあつかいをめぐっては，さまざまな課題が浮き彫りとなった。だが，若干ではあるが，評価すべき点もみられた。たとえば，名寄市の場合，「旧風連町では一般町民対象の防災訓練は行われておらず，今回が初めての防災訓練でありましたが，市民の皆さんに防災意識を高めていただく上で，有意義な訓練を実施することができました」との島市長の発言にみられるように，合併によって，危機意識がたかまる地域がでてきたといったプラスの側面もあることを付言しておく[80]。

4. 結び

　本章では，北見市と名寄市の事例を考察してきた。そこから明らかとなったのは，両市とも，市町村合併の議論の過程で，危機管理という視点がかなり軽視されてきたという事実だ。これは，市町村合併を経験したほかの自治体においても，あてはまるような気がしてならない。

　ここで，その点を裏づけるアンケート調査を紹介しよう。それは，北海道内であらたに誕生した９市12町（湧別町をのぞく）を対象に，地域防災計画に関して，問うたものである。残念ながら，４市６町からしか，回答が得られず，アンケートの回収率自体，47.6％とあまりたかくはない。だが，そこでよせられた回答は，きわめて興味深いものであった。「あたらしい地域防災計画策定の作業はいつからスタートしたのか」との質問に対して，「合併以前より，合併にあわせた形で，いろいろな，調整は行っていました」とする回答は，わずか１団体のみで，のこりの９団体では，合併後，地域防災計画の策定作業がスタートした（そのうちの２団体は，作業自体，スタートしていないとのことであった）。その９団体のうち，「合併の日から検討を始めました」との回答がよせられたのは，１団体のみで，ほかの自治体では，合併から，かなりの日数がたって，ようやく地域防災計画の策定作業がスタートするといったありさまであった。具体的には，合併から３カ月後（２団体），３カ月半後，４カ月後，12カ月後，14カ月半後から，地域防災計画の策定作業を開始したとのことであった。このうち，３カ月半後に実務をスタートさせた自治体からは，合併した「年度中に修正を終える予定でしたが，国民保護計画を策定しなければならないため，作業をいったん中断し，国民保護計画策定後，作業再開」，また，12カ月後に作業を開始した自治体からは，「スタートがずれこんだ最大の原因は，平成18年度中に完成しなければならなかった国民保護計画の策定を優先したことによるものであります」とのコメントがよせられたことを付言しておきたい。これらと同様に，調査実施時点で，地域防災計画の策定作業に入っていない自治体からも，「背景としま

しては，合併に伴い国民保護計画，まちづくり総合計画とあったことから順
次策定を進めているところです」との回答がよせられ，国民保護計画の存在
が，地域防災計画策定にあたって，大きな足かせとなっていた事実がうかが
えた*81。

　これまでみたように，もちろん，あたらしい地域防災計画が策定されてい
ない場合でも，「実際の運用は旧両町村の防災計画を準用している状況」が
あることは事実である。これは，「合併時までに新地域防災計画の策定困難
である状況が見られる」ため，「新地域防災計画が策定されるまでの間は，
応急的措置として旧地域防災計画を運用することとする」との北海道庁から
の「市町村合併に伴う地域防災計画の作成に当たっての基本的な考え方」と
題する文書の趣旨に合致したものである。ただ，同時に，この文書には，「市
町村の地域防災計画は，原則として合併した新市町が発足した時点で新市町
の地域防災計画が策定され運用されることが望ましい」（傍点，引用者）と
も記されているのである*82。

　このように，地域防災計画の策定作業がすすまない理由の1つとしては，
防災担当者の数が少ないという事実を指摘することができる。現に，今回の
アンケート調査でも，「防災担当者は私1人です」とする自治体があった。
たいていの場合，町村レベルでは，防災担当職員は2名程度しかおらず，し
かも，それらの職員がほかの業務を兼務しているのが実情である。このため
に，地域防災計画の改定に十分な時間を割くことができないといった事態が
生じているのだ*83。

　前出の北海道庁の文書（「市町村合併に伴う地域防災計画の作成に当たっ
ての基本的な考え方」）には，「災害及び事故は，いつ発生するかわからず，
災害発生時には，迅速・的確に対応しなければならない」と明記されてい
る*84。したがって，人命に直接かかわる，地方自治体の危機管理体制は，もっ
と充実されてしかるべきはずだ。くわえて，地方自治体の危機管理において
必要不可欠な地域防災計画の策定作業も，より迅速におこなわれなければな
らない。

先述したように，「基礎自治体である市町村の行財政基盤を強化する」（総務省）*85ことを目的とした市町村合併を経験しても，役所内のマンパワーが不足するというのであれば，市町村合併に対して，否定的な評価がくだされても仕方がないといえよう。

注

- ＊1 http://www.soumu.go.jp/kouiki/kouiki.html（2010年5月30日）。
- ＊2 総務省「『平成の合併』について」（2010年3月），3頁（http://www.soumu.go.jp/gapei/pdf/100311_1.pdf〔2010年5月30日〕）。
- ＊3 『朝日新聞』〔群馬県版〕2003年2月1日，34面。
- ＊4 http://www.soumu.go.jp/gapei/pdf/040526tokurei_1.pdf（2008年6月3日）。
- ＊5 千葉実「市町村合併と政策法務」兼子仁・北村喜宣・出石稔編『政策法務事典』（ぎょうせい，2008年），419頁。
- ＊6 同上，420-421頁。
- ＊7 http://www.soumu.go.jp/kouiki/kouiki.html（2010年5月30日）。
- ＊8 http://www.soumu.go.jp/gapei/gapei2.html（2010年5月30日）。
- ＊9 同上。
- ＊10 阿部齊「町村合併」阿部齊・内田満・高柳先男編『現代政治学小辞典』〔新版〕（有斐閣，1999年），310頁。
- ＊11 なお，表8-2は，朝日新聞社が提供している「聞蔵Ⅱビジュアル・フォーライブラリー」という記事データベースをもちい，同社の新聞記事のうち，各年度ごとに，「町村合併」という文言をふくむ記事の件数を検索した結果である。
ちなみに，戦前については，表8-4のとおりである。

表8-4　『朝日新聞』にみる「町村合併」の推移（戦前）

1888年度	2件	1908年度	5件	1926年度	1件
1889年度	3件	1909年度	3件	1927年度	5件
1895年度	1件	1911年度	1件	1928年度	1件
1897年度	4件	1912年度	1件	1930年度	3件
1901年度	6件	1913年度	1件	1931年度	14件
1902年度	1件	1914年度	1件	1932年度	8件
1903年度	1件	1920年度	1件	1936年度	1件
1905年度	4件	1921年度	3件	1941年度	1件
1906年度	16件	1923年度	3件	1943年度	1件
1907年度	12件	1924年度	1件	1944年度	1件
				合計	106件

注：ヒット件数のない年度は，省略してある。

＊12　岡田知弘「はじめに」岡田知弘・京都自治体問題研究所編『市町村合併の幻想』（自治体研究社，2003年），3頁。

＊13　『朝日新聞』2005年12月29日，15面。

＊14　http://www.soumu.go.jp/gapei/index.html（2008年3月17日）。

＊15　同上。

＊16　高木鉦作「町村合併」大学教育社編『現代政治学事典』（おうふう，1994年），692頁。

＊17　重森曉「市町村合併をどう考えるか」重森曉・関西地域問題研究会編『検証・市町村合併―合併で地域の明日は見えるか―』（自治体研究社，2002年），45頁および48頁。

＊18　中西啓之『増補新版　市町村合併―まちの将来は住民がきめる―』（自治体研究社，2004年），118-119頁。

＊19　http://www.town.yamatsuri.fukushima.jp/cgi-bin/odb-get.exe?WIT_template=AC020004&WIT_oid=icityv2_004::Contents::1184（2010年5月30日）。

＊20　『朝日新聞』2006年5月15日，3面。

＊21　同上，2006年4月24日，4面。

＊22　総務省，前掲「『平成の合併』について」，29頁。

＊23　『朝日新聞』〔北海道版〕2006年4月30日，30面。

＊24　北海道企画振興部地域主権局「北海道市町村合併推進構想―本編―」（2006年7月），10頁（http://www.pref.hokkaido.lg.jp/NR/rdonlyres/068C9873-D581-42BC-BB6B-40FAD205C00D/904527/ksa201.pdf〔2010年5月30日〕）。

＊25　同上，65頁および71頁。

＊26　『朝日新聞』〔北海道版〕2006年6月3日，30面。

＊27　北見市総務部編「新しい『北見市』誕生のあゆみ」（2006年10月），4頁（http://www.city.kitami.lg.jp/680-07/kitami-ayumi.pdf〔2010年5月30日〕）。

＊28　http://www.city.kitami.lg.jp/570-19/2.jinkou.pdf（2010年5月30日）。

＊29　北見市総務部編，前掲「新しい『北見市』誕生のあゆみ」，18頁。なお，留辺蘂町は，1994年4月14日に，同協議会に参加したものの，1997年2月7日には，津別町が合併協議からの離脱を正式に表明したことを付言しておく。

＊30　同上，21頁。

＊31　同上，26頁。

＊32　「第3回　オホーツク圏北見地域合併協議会《会議録》」，6-7頁（http://www.city.kitami.lg.jp/gappeikyou/pdffile/conferencecond/K3-proceeding.pdf〔2010年5月30日〕）。

＊33　「オホーツク圏北見地域合併協議会―第10回　協定項目検討第1小委員会―《会議録》」，9頁（http://www.city.kitami.lg.jp/gappeikyou/pdffile/agreement1/agree1-10-proceeding.pdf〔2010年5月30日〕）。

＊34　北見市総務部編，前掲「新しい『北見市』誕生のあゆみ」，62頁。

＊35　北見市資料「市町村合併に伴う地域防災計画の作成について」。

＊36　北見市資料「市町村合併に伴う地域防災計画の作成に当たっての基本的な考え方」。

＊37　北見市資料「地域防災計画策定スケジュール（案）」。

＊38　関係者へのインタビュー（2007年5月18日）。

＊39　災害対策制度研究会編『新　日本の災害対策』（ぎょうせい，2002年），74-75頁。

＊40　『北見市議会議事録　2006年12月　定例会（第3回）　第2号』2006年12月13日，34頁。

＊41　同上，38頁。

＊42　同上，2006年6月23日，第4号，210頁。

＊43　『北見市議会議事録　2007年3月　定例会（第1回）　第6号』2007年3月13日，286頁および288頁。

＊44　関係者へのインタビュー（2007年5月18日）。

＊45　『北見市議会議事録　2006年　決算審査第1特別委員会　第1号』2006年9月25日，32頁。

＊46　関係者へのインタビュー（2007年5月18日）。

＊47　『北見市議会議事録　2007年9月　定例会（第3回）　第2号』2007年9月12日，66頁。

＊48　高圧ガス保安協会「北海道北見市ガス漏れ事故原因技術調査　最終報告書」（2007年6月）（http://www.meti.go.jp/press/20080118002/kitami04.pdf〔2010年5月30日〕）。

＊49　「北見市水道水の断水に関する原因技術調査委員会報告書（要約）」（2007年8月3日）（http://www.city.kitami.lg.jp/bousai/dansuihokoku.pdf〔2010年5月30日〕）。

＊50　関係者への電話によるインタビュー（2008年3月27日）。

＊51　『北見市議会議事録　2007年2月　臨時会（第2回）　第1号』2007年2月9日，66頁。

＊52　同上，72頁。

＊53　http://www.city.kitami.lg.jp/soshomu/gaskyogikai/toshigas.htm（2010年5月30日）。

＊54　前掲，北見市資料「市町村合併に伴う地域防災計画の作成に当たっての基本的な考え方」。

＊55　『北見市議会議事録　2007年9月　定例会（第3回）　第2号』2007年9月12日，76頁。

＊56　http://www.city.nayoro.lg.jp/ny_cntnt/keikaku/other/4aa07fd6111.pdf（2010年5月30日）。

＊57　http://www.city.nayoro.lg.jp/www/contents/1264738392593/html/common/other/4b628c8e002.xls（2010年5月30日）。

＊58　http://www.city.nayoro.lg.jp/ny_cntnt/public_html/content03/index.html（2010年5月30日）。

＊59　http://www.city.nayoro.lg.jp/ny_cntnt/public_html/content02/index.html（2010年5月30日）。

＊60　『第4回　風連町・名寄市合併協議会　会議録』2004年11月9日，13頁（http://www.city.nayoro.lg.jp/ny_cntnt/public_html/content02/detail1/archive/no004/kaigiroku4.pdf〔2010年5月30日〕）。

＊61　『第3回新市建設計画小委員会　会議録』2004年5月27日，7頁および13頁（http://

www.city.nayoro.lg.jp/ny_cntnt/public_html/content02/detail2/sk3_giroku.pdf
〔2010年5月30日〕)。
＊62　『第7回新市建設計画小委員会　会議録』2004年10月29日，19頁（http://www.
city.nayoro.lg.jp/ny_cntnt/public_html/content02/detail2/sk7_giroku.pdf〔2010年5
月30日〕)。
＊63　風連町・名寄市合併協議会「市町村合併に関するアンケート調査—結果報告書—」
（2004年7月），1頁および20頁。
＊64　関係者へのインタビュー（2007年5月24日）。
＊65　名寄市総務部企画振興室企画課編『新名寄市総合計画（第1次）』（2008年3月），
14頁。
＊66　同上，59頁。
＊67　名寄市長へのインタビュー（2007年12月7日）。
＊68　『平成18年　第1回名寄市議会定例会会議録　第1号』2006年6月5日，8頁。
＊69　http://www.city.nayoro.lg.jp/cgi-bin/odb-get.exe/siryo_ALL.pdf?WIT_oid=icityv2::
Content::4931&WIT_ctype=application/pdf&WIT_jasminecharset=SHIFTJIS
（2008年3月17日）。
＊70　関係者へのインタビュー（2007年5月24日）。
＊71　同上。
＊72　同上。
＊73　『平成18年　第3回名寄市議会定例会会議録　第3号』2006年12月13日，118頁。
＊74　同上，119頁。
＊75　同上。
＊76　同上，118頁。
＊77　同上，120-121頁。
＊78　『平成18年　第3回名寄市議会定例会会議録　第2号』2006年12月12日，83頁。
＊79　同上，87頁。
＊80　『平成18年　第3回名寄市議会定例会会議録　第1号』2006年12月1日，9頁。
＊81　電子メールおよびFAXによるアンケート調査（2008年3月29日〜4月10日）。
＊82　前掲，北見市資料「市町村合併に伴う地域防災計画の作成に当たっての基本的な
考え方」。
＊83　くわしくは，拙稿「離島における高齢者のための危機管理体制の構築」『高齢者
問題研究』No. 23，87-101頁を参照されたい。
＊84　前掲，北見市資料「市町村合併に伴う地域防災計画の作成に当たっての基本的な
考え方」。
＊85　http://www.soumu.go.jp/gapei/index.html（2008年3月17日）。

　※　なお，本章は，「2007年度　財団法人　北海道開発協会研究助成事業」による成果
の一部であることを付言しておく。

補 論

国際関係における
危機管理

1. はじめに

　『決定の本質―キューバ・ミサイル危機の分析―』（*Essence of Decision: Explaining the Cuban Missile Crisis*）は，グレアム・T・アリソンによって，1971年にあらわされた[*1]。著者であるアリソンは，当時，母校ハーバード大学准教授の職にあり，新進気鋭の学者として学会の注目をあつめていた。

　著者のアリソンによれば，『決定の本質』を執筆した意図は，2つあるという。1つは，サブタイトルが示しているように，「キューバ・ミサイル危機」それ自体の解明である。キューバ危機とは，1962年10月，米国のU−2型偵察機が，キューバでのソ連のミサイル基地建設の事実をつかんだことに端を発する。それを契機として，ジョン・F・ケネディ大統領は，キューバからのソ連のミサイル撤去を求め，キューバを海上封鎖した。一時は，あわや核戦争寸前という段階にまでいたったが，結局，ソ連はキューバからミサイルを撤去し，懸念されたような最悪の事態は回避された。その後，1963年7月には，ホットラインが米ソ間に設置され，さらには，8月になって，部分的核実験禁止条約（PTBT）の調印をみるにいたった。

　また，『決定の本質』執筆の2つめの目的は，対外問題を論じるときの分析枠組みの明確化である。アリソンは，第1モデル，第2モデルおよび第3モデルという3つの分析枠組みを提示し，それぞれのモデルのもつ効用と限界について，詳述する。

　これら2つの問題意識にもとづいて，『決定の本質』はあらわされた。もっとも，アリソンは，これら2つの目的のうち，とくに，後者―対外政策決定の分析枠組みの考察を重視しているのは，いうまでもない。

　つぎに，本書の構成について述べておこう。

　本書は，「はじめに」につづけて，「序章」「第1章　第1モデル―合理的行為者」「第2章　第1モデルによるキューバ危機の分析」「第3章　第2モデル―組織過程」「第4章　第2モデルによるキューバ・ミサイル危機の分析」「第5章　第3モデル―政府内政治」「第6章　第3モデルによるキューバ・

ミサイル危機の分析」「第7章　結論」とつづいている。そして最後に，「あとがき—今後の研究のために」が付されている。

　ところで，本書が執筆された契機は，いったいなんであったのか。それは，ハーバード大学でおこなわれた研究会であった。そこでは，政策に対する官僚の影響が検討課題とされた。ちなみに，この研究会は，座長であるアーネスト・R・メイの名にちなんで，「メイ・グループ」とよばれた。参加者には，モートン・H・ハルペリン，フレッド・C・アイクレ，ウィリアム・W・カウフマン，アンドリュー・W・マーシャル，リチャード・E・ニュースタット，ドン・K・プライス，ハリー・S・ローエンらがいた。

　さて，本章においては，以上のような認識をもとにして，まず第1に，3つのモデルの概要をそれぞれ紹介する。つぎに，第3モデルに関する若干の問題点を指摘する。そして最後に，『決定の本質』の意義について，簡単に私見を述べてみたい。

2．3つの分析モデル

(1) 第1モデル—合理的行為者—

　従来，大部分の研究者は，政府の行動を考察するにあたって，第1モデルをもちいてきた。そこには，国際的な事件を理解する場合，第1モデルが最適との認識があったからだ。第1モデルは，伝統的な分析手法（＝古典モデル）であり，これまで，ハンス・モーゲンソー，スタンレー・ホフマンらによって，とられてきた。

　このモデルでは，行為者である国または政府は，合理的かつ単一の政策作成者と考えられている。したがって，国または政府は，みずからの目標と目的にてらしあわせて，価値を極大化するような選択をおこなうのである。

　それでは，なぜ，従来の国際政治学において，この第1モデルが多用されてきたのか。重要なことは，このモデルが，行為者は，つねに合理的な判断

をくだすとの前提を有している点と関係がある。というのは，そうした認識のもとでは，たとえ多くの情報量がなかったとしても，分析者は，政府行動に関する一定の結論を容易に得られるからだ。

アリソンは，この点に関して，「第1モデルの分析者が必要とする情報は限られたものである。ワシントン，あるいはケンブリッジの机上の戦略家はアメリカ（あるいはソ連）の国家的損得を記述することができる」と，皮肉っている。

さて，第1モデルとの関連で，われわれが留意しなければならないのは，政策決定は，異なる価値観をもつ生身の人間がおこなう，ということだ。したがって，そこでは，つねに合理的な選択がなされるとはかぎらない。つまり，政策の決定には，組織過程や官僚政治といった，重要なファクターが存在する。

アリソンのことばをかりるなら，「国家を擬人化すると，組織が主たる原動力である場合，例えば組織の行為には多数の人間の調整が必要であり，したがってプログラムやSOP（standard operating procedures；標準作業手続）が必要であるような場合，の行動の重大な特徴が看過される」（カッコ内は引用者補足）のである。しかも，「あたかも一個の人間であるかの如くに国家を考える場合，地位と力が異なるために全く異なったことを認知し選好する個々の政府指導者の間に存在するかなりの相違を無視することになる」のだ。

そこで，つぎに，第2モデル，第3モデルの概要を，順に紹介しよう。

(2) 第2モデル―組織過程―

第2モデルは，組織理論からの影響を受けた分析枠組みである。組織理論とは，リチャード・サイアートとジェイムズ・マーチらによって確立された考え方であり，経済学の一理論として発展してきた。

アリソンは，第2モデルについて，つぎのように述べている。

政府が半封建的でゆるく結託した組織の集成体から成っていて，組織はそれぞれ独自の実質的な生活を営んでいるという事実を見逃してはならない。政府の指導者は形式的に，そしてある程度までは実際上もこの集成体の上に座している。しかし政府は組織的な感知器を通して問題を知覚するのである。政府は構成組織が情報を処理する通りに選択肢を規定し，その結果を予測する。政府はこれらの組織がルーティンで定める通りに行動するのである。したがって政府の行動は，第2の概念モデルによると，意識的な選択というよりも，行動の標準的様式に従って機能している大きな組織の出力である。

　これは，換言すれば「常に政府は現存する組織から成り，各組織には定められた標準作業手続とプログラムがある。したがって，ある特定の事例における争点に関する，これらの組織の行動（したがって政府の行動）は，主として，この事例以前にこれらの組織において確立されていたルーティンによって決められる」ということになる。

　ゆえに，tの時点における組織の行動は，t−1段階での行動によって説明可能であるし，また，t＋1の時点でなにがおこるかを予測するには，tの段階の組織の行動に着目すればよいのである。ここで，tとt−1，tとt＋1の行動のあいだには，大きな差異は認められない。このように，第2モデルでは，漸増主義（インクリメンタリズム）が特色となる。

　このほか，第2モデルの特徴としては，既定のルーティンを重視するために，政治的なリーダーシップが束縛される点，組織がつねに不確実性の回避につとめる点などがあげられよう。

　アリソンも指摘しているように，これまで，対外政策決定過程の分析に組織理論を導入した学者は皆無にひとしかった。その点において，アリソンの提起した第2モデルのもつ意味は大きいといえよう。しかし，『決定の本質』のなかで，アリソンがもっとも強調したかったのは，政府内政治（官僚政治）モデルとよばれる，第3モデルの存在である。

それでは，つぎに，第3モデルについてみてみよう。

(3) 第3モデル―政府内政治―

　アリソンは，第3モデルを提示するにあたって，つぎのように論じている。すなわち，「第2モデルによる分析のすばらしさに魅惑されるあまり，もう1つの分析のレベルがあることを見失ってはならない」として，「組織の上の座を占める『指導者』は一元的なグループではない。このグループの個々人は，自ずから中枢の競争的ゲームのプレーヤーなのである。それは政治という名のゲーム，すなわち，規則的な経路を通じて行われる，階層的に位置づけられているプレーヤー間のかけひき，である。かくして政府の行動は，第3の概念モデルに従って，組織的出力としてではなく，これらのかけひきゲームの結果として理解することができる」と。

　従来，対外政策決定過程の研究者は，政府内政治に多大な関心をよせることはほとんどなかった。というのは，政府内政治をビビッドに描きだすという作業は，知的内容に欠けるとの発想があったからだ。

　それが，なぜ，このころになって，「政府内政治モデル」という分析枠組みが結実したのか。その背景には，つぎの2つの要因が大きく関係している。1つは，学者と政権との関係であり，もう1点は，ベトナム戦争での米国の敗北である。前者については，ニュースタット，アーサー・M・シュレジンジャー・Jr.，ロジャー・ヒルズマン，セオドア・ソレンセンといった学者らが，自身の政権内部での体験をふまえて，数多くの研究業績を発表してきた事実があげられる。かれらの認識の根底には，政府の行動を考察する際，従来の国際政治モデルでは対応できないという点があった。そこで，かれらは巨大化した官僚機構に注目することにより，対外政策決定過程の解明をこころみたのであった。また，後者の要因についてであるが，米国は，ベトナム戦争において敗北を喫した。そのため，識者のあいだで，自国の外交政策に対する反省がなされた。そこで，官僚組織を批判的に検討しようとする風潮がたかまってきた。こうした2つの要因などにより，政府内政治モデルは

補論　国際関係における危機管理

進展した。

　さて，もう少しくわしく第3モデルについて言及してみよう。

　先述したとおり，第3モデルの中心をなす考え方は，ゲームによるかけひきである。プレーヤー間で実施されるゲームは，けっして無秩序におこなわれるのではない。そこには，かならず，ゲームのルールが存在する。ゲームのルールとは，憲法，法令，判例，行政命令，慣習および文化などに由来するものである。また，ゲームは，規則化された行為経路—ある特定の種類の問題に関して政府が行為をするための規則化された手段—にもとづいて展開される。こうしたなかで，各プレーヤーは，押し合い，引合いをおこなう。そして，最終的に，政治的派生結果としての行為が得られる。

　なお，ここでいうプレーヤーとは，チーフ，スタッファー，インディアンおよび一時的プレーヤーである。キューバ危機の場合，チーフにあたるのは，大統領，国務長官，国防長官，財務長官，CIA（中央情報局）長官，統合参謀ならびに国家安全保障問題担当特別補佐官らである。つぎに，スタッファーは，各チーフの直属のスタッフをいい，インディアンは，各省庁の政治的任命者と常勤職員をさしている。そして，一時的プレーヤーとなるのが，有力な連邦議会議員であったり，マスコミ関係者，利益集団のスポークスマンなどである。なお，これらゲームの参加者は，おのおのの地位にもとづいて，みずからの立場をけっするとされる。

　また，このモデルにおいて，留意しなければならないのは，プレーヤー間のゲームが，つねに十分な情報にもとづいて実施されるとはかぎらないという点だ。そのため，政府内のゲームでは，誤認がみられる場合もしばしばである。

3. 第3モデルの問題点

　本節では，さきに紹介した，アリソンの第3モデルが包含する若干の問題点を指摘してみたい。

283

先述したように，アリソンは，第3モデルのプレーヤーとして，つぎの4つを想定している。それは，チーフ，スタッファー，インディアンおよび一時的プレーヤーである。このうち，チーフには，大統領以外に，国務長官，国防長官らの閣僚がふくまれている。ここで，大統領と閣僚とを同列に論じるのは，はたして妥当であろうかとの疑問が生じる。周知のように，米国大統領は，対外政策において絶大な権限を有している。しかも，閣僚は，大統領によって任命されるからである。

　また，連邦議会議員，マスコミ関係者ならびに利益集団のスポークスマンらは，たんに一時的プレーヤーとしてしかあつかわれていない。これは，連邦議会の役割や世論の動向をあまりにも軽視していることにならないであろうか。もっとも，アリソンがとりあげたキューバ危機の場合，国家機密との関連で，連邦議会議員や利益集団のスポークスマンらが関与する機会はほとんどなかった。とはいえ，連邦議会は，対外政策に関して，一定の権限をもっているし，政府の首脳たちは，世論を無視して政策を決定することなどできないはずである。

　これ以外に，プレーヤーの問題に関して，アリソンは，「政府の行為者は，単一のエイジェントあるいは組織の集合体ではなく，複数の個々のプレーヤーである。これらのプレーヤーのグループが政府の特定の決定と行為のエイジェントを成す。プレーヤーは公職にある人間である」と断言している。しかし，一定の条件つきながら，「組織とグループは，プレーヤーとして扱うことができる場合もある」と記している。となると，組織過程に注目した第2モデルと個人に着目した第3モデルとの関連が，きわめて不鮮明となってくる。

　さらに，アリソンは，「プレーヤーの立場は地位に依拠する」としておきながら，べつの箇所では，「プレーヤーの立場は，彼の個人的利益および役割に対する考え方によって決まる」と述べている。これでは，プレーヤーの態度を決定するうえで，立場が重要であるのか，それとも，個人的利益および役割に対する考え方のほうが重大であるのかがよくわからない。

　また，アリソンは，第3モデルの必要性に関して，つぎのように述べてい

補論　国際関係における危機管理

る。「われわれは，国家による行為の選択を説明しうるのはどういう目標か，ということではなく，どのような要因がアウトカムを決定するか，ということを問題にしなければならない」。このことばからもわかるように，第3モデルでは，政府内のプレーヤー間のかけひきというプロセスについては，きわめて詳細な分析がこころみられる。それに対して，決定の内容それ自体に関する考察は，若干不十分であるように思われる。

　そのほか，第3モデルは，国内の政府内政治に注目するあまり，国際社会からの影響をいくぶん軽んじているという側面もないわけではない。

　このように，アリソンの提起した第3モデルには，多数の問題点が包含されているのである。

4. 結び

　以上みてきたように，アリソンは，古典的な分析枠組みである第1モデルを批判し，第2モデルおよび第3モデルを提示した。

　しかし，いみじくもアリソンが指摘しているように，「国家の安全保障上の利益が支配的であって，国家安全保障上の要請について合意をもたらす共通の価値が存在し，決定から直接的に行為が導き出されるような行為を説明するのに第1モデルは有効である」。

　したがって，「これらのモデルは相互補完的なもの」であって，「第1モデルはより広い脈絡，より大きな国家的パターン，そして共有のイメージに焦点を当てる。この脈絡のなかで第2モデルは，情報や選択肢や行為を生み出す組織的ルーティンを明らかにする。この第2モデルの脈絡のなかで第3モデルは，政府の個々の指導者と，主要な政府の選択を決定する指導者間の政治のより細かい分析に焦点を当てる」のだ。そのため，「対外政策の最もすぐれた分析というのは，3つの概念モデルの諸要素を説明にうまく織り込んだもの」ということになる。

　また，アリソンも認めているように，第2モデルと第3モデルが，唯一の

285

選択的概念モデルというわけではない。たとえば，ジョン・スタインブルーナーの提起した，認知過程モデルは，第2モデルと第3モデルでは対応しきれない部分を補完するはたらきがある。

ともあれ，アリソンの『決定の本質』が，対外政策決定過程の分析にあたえた影響の大きさははかりしれない。アリソンの提起した第2・第3モデルにより，同分野での研究が，飛躍的に向上したことだけはまちがいなかろう。

注

＊1　同書の翻訳は，グレアム・T・アリソン著，宮里政玄訳『決定の本質―キューバ・ミサイル危機の分析―』（中央公論社，1977年）として刊行されている。
　　なお，本章での引用は，すべて同書によっている。

あとがき

　巻末の「主要業績」をみても明らかなように，わたしは，学部生のころから，日米関係，とりわけ，日米首脳会談を研究テーマとしてきた。そのわたしが，危機管理に関心をもつこととなったきっかけは，財団法人　行政管理研究センターの研究員として，「行政の危機管理に関する調査研究」というプロジェクト（1997〜1998年度）を担当したことが大きい。同プロジェクトでの議論をつうじて，行政機関の危機管理策の問題点を痛感することとなった。

　そして，それ以降，危機管理に関する論文をあらわしはじめたのである。幸いにも，2001年4月には，札幌大学に専任講師として赴任することとなり，そのころから，本書の構想をいだいていた。だが，「初出一覧」をみてもわかるように，年来のわたしの怠惰ゆえに，危機管理に関する論文の執筆がすすまないまま，ときだけがすぎさっていくこととなってしまった。したがって，本書のなかには，現在，存在しない省庁名なども登場する。本来であれば，その後の状況の変化にあわせて，全体を書きなおすべきところであるが，今回は，初出のままの状態で，各論文を掲載することとした。なぜなら，危機管理というのは，その時点での課題が重要であり，それを読者諸氏にも共有していただきたいと考えたからである。

　本書の内容に関しては，従来と同様に，かなりのあまさが散見される。しかしながら，これまでいだいてきた，わたしなりの問題意識を提示することで，今後，日本における危機管理策が少しでも充実していけば，幸甚と考えている。

　最後に，出版事情が厳しいなかで，7冊目の単著の刊行をご快諾くださった同文舘出版に対して，こころよりお礼を申し上げたい。

2010年9月

浅野　一弘

索　引

あ

アーカンソー州……………………… 140
『朝日新聞』…………………… 2-4, 99, 246
アリソン，グレアム・T ………… 14, 278

EU（欧州連合）…………………… 150
五十嵐広三…………………………… 32
石原信雄…………………………… 32
伊勢湾台風………………… 42, 56, 259
稲嶺惠一 ……… 91, 92, 94, 99, 100, 103
イラク戦争………………………… 132
インクリメンタリズム……………… 281
インターネット……… 101, 179, 199

ウイット，ジェームズ・リー …… 20, 135,
137-139, 142

FEMA（連邦緊急事態管理庁）…… 20, 41,
131, 137-141
FBI（米連邦捜査局）……………… 175

OECD（経済協力開発機構）……… 150
大雪警報……………… 108, 112, 118
沖縄県………………………… 48, 86
『沖縄タイムス』…………………… 103
奥尻町…………… 211, 213, 223, 225, 233
小沢一郎……………………………… 3

か

カーター，ジミー ………… 41, 138
海外交流審議会……………… 164-166
海外在留邦人……………… 146, 148
『外交青書』…………… 149, 150, 175
貝原俊民…………………………… 29

海部俊樹………………………… 34
外務省……… 148, 149, 157, 183
閣議決定……………… 32, 37, 244
核戦争……………………………… 13
核の傘……………………………… 14
火山災害対策編……………… 62, 69
霞が関……………………………… 2
片山虎之助……………………… 247
合併特例債……… 242, 243, 247, 252
合併特例法……………………… 242
カトリーナ……… 130, 131, 179
官房長官……………………… 32

危機………… 6, 11, 13, 20, 212, 214, 259
危機管理…2-6, 10, 16-18, 120, 163, 180, 204,
228, 254, 257, 260, 262, 266, 270, 271
岸信介……………………………… 56
基礎自治体……………… 248, 273
北見市……………………… 243, 253
旧合併特例法……… 242, 244, 247
キューバ危機……… 14, 278, 283, 284
共助……… 182, 198, 202, 232, 235
行政改革………………………… 248
協働……………………………… 230
緊急対策本部……………………… 32

クリントン，ビル ………… 137-140, 142
グローバル化…………………… 146
訓練……………… 21, 142, 154-157, 161,
162, 175, 177, 178

経済産業省……………………… 262
ケネディ，ジョン・F ……………… 278
原子力災害対策計画編……………… 69

289

小泉純一郎‥‥‥‥‥‥‥‥‥‥‥‥ 100
後期高齢化率‥‥‥‥‥‥‥‥‥ 208-211
公助‥‥‥‥‥‥‥‥‥‥‥‥‥‥‥ 182
洪水‥‥‥‥‥‥‥‥‥‥‥‥ 135, 266
高度経済成長‥‥‥‥‥‥‥‥‥‥ 12
神戸市‥‥‥‥‥‥‥‥‥‥‥ 47, 48
高齢者‥‥13, 79, 123, 170, 197, 205, 213, 214,
　　　　219, 220, 222, 223, 227, 231, 235
国勢調査‥‥‥‥‥‥‥‥‥‥ 208-211
国土安全保障省‥‥‥ 132, 134, 136, 137
国土交通省‥‥‥‥‥‥‥‥ 86, 97, 99
国防総省‥‥‥‥‥‥‥‥ 40, 86, 132
国民保護計画‥‥‥‥‥‥‥‥ 271, 272
国務省‥‥‥‥‥‥‥‥‥‥‥‥ 175
55年体制‥‥‥‥‥‥‥‥‥‥‥‥ 3
個人情報‥‥‥‥‥‥‥‥‥‥ 201, 231
国会‥‥‥‥‥‥‥‥‥‥‥‥‥‥ 10
国会法‥‥‥‥‥‥‥‥‥‥ 157, 158
コミュニケーション‥‥‥‥‥‥ 229
コミュニティ‥‥‥‥‥ 73, 232, 235
コンサルタント‥‥‥‥‥70, 229 262
コンプライアンス‥‥‥‥‥‥‥‥ 12

さ

在外公館‥‥‥‥‥‥‥ 149, 150, 157
災害弱者‥‥‥‥‥‥ 21, 66, 72, 221, 223,
　　　　225, 227, 231, 233, 266
災害時要援護者‥‥‥‥‥ 196, 197, 206, 219,
　　　　220, 230, 234
災害対策基本法‥‥‥‥‥ 28, 35, 42, 57,
　　　　58, 60, 214, 259
災害対策本部‥‥‥‥ 29, 73, 227, 255, 258
在瀋陽日本総領事館事件‥‥‥‥‥‥ 163
在留届‥‥‥‥‥‥‥‥‥‥‥ 181, 182
札幌市‥‥‥‥‥72, 109-111, 113, 121, 122

JCO臨界事故‥‥‥‥‥‥‥‥‥‥‥ 4
自衛隊‥‥‥‥‥‥‥‥‥ 28, 31, 33, 36, 37,
　　　　43, 44, 47-50, 111
自衛隊法‥‥‥‥‥‥‥‥ 30, 35, 50
自主防災組織‥‥‥‥‥‥ 65, 198, 201, 202,
　　　　204, 205, 230
自助‥‥‥‥‥‥‥‥ 182, 198, 202
市制町村制‥‥‥‥‥‥‥‥‥‥ 244
施政方針演説‥‥‥‥‥‥‥‥‥‥ 34
自然災害‥‥‥‥‥‥ 12, 14, 16, 19, 131,

　　　　135, 137, 148, 175, 256
自治省‥‥‥‥‥‥‥‥‥‥‥‥‥ 57
市町村地域防災計画‥‥‥‥‥‥‥ 42
質問主意書‥‥‥‥‥‥‥‥ 157, 158
指定行政機関‥‥‥‥‥‥‥‥ 42, 59
指定公共機関‥‥‥‥‥ 42, 59, 261
指定地域市町村防災計画‥‥‥‥‥ 42, 61
指定地域都道府県防災計画‥‥‥‥‥ 42, 61
シビリアン・コントロール‥‥‥ 41, 50
シミュレーション‥‥‥ 153, 166, 227
自民党‥‥‥‥‥‥‥‥‥‥ 2, 35, 57
事務事業評価‥‥‥‥‥‥‥‥‥ 173
社会党‥‥‥‥‥‥‥‥ 2, 32, 33, 35
社会福祉協議会‥‥‥‥‥ 80, 198, 232
住民‥‥‥‥ 21, 65, 79, 80, 222, 263, 269
住民自治‥‥‥‥‥‥‥‥‥‥‥ 249
住民投票‥‥‥‥‥‥‥‥‥‥‥ 243
首相官邸‥‥‥‥‥‥‥‥‥‥‥ 32
主要国首脳会議‥‥‥‥‥‥‥‥ 89
ジュリアーニ, ルドルフ‥‥‥‥ 100, 141
障害者‥‥‥‥ 79, 123, 197, 205, 219, 220, 222
情報‥‥‥‥‥‥‥‥ 20, 65, 119, 122, 232,
　　　　234, 260, 263, 264
情報共有‥‥‥‥‥ 149, 176, 198, 229, 263, 270
昭和の大合併‥‥‥‥‥‥‥‥ 244, 248
所信表明演説‥‥‥‥‥‥‥‥‥ 56
除雪‥‥‥‥‥‥ 111, 115, 119, 123, 124
初動態勢‥‥‥‥‥‥ 21, 28, 34, 109,
　　　　113, 116, 131, 270
新型インフルエンザ‥‥ 4, 168, 170, 175, 176
震災対策編‥‥‥‥‥‥‥‥‥‥ 62
新進党‥‥‥‥‥‥‥‥‥‥‥ 34, 37
新党さきがけ‥‥‥‥‥‥‥‥‥ 35

鈴木宗男‥‥‥‥‥‥‥‥‥‥‥ 157
スマトラ沖大地震‥‥‥‥‥‥‥ 168
スリーマイル島‥‥‥‥‥‥‥‥ 41

政権交代‥‥‥‥‥‥‥‥‥‥ 2, 3
政策評価‥‥‥‥‥‥‥‥‥‥‥ 163
政務調査会‥‥‥‥‥‥‥‥‥‥ 57
政令指定都市‥‥‥‥‥‥ 44, 46, 228
セーフティーネット‥‥‥‥‥‥ 149
積雪寒冷地域‥‥‥‥‥‥‥‥‥ 124
石油ショック‥‥‥‥‥‥‥‥‥‥ 7
雪害対策編‥‥‥‥‥‥‥‥‥‥ 115

総選挙	2, 20, 149, 171, 250	新潟県中越地震	4
総務庁	44	新潟・福島豪雨	4
園田直	174	二元代表制	243
ソレンセン, セオドア	282	『日本経済新聞』	100

た

		日本国憲法	10
		日本新党	2, 3
大使館	150, 151	ニューオーリンズ市	130, 131
対テロ戦争	132		
大統領	40, 41, 284	野田卯一	57
代表質問	34		

は

台風	12, 69, 89, 212, 257, 266, 268	パートナーシップ	123, 124
『タイム』	100, 140	ハイジャック	14, 17
『タイムズ・ピカユン』	140	廃置分合	243
竜巻	258	ハザードマップ	204
縦割り行政	20, 101, 136, 142, 204	鳩山由紀夫	2, 3
		パニック	142
地域防災計画	34, 42, 73, 74, 116, 206, 227,	パブリックコメント	268
	228, 255-257, 259-261, 267-269, 271	羽幌町	210, 222, 232, 233
小さな政府	19	ハリケーン	130, 135, 170, 179, 180
地方交付税	242	ハルペリン, モートン・H	279
地方自治体	34, 196, 212, 227, 234, 272	阪神・淡路大震災	4, 5, 7, 10, 11, 28,
地方自治の本旨	249, 250		72, 73, 217, 243
地方分権一括法	248		
中央防災会議	42, 60	被害想定	64, 65, 70
		非常災害対策本部	32
通常国会	34, 57	兵庫県	29, 46, 76
津波	211, 212, 216, 220, 223, 230	標準作業手続	280, 281
		ヒルズマン, ロジャー	282
天売島	210		
テロ	12, 14, 175, 181, 212	風水害対策編	62
電子メール	162, 177, 179, 180, 199	風評被害	13
		福井地震	28
東京都	75	福祉避難所	205
同時多発テロ事件	4, 13, 86, 93, 132,	ブッシュ, ジョージ・W	130, 131,
	134, 136, 141		136, 140
特別国会	3	ブッシュ・ドクトリン	132
都道府県地域防災計画	42	部分的核実験禁止条約（PTBT）	278
トリアージ	205	プライバシー	233
鳥インフルエンザ	12, 180	文書主義	19

な

		米軍基地	93, 95, 102, 103
内閣府	97, 99, 196, 231	平成の大合併	242, 244, 246, 249, 251
内閣法	15		
那覇市	49	防衛庁	33
名寄市	243, 264	防災アセスメント	69, 70

防災基本計画………… 43, 49, 62, 214, 219
防災教育……………………………… 225
防災業務計画…………………… 42, 62, 260
防災訓練……… 65, 77, 79, 198, 204,
　　　　　　　　225, 230, 235, 266, 270
防災ビジョン………………………… 70
防災問題懇談会……………………… 36, 79
邦人保護事務の手引き… 151, 152, 154, 155
ホームページ………… 101, 102, 151, 154,
　　　　　　　　167, 177, 222, 262

細川護熙……………………………… 3
北海道市町村合併推進構想………… 252
『北海道新聞』……………………… 108
北海道南西沖地震… 211, 216, 220, 223, 229
ホフマン, スタンレー ……………… 279
ボランティア…… 36, 63, 72, 142, 230, 232
ホワイトハウス……………… 131, 136

ま

マサチューセッツ州……………… 174, 176
マスコミ………… 103, 114, 119, 122, 262
まちづくり……………………… 252, 266
マニフェスト……………………… 20
マニュアル… 64, 75-77, 116, 120, 153, 155,
　　　　　　　158, 161, 172, 173, 228
マルチゾーン除雪………………… 110, 111

民主党……………………………… 2, 138
民生委員……………………… 199, 202, 232

村山富市…………………28, 32, 34-36, 79

明治の大合併……………………… 244

モーゲンソー, ハンス ……………… 279
文部科学省……………………… 94, 97, 99

や

焼尻島………………………… 210, 233
矢祭町………………………………… 249

Ｕ－２型偵察機……………………… 278

予算………………… 123, 135, 183, 235
与党………………………………… 2
『読売新聞』………………………… 100
世論………………………………… 284

ら

ライフライン……………………… 11, 12, 72

リーダーシップ…………………… 20, 100
利益集団…………………………… 284
利尻町……………………… 209, 213, 215
利尻富士町………………… 209, 216
リスク・マネジメント……………… 16-18
リッジ, トム………………………… 136
離島……… 196, 208, 212, 230, 235
領事専門官……………………… 164, 183
臨時国会…………………………… 56, 57

ルイジアナ州……………………… 130

冷戦……………………………… 14
礼文町……………………… 208, 213
連邦議会…………… 20, 139, 140, 284
連邦政府……………………… 134
連立政権…………………………… 3

わ

ワシントンD.C.……………… 86, 141, 174
『ワシントン・ポスト』…………… 136
湾岸戦争……………………………… 7

《著者紹介》

浅 野 一 弘 （あさの　かずひろ）
1969年　大阪市天王寺区生まれ
現　在　日本大学法学部教授
　　　　札幌大学名誉教授
専　攻　政治学・行政学

【主要業績】
〈単　著〉※いずれも同文舘出版より発行
『日米首脳会談と「現代政治」』（2000年）
『現代地方自治の現状と課題』（2004年）
『日米首脳会談の政治学』（2005年）
『現代日本政治の現状と課題』（2007年）
『日米首脳会談と戦後政治』（2009年）
『地方自治をめぐる争点』（2010年）
『民主党政権下の日本政治—日米関係・地域主権・北方領土—』（2011年）
『日本政治をめぐる争点—リーダーシップ・危機管理・地方議会—』（2012年）
『現代政治の争点—日米関係・政治指導者・選挙—』（2013年）
『現代政治論—解釈改憲・TPP・オリンピック—』（2015年）
『民主党政権下の日本政治—鳩山・菅・野田の対米観—（増補版）』（2016年）
『ラジオで語った政治学』（2019年）
『ラジオで語った政治学 2』（2019年）
『ラジオで語った政治学 3』（2019年）
〈共　著〉
『ジャパンプロブレム in USA』（三省堂，1992年）
『日米首脳会談と政治過程—1951年〜1983年—』（龍溪書舍，1994年）
『「日米同盟関係」の光と影』（大空社，1998年）
『名著に学ぶ国際関係論』（有斐閣，1999年）

2010年10月15日　初 版 発 行
2025年 1 月15日　新 装 版 発 行　　　　　　　（検印省略）
2025年 5 月15日　新装版 2 刷発行　　　略称：危機管理行政

危機管理の行政学

著　者　　浅野一弘

発行者　　中島豊彦

発行所　同文舘出版株式会社
東京都千代田区神田神保町 1 -41 〒101-0051
営業 (03) 3294-1801　編集 (03) 3294-1803
振替 00100-8-42935 https://www.dobunkan.co.jp

©K.ASANO　　　　　　　　　　製版　一企画
　　　　　　　　　　　　　印刷・製本　DPS
Printed in Japan 2010
ISBN978-4-495-46432-5

JCOPY 〈出版者著作権管理機構 委託出版物〉
本書の無断複製は著作権法上での例外を除き禁じられています。複製される
場合は，そのつど事前に，出版者著作権管理機構（電話 03-5244-5088，FAX
03-5244-5089，e-mail: info@jcopy.or.jp）の許諾を得てください。